영유아음악프로그램 구성과 실제

한 규 령

창지사

머리말

21세기는 창의·융합교육의 시대이다. 그동안 영유아교육은 영유아의 삶과 놀이 중심 교육을 강조해 왔다. 삶 속에서의 음악, 놀이로 접근하는 음악 안에 녹아있는 영유아의 본질적 흥미와 관심에 동행하게 될 때 창의적이고 융합적 인재로 성장하는 토대가 마련되며, 이를 기반으로 영유아음악교육의 프로그램 구성과 실제 운영이 가능해진다.

본서 『영유아음악프로그램 구성과 실제』(2019)는 『영유아음악교육』(2019) 저서에서 강조하는 내용을 중심으로 음악프로그램을 구성, 실제 활동 내용을 담았다. 저자가 그동안 강의해 온 영유아음악교육 강좌에 참여한 예비교사들이 계획한 음악프로그램에 대하여 생각을 나누는 과정들을 여과 없이 그대로 본서에 실음으로써 음악프로그램이 구성되는 과정 중심(process oriented) 접근을 하였다.

예비교사의 프로그램 구성 과정에서의 어려움들은 영유아와 마주한 모의 수업 상황 속에서 생생하게 드러나고 있다. 특히 예비교사가 프로그램의 구성 원리와 내용, 방법 등 점진적으로 지식을 구축해 가는 변화 양상을 차시별로 성찰하는 과정을 통하여 안내하였으며, 동시에 영유아의 음악적 삶과 놀이 안에서 가장 아름답고 귀하며, 가장 재미있고 소중한 창의·융합적 의미들에 대한 발견을 돕고자 하였다.

저자의 이러한 노력이 예비교사들에게는 영유아의 삶과 놀이의 본질을 이해하고 음악프로그램을 구성하는 데 있어서 참조가 되며, 현장교사들에게는 재교육의 자료로써 전문성을 향상시키는 계기가 되기를 기대해 본다.

영유아음악프로그램은 다음 특징들을 중심으로 구성되었다.

첫째, 영유아의 다양한 흥미와 관심은 음악 속에 그대로 녹아있다. 독립된 예능교과가 아닌 교과 간 융합을 통해 영유아의 음악적 삶을 들여다볼 수 있도록 하였다.

둘째, 영유아의 음악적 흥미와 관심이 자연스럽게 교육과정으로 스며들도록 지도하였다. 이러한 의미를 자연스럽게 풀어내기 위하여 상황과 맥락 중심의 내용에 관심을 갖도록 하였다.

셋째, 교사와 영유아 간 언어적 상호 작용, 즉 발문, 스토리텔링에 대하여 시범과 안내, 코칭, 촉진적 교수 방법을 사용하여 지도하였다.

넷째, 도입과 전개, 마무리의 교육 내용이 자연스럽게 연계되도록 하였다. 특히 도입은 영유아가 놀이 상황에서 갖게 된 흥미와 관심에 따라 자연스럽게 전개로 이어져야 하므로 이에 대하여 더욱 관심을 갖도록 노력하였으며, 전개 활동을 초대하는 장(場)으로서의 의미(meanings)를 드러내도록 하기 위해 내용 연구에 집중하였다.

다섯째, 평가가 마무리 단계에서 이루어지기보다는 진행되고 있는 음악놀이 내에서 영유아 서로의 생각들을 나누도록 하는 평가 방법을 사용하였다. 자연스러운 상황과 맥락 내에서 평가하는 과정을 통하여 활동 내용과 방법이 더욱 향상될 수 있도록 하였다.

여섯째, 영유아가 아름다움을 지각하고 표상하고 감상하는 음악프로그램은 자연스러운 놀이의 특성을 띠게 되며, 놀이로 표출되는 과정에서 창의적 인재로 성장하는 토대를 마련해 준다. 영유아의 창의성이 음악놀이 내에서 발현되고 증진되도록 촉진하였다.

일곱째, 교육 내용 간, 교과 간 교육과정을 융합하였고 음악의 표현 활동에서 음악의 형식을 도출하는 방식을 통하여 표현의 의미와 형식의 의미를 통합 강조하였다. 프로그램 내용 안에서 제 발달과 관련되는 요소들을 중심으로 융합교육과정을 구성하도록 하였으며 융합교육과정 내에서 음악 활동의 의미를 더욱 즐길 수 있도록 하였다.

여덟째, 교사는 또래들을 촉진하고 이끄는 유능한 또래의 역할을 담당하여 발문하고 상호 작용하도록 지도하였다.

아홉째, 마무리 단계에서는 활동 내에서 유아들이 발현한 생각과 의견을 중심으로 다음 차시 수업으로 심화, 확장되도록 연계하였다.

열째, 영유아 교육기관과 가정, 지역사회가 함께 즐기고 협력하는 데에 중심 역할을 하는 음악놀이가 되도록 계획하였고 음악적인 삶과 놀이가 지속적으로 향유되는 사회 문화를 조성하는 기반을 마련하고자 하였다.

한 권의 책이 나오기까지 많은 분들의 도움이 있었으며, 이 자리를 빌어 감사의 뜻을 표한다. 평생 기도로 응원해 주시는 부모님, 학부에서부터 영유아교육의 귀함을 일깨워 주시고 격려해 주신 이은화 교수님, 그리고 구성주의의 생생한 의미를 가슴으로 받아들이고 반성(reflective thinking) 속에 성장하도록 이끌어 주시는 문미옥 지도교수님께 감사드린다. 특히 저자의 영유아음악교육 강의에 열정적으로 참여해 준 백석대학교 유아교육과 제자들에게 뜨거운 사랑의 마음을 전한다. 또한 창지사 김기섭 대표님과 임직원 여러분께도 감사드린다.

2019년 8월

저자 한규령

차 례

1장

새 노래

1 엄마 돼지 아기 돼지

활동① 엄마 돼지 아기 돼지 :: 동식물과 자연

<table>
<tr><td>연령</td><td>만 5세</td><td>생활 주제</td><td colspan="3">동식물과 자연</td></tr>
<tr><td>주제</td><td>궁금한 동식물</td><td>소주제</td><td colspan="3">좋아하는 동식물 탐구하기</td></tr>
<tr><td>활동명</td><td>엄마 돼지 아기 돼지</td><td>집단 형태</td><td>대집단</td><td>소요 시간</td><td>18분</td></tr>
<tr><td>활동 목표</td><td colspan="5">1. 돼지의 생김새와 소리를 안다.
2. 노래를 다양한 방법으로 부른다.
3. 노랫말을 바꿔서 부를 수 있다.</td></tr>
<tr><td>누리과정 관련 요소</td><td colspan="5">• 자연탐구 〉 탐구하는 태도 기르기 〉 탐구과정 즐기기
• 예술경험 〉 아름다움 찾아보기 〉 음악적 요소 탐색하기
• 예술경험 〉 예술적 표현하기 〉 음악으로 표현하기</td></tr>
<tr><td>활동 자료</td><td colspan="5">'엄마 돼지 아기 돼지'(작사 박홍근·작곡 김규환) 음원, 돼지 그림 PPT, 가사판, 피아노</td></tr>
<tr><td>활동 전개</td><td colspan="3">활동 내용</td><td colspan="2">활동 자료 및 유의점</td></tr>
<tr><td>도입
(5분)</td><td colspan="3">1. PPT를 이용해 돼지 그림자의 모습을 보여 준다.
T : 선생님이 그림 하나를 보여 줄 거야. 친구들이 한번 맞춰 보자.
C : 네.
T : (그림자를 보여 준다. 돼지 그림의 귀 부분을 보여 준다.) 어떤 그림처럼 보여요?
C : 귀요.
T : 귀가 어떻게 생겼어?
C : 유아1 뾰족해요.
유아2 고양인가?
유아3 짧아요.
T : (돼지 다리 그림을 보여 준다.) 이건 뭘까?
C : 다리요.
T : 다리가 어떻게 생겼지?
C : 유아1 짧아요.
유아2 굵어요.
유아3 발톱도 있어요.
T : 그럼 이 그림자는 뭘까? (돼지 꼬리 그림을 보여 준다.)</td><td colspan="2">**자료**
돼지 그림 PPT

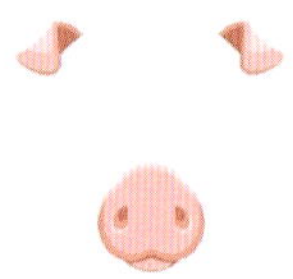</td></tr>
</table>

활동 전개	활동 내용	활동 자료 및 유의점
도입 (5분)	C : 유아1 꼬리요. 유아2 꼬부랑 거려요. 유아3 돼지다 돼지! T : 그래요. 이 그림자는 돼지예요. 오늘 주인공은 돼지야. 우리 같이 돼지가 나오는 노래 들어 볼까? C: 네!	
전개 (10분)	**1. 음악을 듣고 노래를 부른다.** T : 선생님이 이 노래를 한번 불러 볼게. (노래 분위기를 살려 교사가 먼저 부른다.) T : 애들아 그럼 이번에는 가사 없이 (허밍으로 먼저 시범) 이렇게 같이 불러 보자. T : (가사판을 보여 준다.) 이번에는 노랫말을 넣어 천천히 불러 볼까? T : 가사판이 어떻게 달라졌어? C : 유아1 꿀꿀꿀이 달라졌어요. 유아2 크기가 달라졌어요. **2. 음의 높낮이에 따라 나눠 부른다.** T : 그렇지 크기가 달라졌지. 우리 글씨가 큰 부분은 크게 부르고 작은 부분은 작게 불러 볼까? C : 네. T : (다음 가사판을 보여 준다.) 이번 가사판은 어떻게 달라졌어? C : 유아1 색이 달라요. 유아2 빨간색이랑 파란색이 있어요. **3. 팀을 나누어 노래를 부른다.** T : 우리 빨간 팀 파란 팀으로 나눠서 색깔별로 불러 볼까? C : 네. **4. 돼지의 울음소리를 듣고 노랫말을 바꾸어 부른다.** (여러 가지 돼지 소리를 들려준다.) T : 어떤 소리로 들렸어? C : 유아1 꾸잉꾸잉이요. 유아2 잉잉잉이요. 유아3 꿍에에에엑이요. T : 그럼 친구들이 생각한 돼지 소리로 다시 한번 노래를 불러 볼까? C : 네.	**유의점** 꿀꿀꿀 부분을 크게 작게 한 가사판과 색을 다르게 한 가사판을 각각 준비한다.

활동 전개	활동 내용	활동 자료 및 유의점
마무리 (3분)	1. 활동에 대해 이야기 후 후속 활동을 알려 준다. T : 오늘 돼지 노래를 여러 가지 방법으로 불러 봤는데, 어떤 방법이 제일 재미있었어? C : 유아1 크고 작게 부른 거요. 유아2 꿀꿀꿀 바꿔 부른 거요. 유아3 아까 빨간색 파란색을 바꿔서 부른 거요. T : 그럼 우리 다음 시간에는 이 노래에 맞춰서 악기로 연주해 보자. C : 네.	
평가 및 유의점	– 음악을 소개하는 방법이 흥미로운가? – 다양한 방법으로 불러 봄으로써 노래를 표현할 수 있는가? – 노랫말을 바꿔 부르는 것에 관심을 가지는가?	
확장 활동	– 노래에 맞추어 악기 연주를 한다.	

생각 나누기

1) 가사판

: 가사판을 사용하지 말고 유아와 상호 작용하며 노랫말 나누기

2) 전개

: 유아가 음의 높낮이를 나누어 부를 때 알기 쉽도록 돕기

: 팀을 나눌 때 엄마 돼지와 아기 돼지가 교대로 이야기하듯이 부르도록 다시 계획하기

3) 마무리

: 틀에 박힌 구성을 지양하고 전개와 연결되는 내용 구성하기

활동 소감 :: 이야기 나누기

새 노래 지도는 음악교육 수업에서 제일 첫 단계라고 볼 수 있다. 처음에 '엄마 돼지 아기 돼지' 노래를 정한 이유는 꿀꿀꿀 부분만 재미있게 살리면 되겠다는 생각에서였다. 가사를 풀어서 작가의 의도를 이해시키는 것이 교사가 유아로부터 이끌어 내야 할 역할임에도 불구하고 소홀하게 생각했던 부분을 반성하게 된다. 가사판을 사용하는 부분에 있어서도 유아의 흥미를 고려하지 않고 교사가 의도한 대로 수업을 유도하려고 했던 부분에 대해서도 반성하는 시간이 되었다.

〈예비교사 권○○〉

나를 포함해서 조원 전체가 가사판 사용에 대해 오해가 있었다. 가사판을 지적받으면서 마음에 걸려 우리가 이 계획안을 어떻게 작성했는지 되돌아봤다. 노래 선정과 도입 부분은 고민을 반복하며 시간이 오래 걸렸지만, 그 뒤 전개 부분부터 가사판을 넣은 후 수업이 쉽게 계획되었다. 그제야 가사판은 교사가 선택할 수 있는 가장 쉬운 방법임을 깨달았다. 그동안 나는 질 높은 교육을 받으면서 교사의 전문성을 함양해 왔다. 그러나 나는 마지막에 이전에 배웠던 것들을 무시하고 교사의 전문성이 떨어지는 수업을 만들었다. 수업을 계획하면서 내가 가졌던 안일한 태도에 대해 깊이 반성하였다. 우리 조는 이전 계획안을 버리고 지금까지 배운 내용들을 토대로 우리만이 할 수 있는 수업을 만들기 위해 다시 머리를 맞대고 2차 계획안을 준비했다.

〈예비교사 이○○〉

우리의 수업 계획안에서의 가장 큰 문제점은 가사판이었다. 우리 조도 많이 고민을 했지만 직접 만드는 가사판이 아닌 PPT로 띄우는 가사판이라 괜찮을 거라고 안일하게 생각하고 모든 수업을 가사판 위주로 짜버렸는데 그때부터 이미 시야가 좁아져 있었다. 조금만 더 생각해 보면 알 수 있었던 것을 좁은 시야로 많이 놓치고 있었던 것 같다.

〈예비교사 박○○〉

'동요와 감상'을 주제로 모의 수업을 준비하면서 많은 고민을 했었다. 어떤 동요를 선택할지부터 감상을 어떻게 해야 하는 것인지 막막하기만 했다. 그런데 고민 끝에 '엄마 돼지 아기 돼지'라는 동요를 정하였고, 활동을 고민하였다. 동요를 다양하게 불러 보고 싶어서 크고 작게도 불러 보고, 점점 크게도 불러 보고, 나눠서도 불러 보기도 하였다. 나눠서 불러 보려면 가사의 색을 다르게 해서 더 재미있게 부르기 위해 가사판을 사용하였는데, 더 다양하게 고민해 보지 못한 것 같고 가사를 어떻게 풀어야 할지도 더 고민해야 할 것 같다.

〈예비교사 함○○〉

처음 모의 수업 준비를 했을 때는 진짜 많은 생각을 하지 않고 '가사판 없이 어떻게 하지?'라며 너무 생각 없이 계획안을 짠 것 같다. 다시 구성을 해야겠다고 생각하고 나서 조원들과 가사판을 빼고 어떻게 할 것인지 논의하기 위해 수업을 다 마치고 만났다. 우리는 교수님이 말한 것처럼 노랫말을 풀어서 생각을 해 보았다. 정말 머리를 맞대고 계속 조원들과 아이디어를 짜내고 하니까 가사판 없이도 할 수 있었다. 처음엔 어떻게 할지 막막했지만 '이렇게 생각을 하면 되는구나!'라고 느꼈다. 수업을 준비할 때는 대충하는 것이 아니라 진짜 고민하고 또 고민을 해야 된다는 것을 다시 한번 느낄 수 있었던 것 같다.

〈예비교사 윤○○〉

활동② ● 엄마 돼지 아기 돼지 :: 동식물과 자연

1. 대상 연령 : 만 5세
2. 집단 크기 : 대집단
3. 활동 영역 : 음률 영역
4. 활동 목표

1. 노래를 다양한 방법으로 부른다.
2. 음의 높낮이에 따라 노래를 부른다.
3. 셈여림에 따라 노래를 부른다.

5. 교육과정 관련 요소

- 의사소통 〉 듣기 〉 이야기 듣고 이해하기 〉 다른 사람의 이야기를 듣고 이해한다.
- 예술경험 〉 아름다움 찾아보기 〉 음악적 요소 탐색하기 〉 다양한 소리, 악기 등으로 음의 고저, 셈여림, 리듬 등을 탐색한다.
- 예술경험 〉 예술적 표현하기 〉 음악으로 표현하기〉 노래로 자신의 생각과 느낌을 표현한다.

6. 활동 자료

돼지 소리 음원, 돼지 그림 PPT, 키보드

7. 활동 내용 및 방법

1. 돼지 소리를 들어 주의 집중을 한다.
– 이게 무슨 소리야?
– 이 소리는 엄마 돼지랑 아기 돼지가 이야기를 나누는 소리래.
– 한번 이야기를 들어 볼까?

2. 음악과 관련된 이야기를 들려준다.

아기 돼지 : 엄마 배고파요 배고파요. 밥 주세요.
엄마 돼지 : 아휴, 우리 아들 배가 많이 고프구나?

아기 돼지 : 네 배고파요. 빨리 먹고 싶어요.
엄마 돼지 : 그래 알았어. 조금만 기다리렴.
아기 돼지 : 네.
(밥 먹으러 가는 듯 엄마 돼지와 아기 돼지가 사라진다.)
아기 돼지 : (아기 돼지가 나타나면서) 엄마 엄마 드디어 오늘이 놀이공원에 가기로 한 날이에요! 우리 빨리 준비해서 밖으로 놀러 나가요!
(창문 밖으로 비가 내리는 장면을 보여 준다.)
엄마 돼지 : 얘야 밖을 보렴. 오늘은 비가 와서 밖에서 못 놀겠구나. 놀이공원은 다음에 가자.

3. 음악을 감상하고 이야기 나눈다.

- 이 이야기가 노래로도 있대. 선생님이 한번 들려줄게.
  (노래 분위기를 살려 교사가 먼저 부른다.)
- 아기 돼지가 엄마한테 '엄마 밥 주세요. 엄마 밖에 놀러 가요.'라며 칭얼댈 때 어떻게 꿀꿀꿀 소리를 냈을까?
- 그럼 엄마 돼지가 아기 돼지한테 '오냐 밥 줄게, 비가 와서 나가서 못 놀겠다.'라고 할 때는 엄마 돼지의 소리는 어떨까?

4. 음의 높낮이에 따라 노래를 부른다.

- 그럼 우리 꿀꿀 부분을 대화하는 것처럼 한번 불러 볼까?
- 그럼 이번에는 꿀꿀 높은음을 더 크게 불러 보고, 꿀꿀 낮은음은 더 작게 불러 볼까?
- 이번에는 반대로 높은음을 작게 불러 보고, 낮은음을 크게 불러 보자.
- (교사가 팔을 점점 크게 벌린다.) 이번에는 이렇게 팔을 크게 벌리면 노래를 점점 크게 부르고, 팔이 이렇게 점점 좁아지면 점점 작게 불러 보자.

5. 팀을 나누어 문답 형식으로 노래를 부른다.

- 아까 우리 대화하는 것처럼 노래를 불러 봤지. 이번에는 팀을 나눠서 진짜로 대화하는 것처럼 주고받으면서 노래를 불러 보자.
- 아기 돼지 팀은 어느 부분을 불러 볼까?
- 엄마 돼지 팀은 어느 부분을 불러 볼까?
- 그럼 꿀꿀 높은음은 어느 팀이 하고, 낮은 부분은 어느 팀이 해 볼까?

6. 활동에 대한 느낌을 이야기 나눈 후 마무리한다.

- 친구들이 이렇게 노래를 부르니까 엄마 돼지랑 아기 돼지가 얘기하는 거 같네?
- 우리 점심 먹고, 오후에는 돼지 농장에 가서 진짜 엄마 돼지 아기 돼지 소리가 어떤지 들어 보자.

8. 평가

1. 이야기가 음악과 관련이 있는지 평가한다.
- 유아들이 이야기에 관심을 가지는가?

2. 문답 형식으로 활동이 이루어지는지 평가한다.
- 문답 형식의 노래로 표현할 수 있는가?

9. 유의점

- 활동 전에 음의 높낮이와 셈여림을 알 수 있도록 사전에 알려 준다.
- 활동 전에 교사는 '엄마 돼지 아기 돼지' 동요를 미리 알려 준다.

10. 확장 활동

- 실제 돼지의 소리를 들어 본다.
- 엄마 돼지와 아기 돼지의 역할을 나누어 놀이를 해 본다.

생각 나누기

1) 활동 목표

: 활동 내용에 맞게 재수정하기

2) 활동 자료

: 키보드보다는 피아노를 돌려서 사용하기

: PPT보다는 유아의 주의를 끌 수 있는 실물 자료 사용하기

3) 도입

: 노랫말 이야기 들려줄 때 약간의 정서를 담아 '꿀꿀' 소리 들려주기

4) 전개

: 이 이야기로 만들어진 노래가 있다는 사실을 알려 주기
  예) 이런 이야기로 만든 노래가 있어요.

: 노래의 정서를 살려서 교사가 먼저 노래 부르기
  (처음부터 교사가 생동감 있게 노래를 제시하지 않기)

: 동요의 핵심을 짚는 발문하기
  예) 어떻게 꿀꿀꿀 소리를 냈을까?
  정말 배가 고플 때 돼지는 어떤 소리를 낼까?

: 악보를 제시하여 소리의 톤, 길이 등을 이야기 나누기

: 악보 전체를 제시하기보다는 '꿀꿀꿀' 부분만 제시하기

: 악보의 쉼표 강조하기

: 교사의 의미 없는 발문 삭제하기

: 노래 부를 때 교사가 팀을 정해 주지 않기
: 짝 짓기 활동은 몇 팀 정도가 할지 정하기

5) 마무리

: 다음 음악 활동으로 이어질 수 있도록 자연스러운 연계 활동을 제시하며 마무리하기
예) 아기 돼지가 졸릴 때는 어떤 소리를 낼까? 정말 궁금하다. 우리 내일 모여서 이야기해 보자.

활동 소감 :: 이야기 나누기

발문의 중요성에 대해서 다시 한번 생각해 보는 시간이 되었다. 유아들에게 노래를 다양하게 부를 수 있는 방법을 제시할 때, '왜 그런 방법을 해 보자고 말하게 되었을까?' 또는 '그 전 발문의 맥락과 자연스럽게 이어지는가?' 등 흐름을 방해하는 요소로서 작용하지는 않았는지에 대해서 여러 방면으로 생각해 보고, 고민하면서 유아가 어떻게 하면 적극적으로 자신의 생각을 표상하고 표출할 수 있는가에 대한 고민을 해 볼 수 있는 시간이었다.

〈예비교사 권○○〉

이 노래의 의미를 찾을 때까지 보고 또 보기를 반복했다. 제목, 노랫말, 리듬, 멜로디, 분위기 등 모든 것을 종합적으로 섬세하게 보고 나니 노래가 가지고 있는 의미가 보였다. 이 곡은 엄마 돼지와 아기 돼지가 대화하는 노래이다. 돼지들의 대화를 '꿀꿀'이라는 단어로 반복적으로 리듬감 있게 작곡했다. 피드백을 받고 나서 우리가 붙잡은 부분이 어느 정도 들어맞는 것을 알게 됐다. 이번 피드백을 통해 결론적으로 도달했던 것은 수업에 대한 책임이다. 끝으로 새 노래 지도는 노래

를 단순히 제시하고 지도하는 것 이상의 것을 이끌어 내야 한다고 생각된다. 노래를 아이들의 삶 속에 연결 지어 노래로 인해 아이들이 행복을 누릴 수 있게 된다면 그것이 가치 있고, 의미 있는 교육이라고 말하고 싶다.

〈예비교사 이○○〉

2차 피드백을 받고 느낀 점은 여전히 우린 많이 부족하다는 것이었다. 1차 피드백을 받고 다시 수정을 할 때도 그렇게 논리와 체계를 생각하고 의미가 다 담겨 있다고 생각하고 짰지만 피드백 중 교수님의 의미를 묻는 질문에 대답을 할 수 없었다. 부끄러웠지만 이렇게 실패를 겪으면서 한 단계 성장해 나간다고 생각하고 다시 수업 계획안을 고쳐 갔다. 의미가 없는 부분은 과감히 삭제하고 발문 하나하나를 세세히 아이들에게 맞춰 바꿔 나갔다. 교수님이 하신 말씀들을 하나하나 곱씹으니 수업 시간에 들었던 내용들이 조금씩 기억이 나면서 마치 퍼즐 조각이 맞춰지듯 계획안이 바뀌어 나갔다. 몇몇 군데에서 '어떤 발문으로 어떻게 이어 나가야 하나?' 고민되는 부분도 있었지만 조원들과 머리를 맞대고 수정하면서 완성해 나갔다.

〈예비교사 박○○〉

조원들끼리 모여 같이 많은 고민을 해서 계획안을 짰는데도 불구하고 여전히 유아 주도적인 수업보다는 교사 주도적인 수업이 되었다. 가사를 풀어 보면서 유아들과 '꿀꿀꿀'이라는 소리를 가지고 많은 것을 나눌 수 있다는 것을 알았고, 상황 탐색이 중요하다는 것을 알았다. 계획안을 짤 때에 교사가 재미있어야 유아도 재미있다는 말처럼 '이렇게 하면 재미있겠지?', '이렇게 하면 즐겁게 노래를 부를 수 있을 거야!'라고 생각하며 재미를 많이 고려하였는데, 이 발문에 대해 '왜?'라는 질문을 받으니 말문이 막혔다. 항상 교사의 발문에는 논리와 체계가 있어야 하며 그 속에 의미가 있어야 한다는 것을 깨달았다.

〈예비교사 함○○〉

이제는 하나의 생각을 할 때에도 '이것은 교사 중심적인 수업이 아닌가?', '이건 통제 아닌가?'라고 다시 생각하게 되었고, 교사 중심이 아닌 유아에게 초점을 맞추려고 노력하였다. '유아들이 어떻게 하면 즐거워할까?'라며 유아의 입장에서 다시 생각도 해 보고, 유아의 입장이 되어 '유아들이 어떻게 하면 흥미를 느낄 수 있을까?'에 대해 생각하게 되었다. 유아 주도적인 수업을 해야 한다는 것을 이제는 알기 때문에 더 고민하게 되고 생각하게 되는 것 같다.

〈예비교사 윤○○〉

활동③ ● 엄마 돼지 아기 돼지 :: 동식물과 자연

1. 대상 연령 : 만 5세
2. 집단 크기 : 대집단
3. 활동 영역 : 음률 영역
4. 활동 목표

1. 가사를 이해하며 노래를 부른다.
2. 엄마 돼지와 아기 돼지의 이야기를 듣고 이해한다.
3. 쉼표를 살려 노래로 표현한다.
4. 음의 높낮이에 관심을 가진다.
5. 음의 높낮이를 알고 노래를 부른다.
6. 친구와 같이 할 수 있는 노래에 관심을 가진다.

5. 교육과정 관련 요소

- 의사소통 〉 듣기 〉 이야기를 듣고 이해하기 〉 다른 사람의 이야기를 듣고 이해한다.
- 예술경험 〉 아름다움 찾아보기 〉 음악적 요소 탐색하기 〉 다양한 소리악기 등으로 음악의 쉼표, 높낮이, 리듬 등을 탐색한다.
- 사회관계 〉 다른 사람과 더불어 생활하기 〉 친구와 사이좋게 지내기 〉 친구와 협동하며 놀이한다.

6. 활동 자료

돼지 그림(막대 인형), 돼지 소리 음원, '엄마 돼지 아기 돼지' 악보, 8분 쉼표, 낱말 카드

7. 활동 내용 및 방법

1. 돼지 소리로 주의 집중을 한다.
- (음원 : 돼지 소리 BGM 사용)
- 이게 무슨 소리야?
- 이 소리는 엄마 돼지랑 아기 돼지가 이야기를 나누는 소리래.
  한 번 이야기를 들어 볼까?

2. 노랫말을 이야기로 들려준다.
- 엄마 배고파요 배고파요. 밥 주세요. 꿀꿀꿀~
  아휴 우리 아들 배가 많이 고프구나?
  네 배고파요. 빨리 먹고 싶어요.
  그래 알겠어. 조금만 기다리렴. 꿀꿀꿀~

3. 노래를 부른다.
- 노래 분위기를 살려 교사가 먼저 부른다.
- 다 같이 부른다.

4. 아기 돼지 소리에 대해 이야기를 나눈 후 8분 쉼표를 살려서 노래를 부른다.
- (아기 돼지 그림을 붙이고) 토실토실 아기 돼지가 많이 배가 많이 고프대.
  배가 고픈 아기 돼지는 어떤 소리를 낼까?
- 진짜 배고픈 아기 돼지가 그렇게 소리를 낼까?
- 작곡가 아저씨는 아기 돼지가 밥 달라고 할 때 소리를 어떻게 표현했는지 볼까?
  (악보를 융판에 붙인다.)
- (8분 쉼표를 가리키며)이게 뭐였지?
- (8분 쉼표와 단어 카드를 붙이고) 8분 쉼표가 있으면 어떻게 불러야지?
- 그럼 8분 쉼표를 살려서 같이 불러 볼까?
- 8분 쉼표를 살려서 부르니까 어떤 거 같아?

5. 엄마 돼지 소리에 대해 이야기를 나눈 후 8분 쉼표를 살려서 노래를 부른다.
- (엄마 돼지 그림을 붙이고) 엄마 돼지가 아기 돼지에게 '오냐 오냐 엄마가 밥 줄게.' 할 때 엄마 돼지는 어떻게 소리를 낼까?
- 작곡가 아저씨는 엄마 돼지가 오냐 오냐 할 때 소리는 어떻게 표현했는지 볼까?
  (악보를 융판에 붙인다.)
- 어? 아까 있었던 8분 쉼표가 또 있네? 여기도 쉼표를 살려서 불러 볼까?

6. 음의 높낮이에 따라 노래를 부른다.
- 엄마 돼지랑 아기 돼지가 얘기하는 것 같은 부분은 또 어디에 있었지?
- 꿀꿀 꿀꿀 음이 어떻게 달랐지?
- (악보를 가리키며) '젖달라고 꿀꿀꿀'이라고 한 아기 돼지랑 '알았다고 꿀꿀꿀'이라고 한 엄마 돼지랑 어떤 돼지가 더 음이 높은 것 같아?
- 그럼 높은음을 아기 돼지처럼, 낮은음은 엄마 돼지처럼 처음부터 불러 보자.

7. 문답 형식으로 노래를 부른다.
- 이번에는 '빨리 밥 주세요. 배고파서 힘이 없어요.' 하는 아기 돼지와 '오냐 오냐 우리 애기 알았어요.' 하는 엄마 돼지가 되어서 불러 보자.
- 엄마 돼지 하고 싶은 친구? 아기 돼지 하고 싶은 친구? (엄마 3명, 아기 3명 뽑기)
- (뽑은 후) 엄마 돼지랑 아기 돼지가 진짜 대화하는 것처럼 서로 마주 보고 처음부터 불러 볼까?

8. 후속 활동에 대해 설명을 해 준다.
- 친구들이 이렇게 노래를 부르니까 엄마 돼지랑 아기 돼지가 얘기하는 것 같네. 그런데 아기 돼지가 졸린 땐 어떻게 말할까? 진짜 궁금하다. 내일 모여서 이 이야기부터 해 보자.

8. 평가

- 가사를 이해하며 참여하는지 평가한다.
- 악보를 보고 음의 높낮이와 쉼표에 맞추어 표현할 수 있는지 평가한다.

9. 유의점

- 활동 전에 교사는 일주일 전부터 놀이 시간에 '엄마 돼지 아기 돼지' 동요를 들려준다.
- 활동 전에 유아는 쉼표의 개념을 이해하고 있다.

10. 확장 활동

- '아기 돼지는 졸릴 때 어떤 울음소리를 낼까?' 등 다양한 상황에 따라 소리가 어떻게 달라지는지 이야기를 나눈다.

2 봄비

활동① 봄비 :: 봄

<table>
<tr><td>연령</td><td>만 4세</td><td>생활 주제</td><td colspan="3">봄</td></tr>
<tr><td>주제</td><td>자연의 소리</td><td>소주제</td><td colspan="3">자연의 소리 표현해 보기</td></tr>
<tr><td>활동명</td><td>봄비</td><td>집단 형태</td><td>대집단</td><td>소요 시간</td><td>20분</td></tr>
<tr><td>활동 목표</td><td colspan="5">1. 노래의 반복적인 노랫말을 통해 운율을 느낄 수 있다.
2. '봄비' 노래를 부를 수 있다.</td></tr>
<tr><td>누리과정 관련 요소</td><td colspan="5">• 의사소통 〉 듣기 〉 동요, 동시, 동화 듣고 이해하기
• 예술경험 〉 예술적 표현하기 〉 음악으로 표현하기</td></tr>
<tr><td>활동 자료</td><td colspan="5">'봄비'(작사·작곡 김성균) 음원, 가사판, 피아노, 트라이앵글</td></tr>
<tr><td>활동 전개</td><td colspan="3">활동 내용</td><td colspan="2">활동 자료 및 유의점</td></tr>
<tr><td>도입</td><td colspan="3">T : 아까 밖에 나가서 빗소리를 들어 보았지?
빗소리가 어떻게 들렸어?
C : 주루루룩! 토토토톡!
T : 그렇게도 들리고, 또? 그렇구나. 그렇게 들리는구나. 그런데 이 빗소리가 어떤 작곡가 아저씨 귀에는 이렇게 들렸대. 한번 들어 볼까?
C : 네.
(피아노– 솔파미레 솔파미레)
T : 피아노 소리가 어떻게 들려?
C : 빗방울이 떨어지는 것 같아요.
T : 그렇구나. 그렇게 들리는구나.
이 아저씨는 쪼로로롱~ 이렇게 들린다고 했대.</td><td colspan="2">자료
피아노
</td></tr>
<tr><td>전개</td><td colspan="3">T : 그래서 작곡가 아저씨가 노래를 만들었는데, 선생님이 들려줄게 한번 들어 봐.
(전체 노래 한번 불러 주기)
T : 노래를 들어보니 어떤 느낌이 들었어?
C : 봄이 온 것 같아요.
T : 그렇구나. 그런 느낌이 드는구나. 또? 그래 그런 느낌이 드는구나.</td><td colspan="2"></td></tr>
</table>

활동 전개	활동 내용	활동 자료 및 유의점
전개	T : 이 노래에서 봄비를 어떻게 표현했니? (유아가 대답하는 대로 가사판에 가사를 붙인다.) (동시를 읽듯이 운율이 느껴지게 가사를 들려주면 유아가 채우지 못한 가사판을 채운다. 가사판을 완성한다.) (노래를 한 번 더 들려준다) T : 이제 선생님이랑 피아노 멜로디에 맞춰서 '루'로 불러 볼 거야. 우리 '라'로도 불러 볼까? ('라' 또는 '루'로 노래를 불러 본다.) T : 여기 노랫말을 보면 어떤 노랫말이 가장 많이 나오는 것 같아? C : 쪼로로롱이요. / 떼굴떼굴이요. T : 그렇지? 그럼 이번에는 너희들이 '쪼로로롱'을 불러 줘. 나머지는 선생님이 부를게. T : 비가 쪼로로롱 굴러가지만 떼굴떼굴 글러가기도 하는구나. 너희들이 떼굴떼굴을 불러 줘. 나머지는 선생님이 불러 볼게. (교사와 유아가 파트를 나누어 불러 본다.) T : 이제 다 같이 노래를 불러 보자. (2번 반복한다.)	**자료** 가사판
마무리	T : 노랫말 중에 어떤 부분이 제일 재미있었어? C : 은구슬이요. / 쪼로로롱이요. / 떼굴떼굴이요. T : 그 부분이 좋았구나. 재밌었구나. T: 다음 시간에는 봄비 노래를 다양한 악기들로 표현해 보자. 이 가사판은 선생님이 음률 영역에 붙여 놓을게.	
평가 및 유의점	– 노래의 반복적인 노랫말을 통해 운율을 느낄 수 있는가? – 노래에 흥미를 가지며 부르는가?	
확장 활동	– '봄비' 노래에 맞추어 다양한 악기 연주를 한다.	

활동 소감 :: 이야기 나누기

우리는 한 학기 동안 '음악 감상'의 계획안을 구성해 보았지만, '새 노래 지도' 계획안을 계획하기 전 유아에게 가르칠 적절한 곡 선정부터, 어떤 목표를 가지고 어떻게 구성을 해야 할지 걱정 반 설렘 반의 마음을 가지고 있었다. 1차 피드백을 받기 전 대체적으로 교사가 봐도 딱딱하고 재미없는 수업이 구성되었다. 그 이유는 새 노래 지도이기 때문에 새 노래를 지도해야 한다는 생각만 가지고 있었기 때문이다. 그러나 실제 유아교육 현장에서는 새 노래 지도를 수업하기 전 유아들은 활동 속에서 자주 그 노래를 들어 수업을 하기 전에 유아들이 어느 정도 알고 있다고 하였다. 그래서 생각 나누기를 한 후, 노래 익히기에 목표를 두기보다는 리듬 악기를 통해서 비가 내리는 소리를 감각적으로 표현할 수 있게끔 구성하였다. 유아의 감각을 더욱 살려 줄 수 있는 교사, 그런 교사가 되어야 한다는 마음으로 계획안을 작성하려고 노력해야 한다는 생각이 들었다.

〈예비교사 A-k〉

우리는 두 번째 모의 수업을 준비하는 중이었다. 결론부터 말하자면 선생님과 아이들 간 대화 형식의 계획안인 첫 TC(Children-Teacher)안은 많이 부족했다. 학기 초보다는 배운 것과 본 것이 늘어났기에 조금 안다고 자만했는지도 모른다. 그 결과 피드백을 꼼꼼하게 해 줄 수 없을 정도의 달랑 두 장뿐인 계획안이 만들어졌다. 참 이걸 가지고도 잘 할 수 있을 거라고 만족했었는데, 지금 생각하면 얼마나 어리석었는지 모르겠다. 첫 계획안에서 우리의 목적은 '단순화되고 논리적이고 명료할 것'이었다. 이 목표에 착안하여 진행했는데 너무 단순해진 것이 문제였던 것 같다. 장수를 네 장으로 늘리고 구체적인 내용을 담아 오는 것과 내용과 관련된 제대로 된 목표를 설정해 오는 것이 첫 생각 나누기의 내용이다. 구체적으로 계획안을 짜기 위해서 궁리를 했다.

〈예비교사 A-l〉

유아와 교사의 상호 작용이 정말 중요하다는 것을 알게 되었다. 그리고 도입 부분이 잘 풀리면 나머지 부분도 잘 풀리게 된다. 그만큼 도입 부분이 중요하다는 것을 알게 되었다. 또 새 노래 지도의 과정은 정해져 있다고 생각했는데, '루'로 불러 보는 활동 외에도 더 재미있게 활동할 수 있다는 것을 알게 되었다.

〈예비교사 A-m〉

지금까지 해 왔던 음악 감상을 보고 다 적용해서 계획안을 짜봤지만 아직도 많이 부족하다는 것을 느꼈다. 생각 나누기 후 우리가 생각했던 많은 것들이 바뀌었다. 많은 것들을 적용하려고 노력하였다.

〈예비교사 A-n〉

지금까지 음악 감상 피드백을 받아 왔다면 이번에는 처음 해 보는 새 노래 지도 모의 수업을 준비하면서 어떻게 접근하면 좋을지 걱정이 많이 되었다. 그동안 들어온 음악 감상 피드백을 참고해서 나름 열심히 곡 선정을 하고 계획안을 짰다고 생각했지만 도입부터 수정할 필요를 느꼈고 보완해야 하였다. 목표 설정부터 내용 모두 자세하게 생각하며 좀 더 질 높은 프로그램을 만들 수 있게 한 계기가 되었다.

〈예비교사 A-o〉

활동② 봄비 :: 봄

1. 대상 연령 : 만 5세
2. 집단 크기 : 대집단
3. 활동 영역 : 음률 영역
4. 활동 목표

1. 빗방울이 굴러가는 모습을 다양하게 표현할 수 있다.
2. 봄비 노래의 의태어를 바꾸어 부르고 악기로 연주할 수 있다.

5. 누리과정 관련 요소

- 의사소통 〉 듣기 〉 동요, 동시, 동화 듣고 이해하기
- 예술경험 〉 예술적 표현하기 〉 음악으로 표현하기

6. 활동 자료

'봄비' 노래 음원, 피아노, 우드 블록, 귀로, 톤 블록

7. 활동 내용 및 방법

(우비를 입고 자신의 머리 위로 떨어지는 빗방울을 맞는 활동 후, 창가 한쪽에 옹기종기 모여 앉는다.)

– 똑 또로로로롱 똑, 똑 또로로로롱 똑.
빗방울들이 우리와 함께 더 놀고 싶어서 창문을 두드리나 봐!

– 선생님은 빗방울들이 똑 또로로롱 똑 이렇게 말을 하고 있는 것 같은데, 너희들은 빗방울들이 뭐라고 하는 것 같아?

- 주루루루룩! 우와. 얘들아 창문을 봐. 주루루루룩 주루루루룩! 어서 나와 놀자고 하는 것 같다! 또 다른 친구들은 어떻게 들려?
- 토도도도독 토도도도도독! 빗방울이 춤을 추며 우리와 함께 놀자고 하는 것 같다!
- 우리는 비를 이렇게 표현했는데, 이 노래 속에서는 어떻게 표현이 되었는지 들어 봐.
  (전체 노래 한번 들려주기)
- 빗방울을 어떻게 표현했어?
- 쪼로로로롱? 그렇지. 떼굴떼굴떼굴.
  그 부분을 여기 있는 악기들 중 하나로 연주를 해 볼 건데 세 악기의 소리를 먼저 들려줄게.
  (우드 블록, 톤 블록, 귀로 소리를 짧게 한 번씩 들려주며, 다 눈을 감도록 한다.)
  (피아노 반주, 의태어 부분만 우드 블록을 연주하며 노래한다.)
- 자 다시 눈을 떠보자.
  선생님이 어떤 악기를 연주했는지 알겠니?
- 맞아 선생님이 연주한 악기는 (우드 블록의 소리를 다시 들려주며) 우드 블록이야.
- 선생님은 봄비 노래를 우드 블록으로 연주하면서 불러 보니 마음이 편안해졌어. 너희들은 어떤 마음이 들었니?
- 아, 그런 마음들이 들었구나.
- 선생님이 본 빗방울의 모습을 생각하면서 쪼로로로롱을 연주한 거야.
  쪼로로로롱을 또 어떻게 바꿀 수 있을까?
- 그래, 그렇게도 표현해 볼 수 있겠구나!
  선생님한테 자기가 본 빗방울의 모습을 소리로 들려주고 싶은 사람 있어요?
- 그래, ㅇㅇ이가 나와서 들려주세요. ㅇㅇ이는 어떻게 표현하고 싶어?
- 어떤 악기로 표현해 볼까?
- 우리 다 같이 쪼로로로롱을 토토토토동으로 바꿔서 불러 보자.
  ㅇㅇ이가 그 부분을 연주해 줄 거야.
  (피아노 반주)
- 우리 ㅇㅇ이는 이렇게 표현해 주었구나. 참 잘했지?
  ㅇㅇ이에게 박수를 쳐 주자.
- 또 누가 바꿔서 불러 볼까?
- 그래 이번에는 ㅇㅇ이가 바꿔서 불러 보자.
  ㅇㅇ이가 본 빗방울의 모습은 어떤 모습이야?
- 투투투투툭이구나! 투투투투툭을 어떤 악기로 표현하면 좋을까?
- 자, 그럼 우리는 쪼로로로롱 대신에 투투투투툭을 불러 주자.
  ㅇㅇ이는 투투투투툭으로 부르면서 귀로를 연주해 줘.
  (피아노 반주)

- 참 잘 했어!
  우리가 생각하지 못한 걸 ㅇㅇ이가 표현해 줬구나! 정말 멋지다!
- 또 누가 해볼까?
- 그래, ㅇㅇ이가 느낀 빗방울의 모습을 친구들에게 들려주자.
  ㅇㅇ이는 어떻게 말하고 싶어?
- 도도도도동! ㅇㅇ이는 빗방울이 굴러가는 모습이 그렇게 느껴졌대.
  어떤 악기로 표현해 볼까?
- 좋아요. 우리 ㅇㅇ이는 도도도도동을 우드 블록으로 연주하면서 노래를 부를 거야. 우리도 같이 불러 주자.
  (피아노 반주)
- 선생님은 빗소리를 한 가지의 소리로 밖에 못 들었는데 너희들은 정말 다양한 소리를 들었구나. 또 빗방울이 굴러가는 모습을 다양한 방법으로 정말 잘 연주했어. 앞에 나와서 악기를 연주해 준 친구들과 불러 준 우리 모두에게 박수를 쳐 줄까?
- 선생님이 피아노 반주를 녹음해 놨어. 여기 있는 세 가지 악기와 함께 음률 영역에 놓아 둘게. 너희가 연주하고 싶은 악기를 골라서 자유롭게 연주하고 녹음을 해 줘. 다음 시간에 우리 다 같이 들어 보자!

8. 평가

- 빗방울이 굴러가는 모습을 다양하게 표현하는가?
- 봄비 노래의 의태어를 바꾸어 부르는 것에 관심을 가지는가?

9. 유의점

- 활동 전에 비를 경험하는 활동을 해 본다.
- 악기를 미리 준비한다.

10. 확장 활동

- 악기를 연주한 후 녹음해 들어 본다.

활동 소감 :: 이야기 나누기

유아의 삶을 가르치는 교사는 풍부한 감수성을 가지고 민감하게 다가갈 수 있는 교사가 되어야 한다는 생각을 하게 되었다.

〈예비교사 A-k〉

전화 피드백을 받고 나서 내가 듣고 느낀 그대로를 친구들에게 글로 표현하지 못한다고 전해 듣고 처음엔 이해하지 못했었다. 하지만 녹음 파일을 모두가 다 나눠서 듣고 최종 계획안을 짜면서 충분히 이해할 수 있었다. 교수님의 말 하나 하나까지 친구들이 다 기억하고 계획안에 피드백을 최대한으로 흡수시키기 위해 우리는 많은 고민을 했다. 1차, 2차 그리고 최종 계획안까지 모아서 보니 계획안이 점점 구체적으로 틀이 잡히고 탄탄한 구성으로 변하는 것을 볼 수 있었고 많이 성장한 것을 느낄 수 있었다. 앞으로는 계획안을 짤 때, 이번 모의 수업을 계기로 좀 더 구체적인 계획안을 짤 수 있을 것 같다.

〈예비교사 A-l〉

활동③ • 봄비 :: 봄

1. 대상 연령 : 만 5세
2. 집단 크기 : 대집단
3. 활동 영역 : 음률 영역
4. 활동 목표

1. 노래를 이해하고 부르며 그림으로 표현한다.
2. 빗방울이 움직이는 모습을 다양한 의태어로 표현할 수 있다.
3. 빗방울이 움직이는 모습을 악기를 통해 리듬으로 표현할 수 있다.

5. 누리과정 관련 요소

- 의사소통 〉 듣기 〉 동요, 동시, 동화 듣고 이해하기
- 예술경험 〉 예술적 표현하기 〉 음악으로 표현하기

6. 활동 자료

우드 블록, '봄비' 노래 음원 또는 피아노, 김창열 '물방울' 그림 작품

7. 활동 내용 및 방법

– 얘들아 비가 내리고 있네. 유리창에 떨어지는 빗방울이 보이니? 빗방울이 무슨 소리를 내며 떨어지고 있는 것 같아?
– (느낌을 충분히 살려서 똑! 소리를 강조하며) 똑! 또로로로록? 아니면, 또로로록 똑?
– 아, ㅇㅇ이는 (빗방울 가리키며) 이 빗방울처럼 작은 빗방울들이 모여 큰 방울이 되어 떨어질 땐 똑! 또로로록 이런 소리를 내며 떨어진다고 생각했구나. 또 다르게 들은 친구 있나요?

- ㅇㅇ이는 어떻게 들었어요?
- (느낌을 충분히 살려서) 주르르르륵? (재촉하지 말고 느낌을 살리고, 여운 남기기) 아, 주르르르륵 미끄러지는 비! 주르르르륵 내리는 비를 보니 선생님은 놀이터에서 동생과 놀았던 기억이 떠오르는데, ㅇㅇ이는 주르르르륵 내리는 비를 보니까 어떤 기억이 떠올라?
- 아, 그랬었구나. 주르르르륵 내리는 비를 맞으면서 운동장을 뛰어다녔다니! 정말 시원하고 재밌었겠다.
- 이제 너희가 지금까지 표현해 준 빗방울의 모습을 그림으로 그려 볼 거야. 여기 정문에 있는 빗방울을 그려도 좋고, 비가 오던 날을 떠올리며 그려도 좋아요.
  (그림을 그렸다는 가정 아래)
- 이건 우리가 그린 그림이야. 이 그림에서는 어떻게 비가 온다고 했냐면 도독도독톡 온다고 했대. 이 그림에서는 통통통통 온다고 했대. 비가 오는 소리를 정말 다양하게 듣고 그림으로 표현해 주었구나.
- 선생님이 김창열이라는 화가 아저씨 한 분을 소개해 줄게. 먼저 그림을 한번 보자. 어떤 그림 같아?
- 그래, 김창열 화가 아저씨는 '물방울' 그림을 그렸는데, 물방울이 햇빛을 받아 반짝거리는 모습을 보고 그리셨대. 이 그림 속에 있는 빗방울은 어떻게 떨어진 것 같아?
- 그렇구나. 또 어떻게 표현할 수 있을까?
- 너희들의 생각을 들어 보니까 빗방울이 우리에게 정말 다양한 소리를 들려주고 있구나.
- 우리는 빗방울을 이렇게 표현해 보았는데 이 노래 속에서는 빗방울이 또 어떻게 움직이는지 들어 보자.
  (교사가 의태어를 잘 살려서 '봄비' 노래를 불러 준다.)
- 애들아 이 노래 속에서는 빗방울을 어떻게 표현했어?
- 그래. 이 노랫말을 만든 작곡가 선생님은 창문에 떨어지는 빗방울을 보면서 떼굴떼굴떼굴 굴러가는 은구슬, 쪼로로롱 굴러가는 은구슬이 떠오르셨대.
- 너희들하고 또 다른 생각을 하셨지? 이제 너희들이 표현한 빗방울 소리를 넣어서 노래를 불러 보자. 아까 ㅇㅇ이가 주르르르륵이라고 표현했지? 우리 다 같이 주르르르륵을 넣어서 불러 보는 거야.
- ㅇㅇ이들의 멋진 생각을 넣어서 부르니까 기분이 어때?
- 그래, 정말 멋지게 잘 표현해서 불렀어.
- 이번에는 빗방울을 노래로 부르는 대신에 앞에 있는 악기로 표현해 볼 거야. 선생님이 먼저 우드 블록으로 연주해 볼게.
  ('유리창에 예쁜 은구슬 쪼로로로롱'만 우드 블록으로 연주한다.)

- 누가 나와서 '빗방울이 움직이는 모습을 저는 이렇게 표현해 보고 싶어요.' 하는 친구 있니?
- 그래, ㅇㅇ이가 한번 빗방울의 모습을 여기에 있는 악기로 자유롭게 표현해 보자.
- 우와. 그건 빗방울이 어떻게 움직이는 걸 표현한 거야?
- 아~ 핑그르르르를 그렇게도 표현할 수 있겠구나. 그럼 우리가 핑그르르르를 넣어 노래를 부르고 ㅇㅇ이는 빗방울이 움직이는 모습을 악기로 연주해 주세요. 모두 준비됐나요?
- 정말 빗방울이 핑그르르르 떨어지고 있는 것만 같아. 이번엔 누가 나와서 한번 보여 줄까? 그래 이번에는 ㅇㅇ이, ㅇㅇ이는 빗방울을 어떤 악기로 어떻게 표현하고 싶어?
- 그건 어떤 빗방울의 모습을 표현한 거야?
- 아! 똑똑똑을 ㅇㅇ악기로 표현하니 정말 멋지다. 그럼! 이번엔 똑똑똑을 넣어 함께 불러 주고 ㅇㅇ이는 빗방울이 굴러가는 소리를 지금처럼 보여 주세요.
- 모두 잘했어요.
- 우리가 빗방울이 창문에 떨어지는 모습을 보고 말로도 표현해 보고, 노래에 넣어서 불러도 보고, 악기로 연주도 해 보고, 그림으로 그려도 보았지. 어떤 활동이 가장 기억에 남아?
- 아, 그런 것들이 가장 기억에 남는구나. 다음 시간에는 빗방울이 떨어지는 모습을 몸으로 표현해 보고 스카프로 표현해 보는 시간을 가져 보자.

8. 평가

- 새 노래 '봄비'에 관심을 가지는가?
- 빗방울이 움직이는 모습을 다양한 의태어로 표현하는가?
- 빗방울이 움직이는 모습을 악기를 통해 리듬으로 표현하는가?

9. 유의점

- 악기로 빗방울 소리를 표현할 수 있도록 지도한다.

10. 확장 활동

- 빗방울이 떨어지는 모습을 몸과 스카프로 표현해 본다.

3 동지 팥죽

활동① 동지 팥죽 :: 겨울

<table>
<tr><td>연령</td><td>만 4세</td><td>생활 주제</td><td colspan="3">겨울</td></tr>
<tr><td>주제</td><td>겨울맞이</td><td>소주제</td><td colspan="3">동지</td></tr>
<tr><td>활동명</td><td>'동지 팥죽' 노래를 불러 보자!</td><td>집단 형태</td><td>대집단</td><td>소요 시간</td><td>27분</td></tr>
<tr><td>활동 목표</td><td colspan="5">1. 동지의 시기와 유래를 알 수 있다.
2. 동짓날에 팥죽을 먹는 이유와 의미를 알 수 있다.
3. 메기고 받는 소리를 나누어 동요를 부를 수 있다.</td></tr>
<tr><td>누리과정
관련 요소</td><td colspan="5">• 의사소통 〉 듣기 〉 낱말과 문장 듣고 이해하기
• 예술경험 〉 예술적 표현하기 〉 음악으로 표현하기</td></tr>
<tr><td>활동 자료</td><td colspan="5">팥죽 사진과 낱말 카드, 동지 낱말 카드, '동지 팥죽'(국악놀이연구소 국악동요) 노래 음원, 스피커, 달력, 융판</td></tr>
<tr><td>활동 전개</td><td colspan="3">활동 내용</td><td colspan="2">활동 자료 및 유의점</td></tr>
<tr><td>도입
(12분)</td><td colspan="3">1. 동짓날에 대해서 설명한다.
T : 얘들아 벌써 12월 달이 됐어. 선생님이 3월에 너희들을 만난게 엊그제 같은데 벌써 12월이 된 게 믿겨지니?
C : 네. / 아니요.
T : 시간이 이렇게 많이 흐른 만큼 너희들에게서 점점 더 형님 반의 모습이 보이는 것 같아. 그런데 얘들아 옛날 사람들은 나이가 한 살 더 먹었다는 뜻으로 먹었던 음식이 있었대. 그게 무엇인지 아니?
C : 떡국이요.
T : 그래. 선생님도 떡국만 있는줄 알았는데 글쎄 그거 말고도 더 있대. 그게 무엇인지 아니?
C : 아니요.
T : 바로 팥죽이야. 너희들은 팥죽을 먹어 본 적 있니?
C : 네. / 아니요.
T : 먹어 본 친구들은 언제 먹었는지 기억나니?
C : 겨울에요.
T : 그래 요즘 사람들은 언제든지 팥죽을 먹을 수 있지만 옛날 사람들은 겨울 중에서도 어떤 날에는 꼭 팥죽을 먹었대. 그게 언제인지 아는 친구 있니?
C : 아니요.</td><td colspan="2">자료
팥죽 사진

융판
달력
동지 낱말 카드</td></tr>
</table>

활동 전개	활동 내용	활동 자료 및 유의점
도입 (12분)	T : 그날을 '동지'라고 한단다. 혹시 들어 본 적이 있어? C : 네. / 아니요. T : 들어 본 친구들이 있구나. 겨울이 깊어지면 깊어질수록 밤의 길이가 어떻게 변할까? C : 길어져요. T : 그렇지 겨울이 오면 낮은 짧아지고 밤이 길어지는데 밤의 길이가 가장 긴 날을 동지라고 한대. (달력을 꺼내 보여 주며) 바로 12월 21일이 동지야! (동지 낱말 카드를 보여 주며) 짜잔! '겨울 동'에 '이를 지'를 써서 겨울에 이르렀다는 뜻이래. 그럼 동지가 지나면 밤의 길이가 다시 어떻게 될까? C : 짧아져요. T : 그래 짧아지겠지. 반대로 낮의 길이는 어떻게 될까? C : 길어져요. T : 그렇지. 그래서 옛날 사람들은 동지 다음 날부터 낮이 다시 길어져서 태양이 새롭게 태어난다고 믿었기 때문에 동지를 '작은 설날'이라고도 했대. 그런데 왜 동지에 팥죽을 먹는 걸까? C : 모르겠어요. 2. 동지와 관련된 동화를 들려준다. T : 그럼 선생님이 동지 팥죽에 얽힌 재밌는 이야기를 하나 들려줄게. 왜 동지에 팥죽을 먹게 되었는지 잘 들어 보자. (동화판을 들고) 옛날 옛날 중국에 공공이라는 사람이 살았는데 공공의 아들은 굉장한 말썽꾸러기였대. 얼마나 말썽꾸러기였는지 공공은 하루도 마음이 편할 날이 없을 정도였대. 그런데 동지에 그만 공공의 말썽꾸러기 아들이 죽고 말았다지 뭐야. 죽은 아들은 귀신이 되어서도 마을 사람들에게 천연두라는 무시무시한 전염병을 퍼트리고 다녔대. 천연두에 걸린 마을 사람들은 시름시름 앓다가 죽고 말았대. 이걸 본 공공은 자기 아들을 쫓아내야 하는 게 너무 마음이 아팠지만 마을 사람들이 병에 걸려 죽는 걸 보고 아들 귀신을 쫓아낼 방법을 고민하고 또 고민했대. 그러던 어느 날 아주 좋은 방법이 떠오른 공공은 마을의 여자들을 시켜 팥죽을 많이 만들게 했대. 왜 팥죽을 만들게 했을까? 왜냐면 아들은 살아있었을 때 팥죽을 아주 싫어했거든.	

활동 전개	활동 내용	활동 자료 및 유의점
도입 (12분)	마을 곳곳에 놓인 팥죽을 본 아들 귀신은 기겁을 하고 도망갔고 마을에는 더 이상 천연두가 퍼지지 않았대. 이후로 마을 사람들은 천연두 귀신이 또 나타나지 못하게 하려고 동지마다 팥죽을 쑤어 먹었다고 해. 얘들아 왜 동지에 팥죽을 먹게 됐대? C : 귀신을 쫓아내려고요! T : 그래~ 귀신을 쫓아내기 위해서 팥죽을 먹어 왔대. 이번에는 선생님이 '동지 팥죽' 노래를 들려줄건데 어떤 부분이 재미있는지 같이 들어 볼까? C : 네!	
전개 (13분)	**1. 동요를 듣고 재미있었던 부분에 대해 이야기를 나눈다.** ('동지 팥죽' 노래를 들려준다.) T : 노래를 들어보니까 어떤 부분이 재미있게 들렸니? C : 계속 반복되는 부분이요. T : 계속해서 반복되는 부분들이 재미있게 들렸구나. 어떤 말들이 계속 반복되서 들렸니? C : '동지 팥죽 먹고 나이 한 살 더 먹자.' 이 부분이요. T : 그럼 이번에는 반복되는 부분을 다 함께 불러 볼까? C : 네. **2. 동요를 부른 후 메기고 받는 소리로 불러 본다.** (노래를 부른다.) T : 잘하네? 이렇게 노래에서 가사와 음이 반복적으로 나타나는 부분을 '받는 소리'라고 한대. 그런데 이 노래에서 받는 소리만 나왔니? C : 아니요. T : 그래. 받는 소리만 나온 것이 아니라 다른 가사도 들렸던 것 같아. 우리가 다 같이 불렀던 받는 소리보다는 가사와 음이 어땠지? C : 다양했어요. / 어려웠어요. T : 그래. 그렇게 받는 소리보다 가사와 음이 다양한 그 부분을 '메기는 소리'라고 부른대. 그렇다면 이번에는 선생님이 메기는 소리를 부르고 너희들이 받는 소리를 불러 줄 수 있겠니? C : 네.	**자료** '동지 팥죽' 노래 스피커

활동 전개	활동 내용	활동 자료 및 유의점
전개 (13분)	3. 유아의 의견대로 노래를 불러 본다. (노래를 부른다.) T : 이번에는 다 같이 메기는 소리를 부르고 받는 소리는 마음 속으로 나만 들리게 부르는 거야. 할 수 있겠니? C : 네. T : 좋아. 그럼 다시 불러 보자. (노래를 부른다.) C : 얘들아 이번에는 어떻게 부를지 너희들이 한번 의견을 내 볼래? 이번에는 어떤 방법으로 부를까? T : 의자 친구랑 바닥 친구요. / 남자랑 여자랑요. C : 그래. 그럼 이번에는 너희들의 의견대로 불러 보자. (유아들의 의견대로 노래를 부른다.) T : 이제는 너희들끼리도 참 잘 부르는구나. 이제 마지막으로 부를 텐데 이번에는 처음부터 끝까지 다 같이 씩씩한 목소리로 불러 보자.	
마무리 (2분)	1. 활동을 마무리한다. T : 너희들 모두 메기고 받는 소리를 정확하게 나눠서 잘 불러 주었어. 오늘 너희들이 불러 본 노래는 음률 영역에 테이프를 둘 테니까 또 노래를 불러 보고 싶은 친구들은 음률 영역에서 들어 보길 바래. C : 네.	
평가 및 유의점	– 동지에 관한 지식에 관심을 가지는가? – 동지에 관한 내용을 이해하는가? – 메기고 받는 소리의 한국어 동요를 부를 수 있는가?	
확장 활동	– 음률 영역에서 메기고 받는 소리를 불러 본다.	

생각 나누기

1) 대상 연령

: 만 4세 → 만 5세

2) 교육 목표

: 구체적인 교육 목표 세우기

(1) 동지의 시기와 유래를 안다.

(2) 동짓날에 팥죽을 먹는 이유와 의미를 이해한다.

(3) 메기고 받는 소리를 나누어 동요를 부를 수 있다.

: 도입, 전개, 마무리 순서 수정하기

: 노랫말 중심으로 수정하기

3) 도입

: 불필요한 내용 수정하기

예) T : 얘들아 벌써 12월 달이 됐어. 선생님이 3월에 너희들을 만난 게 엊그제 같은데 벌써 12월이 된 게 믿겨지니?

T : 시간이 이렇게 많이 흐른 만큼 너희들에게서 점점 더 형님 반의 모습이 보이는 것 같아.

T : 그런데 얘들아 옛날 사람들은 나이가 한 살 더 먹었다는 뜻으로 먹었던 음식이 있었대. 그게 무엇인지 아니?

: 그럼 선생님이 동지 팥죽에 얽힌 재미있는 이야기를 하나 들려줄게.

→ 왜 팥죽을 먹는지 이런 이야기가 있더라구!

: ~있대(X) / 있단다(O)

: 유래 설명 부분 수정하기

→ 내용 정리가 안 되어 있다. 짧고 명료하게 각색하기

→ 신뢰할 수 있는 내용인가? 실증적인 자료 제공하기

(1) 노래 먼저 들려주기

(2) 일 년 중 밤이 가장 긴 이유를 과학과 연결하여 설명하기

(3) 설날과 연결 짓기 (떡국–팥죽)

(4) 유아와 같이 컴퓨터로 검색하기
(컴퓨터로 정보를 얻을 수 있다는 경험 제공하기)

(5) 붉은색 팥죽의 의미 설명하기

(6) '동지' 유래 이야기 들려주기

4) 전개

: 왜 메기는 소리인지 추가 설명하기

: 동화판 말고 메기는 소리의 중심 노랫말 자료화하기

활동 소감 :: 이야기 나누기

질 좋은 수업은 그냥 나오는 것이 아니라는 것을 오늘 느꼈다. 교사가 고민하고 유아의 눈높이에서 가까이 바라보았다가 또 다시 멀리서 봤다가 때로는 다른 방식으로 보기도 했다가 눈을 감아버리기도 하면서 끊임없이 고민하고 고민해야 하는 것이다. 고민하면서 나의 시간과 열정을 투자한 만큼 좋은 수업이 나온다는 것을 알고 있으면서도 어쩌면 나는 요행을 바라고 짧은 시간 좋은 수업이 나오기를 바란 것인지도 모른다.

〈예비교사 A-p〉

유아가 처음 듣는 단어는 교사가 설명을 해 주어도 괜찮을 것이라고 생각했는데, 모르는 것을 유아와 교사가 함께 컴퓨터를 사용하여 함께 찾아보는 방법을 통해 컴퓨터가 우리에게 유용한 도구로 쓰일 수 있다는 것을 자연스럽게 알려 줄 수 있다는 것에서 깨달음을 얻었다. 이론에서는 교과 간의 통합적인 교육이 이루어져야 한다는 것처럼 노래 지도라는 음악 수업에 음악과 관련된 것만 알려 주는 것이 아니라 얼마든지 다른 영역의 교육을 병행하는 통합적 교육을 할 수 있다는 것을 피드백을 통해 알 수 있었다.

〈예비교사 A-q〉

피드백을 마친 후 수업은 정말 과학적인 창작물이고 TC는 창작의 고통을 알 수 있는 도구라는 생각이 들었다. 교사의 발문을 하나하나 생각하면서 고치고 조원들과의 수차례의 회의를 통해 수정한 TC는 뿌듯하기까지 했다. 현장에 있는 교사들이 얼마나 대단하고 얼마나 많은 노력을 하고 있는지 조금이나마 알게 되었다.

〈예비교사 A-r〉

활동② ● 동지 팥죽 :: 겨울

1. 대상 연령 : 만 5세
2. 집단 크기 : 대집단
3. 활동 영역 : 음률 영역
4. 활동 목표

1. 동지가 1년 중 밤이 제일 긴 날임을 알 수 있다.
2. 동지가 '작은 설날'이라 불리는 이유를 알 수 있다.
3. 동짓날 붉은색 팥죽을 먹는 이유에 대해서 알 수 있다.
4. 노랫말의 가사를 바꿔 부를 수 있다.
5. 친구들과 파트를 나눠서 노래를 부를 수 있다.

5. 교육과정 관련 요소

- 의사소통 〉 듣기 〉 낱말과 문장 듣고 이해하기
- 예술경험 〉 예술적 표현하기 〉 음악으로 표현하기

6. 활동 자료

'동지 팥죽' 노래 음원, 스피커, 가사판, 팥, 융판

7. 활동 내용 및 방법

1. 노래를 들어 본 후 기억에 남는 노랫말에 대해 이야기를 나눈다.

– 얘들아 선생님이 재밌는 노래를 가지고 왔는데 한번 들어볼래?
  (동지 팥죽 노래를 들려준다.)
– 노래를 들어 봤는데 어떤 것에 대한 노래 같아?
– 그래 동지지. 노래 중에 기억에 남는 가사가 있니?
– 그래 그런 가사들이 있었지? 이날에는 밤이 어떻다고 했더라?
– 그렇지 겨울이 오면 밤이 점점 길어지다가 동짓날이 되면 제일 길어져. 그래서 '일 년 중에 밤이 제일 긴 날'이라는 가사가 있었나 봐. 또 다른 기억나는 가사가 있니?

- 그래. 나이를 한 살 더 먹는다는 가사가 계속 반복되었지? 그런데 왜 동짓날에 나이를 한 살 더 먹는다고 했을까?

2. 궁금한 노랫말에 대해 이야기를 나눈다.
- 왜일까 궁금하지 않니? 선생님이 궁금해서 한번 찾아봤어. 우리 같이 볼까?
  (컴퓨터를 사용해 찾는다.)
- 우리 할아버지들은 동지가 지나면 새로운 해가 뜬다고 믿었대. 그래서 동지를 '작은 설날' 이라고도 했대. 그런데 왜 새로운 해가 뜬다고 믿었을까?
- 동지가 지나면 밤이 어떻게 될까?
- 그럼 반대로 낮은 어떻게 될 것 같아?
- 그래, 동지가 지나면 낮이 다시 길어져서 새로운 해가 뜬다고 믿었대. 그런데 얘들아 새로운 해가 뜨는 날이 동지 말고 또 어떤 날이 있을까?
- 그렇지 설날에는 어떤 음식을 먹지?
- 설날에는 떡국을 먹는 것처럼 작은 설날인 동지에는 뭘 먹었다고?
- 그래 팥죽을 먹었대. 근데 왜 팥죽을 먹었을까? 혹시 팥죽이 무슨 색인지 아는 친구 있어?
- 그럴까? 선생님이 팥을 한번 가져와 봤어. 무슨 색인 것 같아?
- 약간 붉은색으로 보이지? 그렇다면 왜 붉은색 팥으로 죽을 쑤어 먹었을까? 너희들은 붉은색이라고 하면 가장 먼저 뭐가 떠오르니?
- 그래, 너희들 생각처럼 옛날에 할아버지들도 붉은색이 생기 있는 피나 태양을 상징한다고 생각했대. 이 붉은색은 귀신을 쫓아 준다고 믿었대. 이렇게 팥죽으로 귀신을 쫓았다는 이야기는 우리나라뿐만 아니라 중국에도 있었는데 들어 볼래?
- 옛날에 공공이라는 사람에게 말썽꾸러기 아들이 있었는데 그만 동짓날에 죽어서 전염병을 몰고 다니는 귀신이 되었대. 그런데 그 아들이 살아 있었을 때 붉은색 팥을 싫어했기 때문에 동짓날에 붉은 팥죽을 쑤어 물리쳤대.
- 너희들 아침에 교실에 오기 전에 구수한 냄새가 나지 않았었니?
- 오늘 점심에 팥죽이 나와서 이렇게 구수한 냄새가 났나 봐.

3. 음악을 나누어서 불러 본다.
- 이번에는 노래를 함께 불러 볼 텐데 이 노래에 계속 반복되는 부분이 있어. 첫 번째 부를 때는 그 부분만 다 같이 불러 보자.
  (동요를 부른다.)
- 그렇지. 이번에는 너희들이 방금 불렀던 반복되는 후렴 부분을 부르고 선생님이 나머지를 불러 볼게.
  (다시 동요를 부른다.)
- 이번에는 어떻게 인원을 나눠서 불러 볼까?
- 그래, 그럼 그렇게 나눠서 불러 보자.
  (나눠서 동요를 부른다.)

4. 노랫말을 바꾸어 음악을 불러 본다.
- 이번에는 우리가 가사를 바꿔서 노래를 불러 보도록 하자. 세 번째와 네 번째 부분에는 어떤 내용의 가사를 넣는 것이 좋을까?
- 아까 붉은 팥죽을 왜 먹었다고 했었지? 그 내용을 넣어서 가사를 만들어 볼까?
- (음을 흥얼거린다.) 여기에 어떤 가사를 넣으면 좋을까?
(유아들과 상호 작용하며 가사를 만든다.)
- 그래, 그럼 바꾼 가사로 다시 노래를 불러 보자.
(바꾼 가사로 노래를 부른다.)
- 재미있는 가사로 잘 불러 주었어. 우리 이번에는 다 같이 큰 소리로 노래를 불러 보자.
(노래를 큰 소리로 부른다.)

5. 활동을 마무리한다.
- 너희들 모두 큰 소리로 정말 잘 불러 주었어. 오늘 불러 본 동요는 음률 영역에 테이프를 둘 테니까 또 노래를 불러 보고 싶은 친구들은 음률 영역에서 들어 보길 바래.

8. 평가

- 동지에 대한 이야기를 듣고 흥미를 가지는가?
- 노랫말을 나누어 부르고 개사하여 부르는 것에 흥미를 가지는가?

9. 유의점

- 동지에 관한 지식을 전달하기 위해 자료를 미리 준비한다.
- 다양한 방법으로 노래를 부를 수 있는 분위기를 조성한다.

10. 확장 활동

- 음률 영역에서 노래를 듣고 불러 본다.
- 개사한 가사로 노래를 불러 본다.

생각 나누기

1) 도입

: 유아들과 상호 작용하지 말고 바로 노래 들려주기

2) 전개

: '일 년 중 밤이 제일 긴 날, 동지 팥죽 먹고 나이 한 살 더 먹자'의 가사 의미 설명하기

: 일 년 중 밤이 가장 긴 이유를 과학과 연결해서 설명하기

예) 해와 지구를 가져다 놓고 시각적으로 보면서 이해할 수 있게 설명하기

초등학교 과학책으로 구체적으로 풀기

: 팥 등 구체적인 시각적 자료 필요

: 빨간 팥죽 먹는 이야기를 '중국에서는 이런 이야기가 있었대!'라며 들려주기

: 노래뿐만 아니라 여러 사회적인 현상이나 과학적인 현상을 다루면서 통합적으로 접근하기

3) 교사 발문

: 교사의 비계 설정 필요(교사가 노랫말 다시 언급하기)

4) 활동 목표

: 활동 목표와 하위 목표를 구체적으로 설정하기

: 보다 질 높은 교육이 가능하도록 설정하기

활동 소감 :: 이야기 나누기

교사들은 유아들을 과소평가하면 안 된다. '유아라서 모를 거야.' 혹은 '유아니까 수준을 낮춰야 된다.'라는 생각은 우리의 큰 착각이었다. 우리가 쓰는 언어로 설명해도 이해하기에 부족함이 없는 유아들 중에는 어쩌면 우리가 아는 만큼 알고 있는 유아들도 있을 것이다. 그렇기에 교사는 더욱 고민하고 공부해야 하는 존재임을 다시 한번 느꼈다.

〈예비교사 A-p〉

유아에게 공전이나 자전을 설명하기엔 이른 것 같다고 생각했고 과학 현상을 유아에게 쉽게 풀어서 설명해 주는 것도 어렵다고 생각했었다. 그런데 유아일수록 과학 현상은 대충 설명하고 넘어가는 것이 아니라 원리를 제대로 설명하고 이해시킨 다음에 넘어가야 한다는 것을 알게 되었다. 유아는 내가 생각했던 것 보다 훨씬 똑똑하고 교사가 잘 가르치기만 한다면 얼마든지 새로운 것을 배우고 그것을 자신의 것으로 만들 준비가 되어 있는 존재라고 다시 생각하게 되었다. 또 교사가 수업의 흐름을 잘 잡지 못하고 교사가 제대로 못하면 유아들 역시 수업에 집중할 수 없고 배우는 것도 없다는 것을 느꼈다. 수업을 계획할 때에는 교육 목표에 따라 수업을 체계화하고 어느 것 하나 대충해서는 안 된다는 것을 알게 되었다. 교사가 제대로 못하면 유아도 지금 무엇을 하는 것인지 갈피를 못 잡을 것이다. 교사 책임의 중요성을 깨달았다.

〈예비교사 A-q〉

수업을 이끌어 나가는 데 있어서 교사가 얼마나 섬세하게 구체적인 부분까지 준비를 해야 하는지 알 수 있었다. 특히 교사의 한마디가 아이들에게 큰 힌트가 되고 많은 생각을 이끌어 낼 수 있다는 점에서 느낀 것이 많았다. 그 수업에 연관되고 도움이 되는 말은 아이들로 하여금 창의적인 생각을 이끌어 낼 수 있지만 그 수업에 관련 없는, 도움이 되지 않는 말은 오히려 수업의 초점을 흐리게 만들고 집중력을 떨어뜨리고 분위기를 산만하게 할 수도 있다는 점을 알았다. 또 이야기를 하나하나 연결해서 풀어내는 것이 자연스러운 흐름을 만들고 더 쉽게 이해시킬 수 있고, 그렇게 해서 깔끔한 수업을 구성할 수 있다는 것을 느꼈다.

〈예비교사 A-r〉

노래 지도 수업이라고 해서 노래만을 가르치는 것이 아니라 사회적 현상, 과학적 현상 등 다양한 통합교육을 할 수 있다는 것을 피드백을 통해 알게 되었다. 또한 누군가를 가르치기 위해서는 교수자가 엄청난 노력을 해야 한다는 것을 깨달았다.

〈예비교사 A-s〉

반복된 부분에 대한 비계를 설정할 수 있고 반복되는 구절을 더 확실하게 떠올릴 수 있기 때문에 처음부터 우리가 직접 불러야 좋다고 하시는 말씀을 해 주셨다. 보통 새 노래 지도라고 하면 현장에서도 음원을 들려주기 마련인데 우리의 수업은 그렇게 진행되지 않을 것이라고 생각하니까 뭔가 획기적인 수업을 할 수 있을 것 같다는 생각이 들었다. 교수님께서 말씀하시는 걸 듣고 있으면 정말 물 흐르듯이 자연스러워지고 발화법과 개념을 유도하는 것에 대해서 자세하게 배울 수 있어서 좋았다.

〈예비교사 A-t〉

활동③ • 동지 팥죽 :: 겨울

1. 대상 연령 : 만 5세
2. 집단 크기 : 대집단
3. 활동 영역 : 음률 영역
4. 활동 목표

1. '동지 팥죽' 노래를 듣고 따라 부를 수 있다.
 - 반복되는 부분을 찾아 따라 부를 수 있다.
 - 선생님과 역할을 나눠 부를 수 있다.

2. 동지가 일 년 중에 밤이 가장 긴 이유를 이해할 수 있다.
 - 낮과 밤이 생기는 원리를 알 수 있다.
 - 계절이 바뀌는 원리를 알 수 있다.

3. 동짓날 먹는 붉은색 팥죽의 의미를 알 수 있다.
4. 다양한 악기로 노래의 장단을 맞춰 볼 수 있다.

5. 교육과정 관련 요소

- 의사소통 〉 듣기 〉 낱말과 문장 듣고 이해하기
- 예술경험 〉 예술적 표현하기 〉 음악으로 표현하기

6. 활동 자료

'동지 팥죽' 노래 음원, 스피커, 낱말 카드(동지, 팥죽, 나이 한 살, 밤이 제일 긴 날, 낮이 제일 짧은 날), 팥죽 사진, 지구본, 스티커, OHP 기계, 손전등, 컴퓨터, 팥, 장구, 꽹과리, 융판

7. 활동 내용 및 방법

1. 일 년 중에 밤이 제일 긴 동지에 대해 알아본다.

- 얘들아 선생님이 부르는 노래가 어떤 이야기인지 들어 볼래?
(동요를 들려준다.)
- 무슨 이야기인 것 같아?
- 그렇지. 그런데 동짓날은 왜 밤이 제일 긴 날일까?
- (일 년 중에 밤이 제일 긴 날 부분을 흥얼거리며) 낮과 밤은 어떻게 생기는 거지? 어떨 때 낮이고 어떨 때 밤이 되는 거야?
- 아~ 그럼 우리 한번 같이 알아볼까? (지구본을 보며) 우리나라가 어디 있을까? 여기 있네. 지구가 여기 있으면 태양은 어느 곳에 있을까?

2. 활동 자료를 사용하여 계절, 공전, 자전에 대해 설명한다.

- 누가 저기 뒤쪽에 있는 태양을 켜 줄래? (한 유아가 OHP 조명을 켠다.) 지금처럼 해가 있을 때는 언제일까?
- 그렇지. 그런데 지구본을 보니까 왜 이렇게 빙글빙글 돌게 만들었을까?
- 어떻게 알았어? 지구가 도는구나~ 그럼 이렇게 빙그르르 돌아서 뒤쪽으로 오면 지금은 언제일까?
- 아! 이렇게 지구가 돌아서 태양이 보였다가 안 보였다가 하는구나. 그래서 뭐가 생긴다고?
- 그렇지. 낮과 밤이 생긴다고! (OHP 조명을 끈다.) 이번에는 누가 나와서 태양이 되어 줄까?
- 그래, 그럼 ㅇㅇ이가 여기 앉아서 태양이 되어 주자. 선생님이 지구가 되어 볼게. (유아가 가운데 의자에 앉고 교사는 지구본을 들고 유아의 왼쪽에 선다.) 그런데 얘들아 잘 봐. 우리나라가 여기 있을 때랑 (반대편으로 이동하며) 여기 있을 때랑 어때?
- 어~ 그럼 어디에 있을 때가 태양이랑 더 가까울까? 다시 한번 봐봐.
- 왜? 왜 그렇게 생각했어?
- 그럼 태양이랑 가까우면 날씨가 어떨까? 우리 난로에 가까이 있을 때를 한번 생각해 볼까?
- 그치? 그럼 우리나라도 어떨까?
- 그럼 여기는 무슨 계절?
- 그렇지. 그럼 반대로 와서 이쪽은?
- 그렇지. 그러면 이번에는 여기에 설 게. 여기는 무슨 계절일까? (봄의 위치에 선다.)
- (원을 그리며 태양 주위를 돌면서 유아들이 계절을 맞출 수 있도록 문제를 낸다.) 그럼 이번에도 맞춰 볼까? 태양이 머리 꼭대기까지 높게 이렇~게 뜰 때랑 낮게 이렇~게 뜰 때랑 언제가 더 더울까?
- 아, 그럼 여름에는 태양이랑도 가깝고 태양도 오래 떠 있구나. 그럼 낮게 뜰 때는?
- 그렇지. 겨울은 태양이랑 더 멀고 낮게 떠서 해가 금방 지겠구나. 그래서 이쪽에 있으면 (여름 위치) 낮이 제일 길고 (겨울 위치로 가서) 점점 짧아진대. 그러다가 가장 짧은 날이 오는데 그날을 아까 뭐라고 한다고 했더라?
(동요를 들려준다.)

3. 동짓날에 붉은색 팥죽을 먹는 이유를 알아본다.

- 노래에서 동지 팥죽을 먹고 뭐라고 했더라? (음을 교사가 흥얼거린다.)
- 나이를 한 살 먹는다는 거는 뭘까? 선생님이 몰라서 찾아봐야 할 것 같은데 같이 찾아줄 수 있어?
- 그렇지. 그래서 일 년 중에 가장 밤이 긴 날이 동지라고~ 그럼 다시 한번 동요를 들어 보자! (유아와 함께 동지를 작은 설날이라고 부르는 이유에 대해 컴퓨터로 검색한다.)
- 아, 그래서 동짓날에 나이를 한 살 더 먹는다고 했구나. 그런데 왜 팥죽을 먹을까? 팥죽이 무슨 색이더라?
- 선생님이 팥을 가져왔는데 한번 같이 관찰해 보자. 어때? 약간 자주색도 보이고 빨간색도 보이니?
- 그렇다면 왜 붉은색 팥으로 죽을 쑤어 먹었을까? 너희들 태양이 무슨 색인 것 같아?
- 옛날 할아버지들은 태양을 빨간색이라고 생각했대. 그래서 밤이 가장 긴 동지가 지나고 새로운 해가 떠오른다고 생각했대. 그래서 뭐라고 생각했다고?
- 그렇지. 그럼 이번에는 선생님이랑 너희들이랑 다 같이 한번 동요를 불러 보자.

4. 동요에 반복되는 부분을 불러 본다.

- 이 노래에 재미있게 반복되는 부분이 있어. 어떻게 불렀지? (교사의 지시대로 유아와 함께 후렴을 불러 본다.) 그럼 이번에는 너희들이 반복되는 소리를 불러 주면 선생님이 나머지 부분을 부를게.
  (함께 동요를 부른다.)
- 이번에는 바꿔서 불러 볼까?
  (함께 동요를 부른다.)
- 그렇지. 그럼 다시 한번 처음부터 끝까지 모두 함께 불러 보자.
  (다 같이 동요를 부른다.)

5. 동요를 불러 본 후 리듬 악기를 선정하여 연주를 해 본다.

- 이번에는 악기를 연주하면서 불러 볼까? 선생님은 장구로 장단을 맞춰 줄게. 자, 누가 나와서 연주해 볼까?
- 그래, ㅇㅇ이가 나와서 하고 싶은 악기를 골라 보겠니?
- 좋아, 시~작! (함께 악기를 연주하며 동요를 부른다.)
- ㅇㅇ아, 멋진 연주 고마워 . 이번에 '저는 다른 악기로 다르게 연주해 볼래요!' 하는 친구 있니?
- 그럼 이번에는 ㅇㅇ이가 연주해 보자. (함께 악기를 연주하며 동요를 부른다.)

- ㅇㅇ이에게도 박수! 마지막으로 '저는 이번에 멋진 꽹과리로 연주해 보고 싶어요!' 하는 친구가 있을까?
- 그래, 그럼 ㅇㅇ이가 나와서 멋지게 연주해 보자. (함께 악기를 연주하며 동요를 부른다.)
- 와~ 꽹과리로 아주 멋지게 연주해 주었네. 고마워.

6. 활동을 마무리한다.
- 친구들과 함께 악기도 연주하면서 노래를 불러 보니 더욱 흥겨웠던 것 같아. 오늘 불러 본 동요는 음률 영역에 테이프를 둘 테니까 또 노래를 불러 보고 싶은 친구들은 음률 영역에서 들어 보기를 바래.

8. 평가

- 노래를 듣고 따라 부르는 것에 흥미를 가지는가?
- 일 년 중에 밤이 가장 긴 동지에 대해 이해하는가?

9. 유의점

- 다양한 종류의 악기를 준비한다.
- 컴퓨터를 사용하여 정보를 찾아보도록 한다.

10. 확장 활동

- 음률 영역에서 음악을 듣고 불러 본다.
- 음악을 듣고 부르며 악기를 연주한다.

4 새가 되어 훨훨

활동① 새가 되어 훨훨 :: 동식물과 자연

<table>
<tr><td>연령</td><td>만 4세</td><td>생활 주제</td><td colspan="3">동식물과 자연</td></tr>
<tr><td>주제</td><td>동물과 우리 생활</td><td>소주제</td><td colspan="3">동물과 함께하는 즐거움 느끼기</td></tr>
<tr><td>활동명</td><td>이 몸이 새라면</td><td>집단 형태</td><td>대집단</td><td>소요 시간</td><td>21분</td></tr>
<tr><td>활동 목표</td><td colspan="5">1. 동요 전체의 멜로디를 듣고 곡조를 익혀 본다.
2. 이미지와 노랫말을 연관 지어 동요의 느낌을 살려 노래한다.
3. 유아가 새가 되는 느낌을 가져 보고 노랫말을 바꾸어 불러 본다.</td></tr>
<tr><td>누리과정 관련 요소</td><td colspan="5">• 예술경험 〉 아름다움 찾아보기 〉 음악적 요소 탐색하기
• 예술경험 〉 예술적 표현하기 〉 음악으로 표현하기</td></tr>
<tr><td>활동 자료</td><td colspan="5">'이 몸이 새라면'(작사 안병원·독일 민요) 노래 음원, 피아노, PPT 이미지</td></tr>
<tr><td>활동 전개</td><td colspan="3">활동 내용</td><td colspan="2">활동 자료 및 유의점</td></tr>
<tr><td>도입
(4분)</td><td colspan="3">1. '이 몸이 새라면' 노래를 가사 없이 여러 번 사전에 들려준다.
T : 노래 한 곡을 들려줄게요~ 우리 다 같이 편하게 한번 들어 보아요!
(노래를 가사 없이 들려준다.)
T : 이번에는 눈을 감고 듣고 싶은 친구들은 눈을 감고 들어도 좋고 편한 자세로 다시 한번 들어 보아요.
(가사 없이 한 번 더 들려준다.)
T : 이번에는 앞에 사진을 보면서 선생님하고 같이 '루'로 한번 불러 보아요.
C : 네.
T : 다 같이 '루'로 불러 보았는데, 부르고 난 후에 머릿속에 어떤 느낌과 장면이 떠올랐어요?
C : 하늘 높이 올라갔다 온 것 같아요! / 뭉게구름이 제 옆에 있는 것 같아요! / 높은 하늘을 나는 새가 된 것 같아요!</td><td colspan="2"></td></tr>
</table>

활동 전개	활동 내용	활동 자료 및 유의점
전개 (15분)	**1. '이 몸이 새라면' 멜로디에 가사를 넣어 노래를 들려준다.** T : 멜로디를 들으며 하늘 높이 나는 느낌과 구름 옆을 지나가는 느낌이 들었구나! 또 새가 된 것 같은 기분이 들었구나! 노래가 나오는 동안 앞에 무엇이 보였었나 이야기해 볼까요? C : 하늘이요. / 구름이요. / 새요. T : 그래, 그런 것들이 보였구나. 그것들을 다시 한번 보고, 생각하면서 이번에는 가사가 있는 노래를 들어 보아요. (멜로디에 가사를 넣어 노래를 들려준다.) T : 노래 가사 속에서는 만약 우리가 새가 되어서 무엇 무엇을 한다고 했었죠? C : 섬까지 날아가요. / 흰 구름까지 날아가요. T : 이 몸이 새라면 하늘을 날아 저~ 건너 보이는 작은 섬까지 날아가고 이 몸이 새라면 하늘을 날아 저~ 하늘 높이 뜬 흰 구름까지 날아가 보아요. **2. 가사가 있는 노래를 부르고, 이야기를 나눈다.** T : 우리 다 같이 이 몸이 새가 되었다고 생각하며 다 같이 노래 불러 보아요. C : 네~! (가사가 있는 노래를 다 같이 불러 본다.) T : 친구들 잘 불러 보았어요? 친구들이 만약 새가 된다면 어떤 기분일 것 같아요? C : 가볍고 기분이 좋을 것 같아요. T : 그렇구나~ 그럼 혹시 새가 된다면 가고 싶은 곳이 어디일 것 같아요? C : 저는 새가 된다면 높은 나무 꼭대기에 앉아 보고 싶어요. T : ㅇㅇ이는 새가 된다면 나무 꼭대기에 앉아 보고 싶대. T : 그럼 이번에는 친구들이 '이 몸이 새라면'을 불러 주면 ㅇㅇ이가 '나무에 앉아 보고 싶다'고 가사를 바꿔서 불러 보아요. 선생님이 먼저 ㅇㅇ이의 의견으로 노래를 먼저 불러 줄게요. C : 네~! (가사를 바꾸어 노래를 불러 준다.) T : (손으로 '이 몸이 새라면' 부분에는 전체 유아들을 가리키고, 발표하는 유아 부분은 그 유아를 가리킨다.) **3. 발표한 유아와 나머지 유아가 노래를 삼창한다.**	

활동 전개	활동 내용	활동 자료 및 유의점
마무리 (2분)	1. 활동에 대해 이야기 나눈 후 마무리한다. T : 친구들 우리 '이 몸이 새라면' 동요를 다양하게 불러 보았는데 어떤 방법들이 있었죠? C : '루'로 불러 보았어요. / 마음속으로 불러 봤어요. / 노랫말을 바꾸어 불러 보았어요. T : 맞아요. '루'로 불러 보기도 하고, 마음속으로 불러 보는 삼창을 해 보기도 하고, 어디로 가고 싶은지 생각해서 노랫말을 바꾸어 불러 보기도 하였어요. 이 동요 테이프를 음률 영역에 가져다 놓을 테니 언제든지 가서 노래를 들어 보며 오늘 했던 활동들을 자유롭게 해 보도록 해요. C : 네~! T : 자 이제 간식을 먹을 시간이에요. 앞줄에 앉은 친구부터 차례대로 손을 씻으러 가도록 해요.	
평가 및 유의점	– 멜로디를 들으며 곡에 흥미를 가지고 참여하는가? – 새가 되어 즐겁게 표현하는가? – 노랫말을 바꾸어 활동하는 것에 적극적으로 참여하는가?	
확장 활동	– 음률 영역에 가서 노래를 불러 본다. – 노래를 부르며 새가 되어 몸으로 표현해 본다.	

생각 나누기

1) 사진

: 새가 바라보는 시각에서 하늘 이미지를 찾아서 수정하기

2) 사전 조사

: 모의 수업 전 사전 조사로 유아의 반응 알아보기

3) 노랫말

: '가사'를 '노랫말'로 바꾸기

: '이 몸이 새라면' 노래를 노랫말 없이 여러 번 사전에 들려주기

4) 전개

: '~해요', '~할까요'라는 딱딱한 말투가 아닌 '~해 볼까', '~하자'라고 부드럽고 자연스럽게 말하기

예) 이번에는 사진을 보면서 선생님하고 같이 '루'로 한번 불러 보아요.

→ 이번에는 어떤 소리로 불러 볼까?

: 유아의 상상과 생각을 이끌어 낼 수 있는 말로 수정하기

예) 다 같이 '루'로 불러 보았는데, 부르고 난 후에 머릿속에 어떤 느낌과 장면이 떠올랐어요?

→ 노래를 부르면서 어떤 생각이 떠올랐을까 정말 궁금하다.

: 새가 되어 날아가고 싶은 마음을 노래로 부르기, 새가 되는 동작과 함께 표현해 보기

5) 교사 역할

: 이미지를 자연스럽게 보여 주고, 허밍으로 함께 불러 보고, 노랫말을 넣어 교사가 알맞은 음정과 박자로 노래를 불러 주기

: 노랫말 가사판을 만들어 아이들에게 노랫말을 억지로 가르치려고 하기보다는 교사가 자연스럽게 불러 주고 낭송하며 아이들에게 전달하기

: 배경 음악으로 멜로디를 들려주며 노랫말을 낭송해 주기

: 유아들이 새가 되어 날아가 보고 싶은 곳을 이야기하고 노랫말을 바꾸어서 불러 보도록 하며, 이때 교사가 노랫말을 유도하여 미리 전개하는 방식을 사용하여 유아들이 바뀐 노랫말로 노래를 할 수 있도록 지도하기

6) 확장 활동

: 새가 되어 느꼈던 경험을 구체적으로 유아와 이야기 나누어 본 후 바로 다른 활동, 즉 미술 활동 등으로 연계해 나갈 수 있도록 하기

활동 소감 :: 이야기 나누기

우리 '~해 볼까?', '어떤 것들이 머릿속에 떠올랐어?' 등등 밝은 표정과 친근한 정서를 끌어낼 수 있는 부드러운 말투로 바꿀 때 아이들이 더 많은 생각을 해내고, 생각을 차단하는 질문, 구체적이지 않은 질문보다는 느낌을 더 넓게 느끼고 통찰할 수 있도록 하는 교사의 멘트가 얼마나 중요한지 알게 되었다. 또한 이미지를 지원할 때에 그냥 단지 아름답다고 해서 보여 주는 것이 아닌 목적을 달성할 수 있고 상황에 적절한 질 좋은 이미지를 보여 줘야 한다는 것이 중요하다는 것을 다시 한번 되새길 수 있었다.

〈예비교사 A-x〉

활동② ● 새가 되어 훨훨 :: 동식물과 자연

1. 대상 연령 : 만 4세
2. 집단 크기 : 대집단
3. 활동 영역 : 음률 영역
4. 활동 목표

1. 동요 전체의 멜로디를 듣고 곡조를 익혀 본다.
2. 이미지와 노랫말을 연관 지어 동요의 느낌을 살려 노래한다.
3. 유아가 새가 되어 보고 노랫말을 바꾸어 불러 본다.

5. 교육과정 관련 요소

- 예술경험 〉 음악으로 표현하기 〉 노래로 자신의 생각과 느낌을 표현한다.
- 예술경험 〉 음악으로 표현하기 〉 간단한 리듬과 노래를 즉흥적으로 만들어 본다.

6. 활동 자료

'이 몸이 새라면' 노래 음원, 피아노, PPT 시각 자료

7. 활동 내용 및 방법

1. 노래를 노랫말 없이 들려준다.
('이 몸이 새라면' 노래를 노랫말 없이 여러 번 사전에 들려준다.)
- 노래 한 곡을 들려줄게요. 우리 다 같이 편하게 한 번 들어 보아요!
(노랫말 없이 들려준다.)
- 이번에는 눈을 감고 듣고 싶은 친구들은 눈을 감고 들어도 좋고 편한 자세로 다시 한번 들어 보아요~
(노랫말 없이 한 번 더 들려준다.)
- 이번에는 어떤 소리로 불러 볼까?
- '루'로 불러 보아요.
- 노래를 부르면서 어떤 생각이 떠올랐을까 궁금하다!
- 하늘 높이 올라갔다 온 것 같아요! 뭉게구름이 제 옆에 있는 것 같아요!

2. 허밍으로 노래 부른 후 노랫말을 들려준다.

– 그럼 하늘을 나는 새가 되어서 '음~' 우리 다 같이 날아 보자.
(허밍으로 다 같이 불러 본다. 이어서 자연스럽게 교사가 노랫말을 넣어 불러 준다.)
(멜로디를 들려주며 노랫말을 낭송해 준다.)

– 이 몸이 새라면 이 몸이 새라면/날아가리 저 건너 보이는/저 건너 보이는 작은 섬까지
이 몸이 새라면 이 몸이 새라면/날아가리 저 멀리 보이는/저 멀리 보이는 뜬구름까지

3. 노랫말을 넣어 불러 본 후 개사를 하여 불러 본다.

(노랫말을 넣어 다 같이 노래를 불러 본다.)

– 자, 이번에는 저 건너 보이는 작은 섬이 아니라 어디로 날아가 볼까? 어디로 날아가고 싶어?
(교사가 미리 노랫말을 전개해 주면서 노랫말을 바꾸어 불러 본다.)

4. 새가 되어 날아 보며 이야기를 나누고 후속 활동을 소개한다.

– 이제 새가 되어 날아가 볼까? 처음에는 유치원으로 가 보고 그다음에는 우리 집으로 날아가 보자.
(교사가 유아 3~4명씩 함께 새가 되어 날아 볼 수 있도록 유도한다.)

– 날아가는 동안 무엇을 보았어? 바람결은 어땠어?

– 그랬구나~ 그럼 나는 동안 누구를 만났는데?

– 와~ 정말 많은 것을 보았네? 그럼 다음 시간에는 노래를 들으면서 우리가 날면서 보았던 것들을 그림으로 그려 보자.

8. 평가

– 멜로디를 들으면서 곡에 흥미를 가지고 참여하는가?

– 새가 되어 즐겁게 표현하는가?

– 노랫말을 바꾸어 활동하는 것에 적극적으로 참여하는가?

9. 유의점

– 유아들이 노랫말을 알고 노래할 수 있도록 노랫말을 지원한다.

– 유아들이 새가 되어 표현할 수 있도록 유도한다.

10. 확장 활동

– 새가 되어 날아 보며 보았던 것을 그림으로 표현한다.

생각 나누기

1) 활동명

: 새가 되어 활동

: 활동명은 유아들이 흥미를 가질 수 있게 구체적으로 정하기

2) 집단 수

: 10명 → 15명

3) 대형 추가

: 자유로운 대형

4) 활동 목표

: 범위가 넓다고 볼 수 있는 한 줄로 된 수업 목표를 두 가지 문장으로 쪼개어 하나하나의 수업 목표를 더욱더 구체적으로 나타내기

예) 유아가 새가 되어 날아 보고 노랫말을 바꾸어 불러 본다.

→ 유아가 새가 되어 날아 본다. / 노랫말을 바꾸어 불러 본다.

5) 피아노 표시

: 어느 부분에서 노래 반주가 나와야 할지, 어느 활동에서 배경 음악으로 반주가 흘러나와야 할지를 계획안에 구체적으로 명시하기

예) (피아노 반주)로 표시

6) 전개

: 노래 한 곡을 들려줄게요. 우리 다 같이 편하게 한번 들어 보아요.

→ 우리 다 같이 편하게 음악을 들어 보자.

7) 교사 발문

: 유아에게 전달되기 쉽게 이야기하기

예) 편한 자세로 다시 한번 들어 보아요.

→ 누워도 좋고 기대도 좋고 편하게 들어 보아요.

이번에는 어떤 소리로 불러 볼까?

→ 음악을 들으며 노래를 불러 볼까? 어떤 소리로 불러 볼까?

노래 부르면서 어떤 생각이 떠올랐을까 궁금하다.

→ 노래 부르면서 어떤 생각이 떠올랐어?

그럼 하늘을 나는 새가 되어서 '음~' 우리 다 같이 날아보자.

→ 그럼 하늘을 나는 새가 되어서 '음~' (교사가 노래 예시를 들려준다.) 이렇게 허밍으로 우리 다 같이 날아보자.

: 유아가 대답한 답들에 교사가 하나하나 반응하며 유아와 상호 작용하기

예) 와~ 정말 많은 것을 보았네? 그럼 다음 시간에는 노래를 들으면서 우리가 날면서 보았던 것들을 그림으로 그려 보자.

→ 와~ 비행기도? 정말 많은 것을 보았네~? 그럼 손 씻고 와서 그림을 그리자!

활동 소감 :: 이야기 나누기

활동을 전개해 나갈 때 유아들의 반응을 다양하게 생각하여 계획안을 작성하여야 하며 활동을 전개할 때 두루뭉술하게 계획하는 것이 아니라 구체적이고 아주 세밀하게 교사의 말까지 하나하나 다 계획해서 실행하여야 한다는 것을 다시 한번 배우게 되었다. 활동명 또한 구체적으로 정해야 하고 활동하는 유아의 수도 활동을 효과적으로 이끌 수 있는 적정한 유아의 수가 몇 명이 좋을지 꼼꼼하게 따져서 계획하여야 한다는 것 또한 배울 수 있었다. 구체적이고 교육적이고 즐거운 활동 목표를 세우고 그에 맞게 활동을 이끌어 나가면서 음악을 가르친다기 보다는 유아가 느끼고 즐길 수 있는 그런 수업을 계획하는 것이 정말 중요하고 그것이 그냥 되는 것이 아니라 교사가 항상 연구하고 고민해야 하는 것이라는 것 또한 배웠다.

〈예비교사 A-x〉

활동③ ● 새가 되어 훨훨 :: 동식물과 자연

1. 대상 연령 : 만 4세
2. 집단 크기 : 대집단
3. 활동 영역 : 음률 영역
4. 활동 목표

1. 동요 전체의 멜로디를 듣고 곡조를 익혀 본다.
2. 이미지와 노랫말을 연관 지어 동요의 느낌을 살려 노래한다.
3. 새가 되어 날아 본다.
4. 노랫말을 바꾸어 불러 본다.

5. 교육과정 관련 요소

- 의사소통 〉 말하기 〉 느낌, 생각, 경험 말하기 〉 자신의 느낌, 생각, 경험 말하기
- 예술경험 〉 음악으로 표현하기 〉 간단한 리듬과 노래를 즉흥적으로 만들어 보기
- 신체운동·건강 〉 신체인식하기 〉 신체를 인식하고 움직이기

6. 활동 자료

'이 몸이 새라면' 노래 음원, 피아노, PPT 시각 자료

7. 활동 내용 및 방법

1. 노랫말 없이 노래를 들은 후 느낀 점을 이야기 나눈다.
   ('이 몸이 새라면' 노래를 노랫말 없이 사전에 여러 번 들려준다. 앞의 스크린에 이미지 PPT를 띄운다.)

- 우리 다 같이 편하게 들어 보자.
  (피아노 반주 – 바로 '이 몸이 새라면'을 노랫말 없이 들려준다.)
- 이번에는 눈을 감고 듣고 싶은 친구들은 눈을 감고 들어도 좋고 눕고 싶으면 누워서 들어도 되고 기대고 싶으면 기대도 좋고, 편한 자세로 다시 한번 들어 보자.

(피아노 반주 – 노랫말 없이 한 번 더 들려준다.)
- 반주를 들으며 노래를 불러 볼 건데 어떤 소리로 불러 볼까?
(피아노 반주)
- 노래를 부르면서 어떤 생각이 떠올랐어?

2. 이미지를 보며 허밍으로 다 같이 노래를 불러 본다.
- 그럼 하늘을 나는 새가 되어서 '음~' (교사가 노래 예시를 들려준다.) 이렇게 허밍으로 우리 다 같이 노래 부르면서 새가 되어 날아가는 모습을 생각해 보자.
(이미지를 보며 허밍으로 다 같이 불러 본다. 이어서 자연스럽게 교사가 노랫말을 넣어 불러 준다.)
- 이런 노랫말을 가지고 있었구나.
(멜로디를 들려주며 노랫말 낭송해 주기)
- 이 몸이 새라면 이 몸이 새라면/날아가리 저 건너 보이는/저 건너 보이는 작은 섬 까지
이 몸이 새라면 이 몸이 새라면/날아가리 저 멀리 보이는/저 멀리 보이는 뜬구름까지

3. 노랫말을 넣어 다 같이 노래를 불러 본다.
- 자, 다 같이 노랫말에 나온 저 건너 보이는 작은 섬까지 날아가 볼까~?
(교사가 손짓으로 '전체 노래 부르기' 방법으로 유아가 노래를 부를 수 있도록 전개하며, 노랫말을 넣어 다 같이 노래를 불러 본다. 교사가 노랫말을 유도하며 노래를 부른다.)
(피아노 반주)
- 이제 또 어디로 날아가 볼까?
- 그래 유치원으로 날아가 보자!
(피아노 반주)

4. 교사가 미리 노랫말을 전개해 주는 방식으로 노랫말을 바꾸어 불러 본다.
- 또 어디로 날아가 볼까?
- 그래 우리 집으로 날아가 보자!
(피아노 반주)

5. 새가 되어 날아 보며 노래를 불러 본다.
- 이제 새가 되어 날아 보면서 불러 보자~ 유치원으로도 가 보고, 우리 집으로도 날아가 보자. 자, 누가 먼저 새가 되어 날아가 볼까? 먼저 ㅇㅇ이가 날아가 보자!
(교사가 유아 한 명을 지목하여 새가 되어 날아 볼 수 있도록 유도하며, 교사가 노랫말을 미리 전개해 주는 방식으로 노래를 부른다.)
(피아노 반주)
- 자, 그다음에 누가 새가 되어 날아 볼지 ㅇㅇ이가 그 친구 옆에 가서 살짝 앉고 친구 등을 만져 주자.

(피아노 반주)
- 이번에는 누가 날아 볼까? 선생님이 이름을 불러 줄게!
- ㅇㅇ, ㅁㅁ이가 날아 보자.
(피아노 반주)
- 또 누가 날아 볼까? 선생님이 다시 한번 이름을 불러 줄게! △△, ◇◇이가 날아 보자!
(피아노 반주)
- 이제 아직 날아 보지 않은 친구들은 모두 함께 날아 보자.
(피아노 반주)

6. 표현했던 것을 이야기 나누며 후속 활동에 대해 소개한다.
(노래가 끝나면 교사가 자연스레 유아들이 자리에 앉도록 손짓한다.)
- 날아가는 동안 무엇을 보았어?
- 뭉게구름을 보았구나~ 바람결은 어땠어?
- 바람이 시원했구나~ 참 좋았겠다. 그럼 나는 동안 누구를 만났는데?
- 참새도 만나고, 그리고?
- 와~ 비행기도? 정말 많은 것을 보았네? 그러면 우리 날면서 보았던 것들을 손 씻고 와서 그림으로 그려 보자!

8. 평가

- 새가 되어 표현할 때 흥미 있어 하는가?
- 노랫말 바꾸는 것에 대한 흥미를 느끼는가?

9. 유의점

- 활동 전에 '이 몸이 새라면' 노래를 노랫말 없이 들려준다.
- 창의적인 생각을 가질 수 있는 이미지를 준비한다.

10. 확장 활동

- 몸으로 새가 되어서 보았던 것을 그림으로 표현한다.

5 촉 착 촉 착 바스락바스락

활동① 촉 착 촉 착 바스락바스락 :: 가을

<table>
<tr><td>연령</td><td>만 4세</td><td>생활 주제</td><td colspan="3">가을</td></tr>
<tr><td>주제</td><td>낙엽과 열매</td><td>소주제</td><td colspan="3">낙엽과 열매로 표현하기</td></tr>
<tr><td>활동명</td><td>낙엽 밟는 소리</td><td>집단 형태</td><td>대집단</td><td>소요 시간</td><td>20분</td></tr>
<tr><td>활동 목표</td><td colspan="5">1. 다양한 방법으로 노래를 부른다.
2. 낙엽의 움직임을 신체로 표현한다.
3. 낙엽 밟는 소리에 대해 관심을 가진다.</td></tr>
<tr><td>누리과정 관련 요소</td><td colspan="5">• 예술경험 영역 〉 아름다움 찾아보기 〉 음악적 요소 탐색하기
• 예술경험 영역 〉 예술적 표현하기 〉 음악으로 표현하기
• 예술경험 영역 〉 예술적 표현하기 〉 움직임과 춤으로 표현하기
• 의사소통 영역 〉 말하기 〉 느낌, 생각, 경험 말하기</td></tr>
<tr><td>활동 자료</td><td colspan="5">'낙엽을 밟으며'(작사·작곡 김진영) 노래 음원, 가사판, 궁금이 상자, 낙엽, 노랫말을 적을 카드 6개, 피아노</td></tr>
<tr><td>활동 전개</td><td colspan="3">활동 내용</td><td colspan="2">활동 자료 및 유의점</td></tr>
<tr><td>도입
(4분)</td><td colspan="3">1. 궁금이 상자에 손을 넣어 안에 있는 물체를 추측한다.
T : (궁금이 상자를 흔들며) 선생님이 궁금이 상자를 가져왔는데 뭐가 들어 있을까?
T : 너희들이 혹시 맞춰 볼 수 있겠니?
T : 나와서 맞춰 보고 싶은 친구 있니?
T : 만졌을 때 느낌이 어떠니?
T : 만졌을 때 어떤 소리가 나니?
T : 안에 무엇이 있는 것 같아?

2. 궁금이 상자 안에 있는 물체를 꺼내 보여 준다.
T : 궁금이 상자 안에는 낙엽이 있었어.</td><td colspan="2">자료
궁금이 상자, 낙엽</td></tr>
</table>

활동 전개	활동 내용	활동 자료 및 유의점
전개 (14분)	1. 낙엽에 대해 이야기를 나눈다. T : 선생님이 이 낙엽을 어디서, 어떻게 가져왔을까? C : 나무에서 따왔어요! T : 나뭇잎을 그냥 따 버리면 나무가 아플텐데? T : 선생님이 바닥에 떨어져 있는 나뭇잎을 주워 왔어. 그런데 이 낙엽들은 왜 바닥에 떨어져 있었을까? C : 바람이 불어서요. T : 맞아. 바람이 불어서 떨어질 수도 있어. 또 날이 따뜻해지면 예쁜 옷으로 갈아입을 준비를 하기 위해서 나무가 스스로 떨어뜨리기도 한대. T : 너희는 낙엽이 떨어지는 것을 본 적이 있어? T : 낙엽이 어떻게 떨어졌어? T : 너희들이 낙엽이 떨어지는 모습을 몸으로 표현해 볼 수 있겠니? T : 너희들이 낙엽이 떨어지는 모습을 정말 잘 표현해 주었어. 그런데 혹시 이렇게 떨어진 낙엽들을 밟아 본 적이 있니? T : 밟았을 때 어떤 소리가 났어? T : 그런 소리가 났구나. T : 낙엽을 밟을 때 나는 소리로 만들어진 노래가 있대. 2. 감상할 '낙엽을 밟으며' 노래에 대해 이야기 나눈다. T : 이 노래의 제목은 '낙엽을 밟으며'라는 곡이야. T : (제목을 보면서) 이 노래는 어떤 노래일 거 같니? T : (가사판을 보여 주며) 이 노래는 김진영이라는 작곡가 선생님이 노랫말과 멜로디를 만드셨대. T : 이 노래에서 어떤 소리가 들리는지 함께 들어 보자. 3. 노래를 감상한다. T : (교사가 노래를 한 번 불러 준다.) T : 이 노래에서는 낙엽을 밟는 소리를 어떻게 표현했지? T : 낙엽 밟는 소리를 그렇게 표현했구나.	

활동 전개	활동 내용	활동 자료 및 유의점
전개 (14분)	4. 여러 가지 방법으로 노래를 불러 본다. T : 이번에는 가사를 한 가지 말로만 불러 보자. 어떤 말로 불러 볼까? T : 이번엔 선생님이랑 너희들이랑 번갈아 가면서 불러 보자. T : 바닥에 앉아 있는 친구들은 어떤 색의 가사를 불러 보고 싶니? T : 의자에 앉아 있는 친구들은 ㅇㅇ색의 가사를 불러 보자. T : 낙엽을 살살 밟는 느낌으로 노래를 부른다면 어떻게 부를 수 있을까? T : 반대로 낙엽을 세게 밟는 느낌으로 노래를 부른다면 어떻게 부를 수 있지? 5. 노랫말을 바꾸어 노래를 불러 본다. T : 이 작곡가 선생님은 낙엽을 밟으면 나는 소리를 '촉착촉착, 비삭비삭, 부스럭부스럭, 조고조고, 티딕티딕' 이렇게 표현하셨대. T : 너희는 낙엽을 밟을 때 나는 소리를 어떻게 표현하고 싶어? (유아들이 말한 소리를 카드에 적는다.) T : 너희들이 말해 준 소리들을 노랫말에 넣어서 불러 보자.	
마무리 (2분)	1. 노래를 다양하게 표현할 수 있는 방법에 대해 알아본다. T : 오늘 '낙엽을 밟으며' 노래를 듣고 불러 보았는데 더 바꾸어 보고 싶은 부분이 있니? T : 바꾸어 보고 싶은 부분은 자유선택 활동 시간에 음률 영역에서 악기 연주로 표현해 보자.	
평가 및 유의점	– 노래를 다양하게 표현할 수 있는 방법에 대해 아는가? – 낙엽의 움직임을 신체로 다양하게 표현하는가? – 낙엽을 밟는 소리에 관심을 가지는가?	
확장 활동	– 음률 영역에서 의성어나 의태어로 낙엽의 소리를 내 본다. – 악기로 낙엽의 소리를 표현한다.	

생각 나누기

1) 활동 목표

: 노래를 부르는 다양한 방법을 구체적으로 풀어 목표 설정하기

2) 사전 활동

: 현장 학습을 나가기 전에 낙엽에서 나는 소리에 귀 기울여서 들어 볼 수 있도록 안내하기

3) 주의 집중

: 궁금이 상자 안 낙엽은 아이들이 직접 현장 학습에 나가서 모은 낙엽으로 하기

4) 유아 반응

: 아이들이 의성어가 아닌 자신들이 순수하게 들었던 소리로 이야기할 수 있도록 하기

: 예상되는 반응에 이어서 교사가 어떤 이야기를 할지 구체적으로 기술하기

5) 전개

: 유아와 교사가 번갈아 부르는 것을 어떻게 부를지 구체적으로 기술하기

: 낙엽의 움직임을 신체로 표현하는 내용은 본 활동과 직접적으로 관련되지 않음

: 노래를 들려줄 때 '촉착촉착' 노랫말 부분을 빼고 부를 수 있도록 하고 어떤 소리가 난다고 노래하고 싶은지 아이들이 생각할 수 있도록 하기

: 아이들이 원하는 대로 4~5명 정도 이야기해 볼 수 있도록 하기

: 의성어에 대해 아이들이 또 한 번 감상하는 시간을 가질 수 있도록 하기
: 나뭇잎의 상태에 대해 이야기를 나눌 수 있도록 '촉착촉착' 부분에 대해 질문 하기

6) 악기

: 악기를 몇 가지 선별해 예측할 수 있는 악기 7~8가지 정도를 탁자 위에 제시 하기
: 다양한 악기 소리로 연주를 듣고 '낙엽이 내는 소리를 담은 노래가 있대.'라며 노래 들려주기
: 어떤 소리가 났었는지 악기로 연주하기

7) 마무리

: 곡의 제목과 작곡가 선생님 설명은 흐름을 끊을 수 있으므로 활동 마지막 부분에 포함하기

활동 소감 :: 이야기 나누기

무엇보다 유아가 음악을 처음에 흥미롭게 접하고, 음악 활동이 재밌는 하나의 놀이라고 여겼으면 좋겠다고 생각했다. 음악교육 학자들에 따르면, 유아들이 음악을 일찍 접할수록 좋다고 하지만 유아의 흥미와 호기심을 배려하며 이루어졌으면 좋겠다. 소리에 대한 충분한 탐색으로 유아들이 소리에 대해 관심을 갖고, 그 소리를 언어로도 표현해 보고, 동작으로도 표현해 보며 다양하게 음악과 다른 연계 활동이 이루어진다면 유아들이 흥미롭게 활동에 참여할 수 있을 것 같다. 그러려면 교사들은 음악 활동에 먼저 깊숙이 빠져들어야 하며, 유아들을 위해 늘 새로운 활동을 연구해야 한다고 생각한다. 새 노래 지도라는 수업이 꼭 곡 제목을 알

아야 하고 작곡가를 알아야 하는 수업이 아니라 그저 유아들이 노래 자체에 대해 흥미를 느끼고, 노래에 나오는 노랫말, 의성어 소리에 대해 더 탐색해 볼 수 있도록 이끌 수 있는 활동으로 변화하게 되었는데, 이런 활동들을 통해 유아들에게 음악 발달에 있어서 더 도움이 될 수 있을 것 같다고 생각을 하게 되었다.

〈예비교사 A-y〉

나의 유아교육관은 유아들의 감성 발달에 대한 교육이 중요하다는 관점이다. 왜냐하면 유아들은 감성으로 인해 큰 상상력을 기를 수 있다고 생각하기 때문이다. 감성과 관련된 음악, 미술 등의 예술 활동을 통해 큰 상상력을 기를 수 있고, 그로 인해 그 유아의 잠재적인 능력을 드러낼 수 있어 창의적인 유아로 성장할 수 있다고 생각한다. 영유아음악교육을 통해서 확실히 나의 생각이 달라진 부분은 놀이 부분에서도 있다. 달크로즈(Dalcroze)의 영향을 받게 되었는데 '신체는 악기'라는 말이 나에게는 굉장히 신선했고, 가슴에 와닿은 부분이었다. 악기라고 하면 항상 피아노, 탬버린, 트라이앵글 등이 다라고 생각했던 나였는데 신체로 소리를 내고 신체로 노래를 함께 부를 수 있다는 것이 굉장히 재미있었다. 놀이는 그냥 놀이, 유아들이 좋아하는 것이라고만 생각했는데 놀이가 감성적이고, 유아들이 여러 가지 발달 수준을 높여 줄 수 있다는 것도 다시 한번 더 깨닫게 되었다.

〈예비교사 A-z〉

교사가 유아들한테 질문을 많이 해야 하는 것이라고 생각이 들어 교육적인 발문과 상관없이 막연하게 질문을 하며 마무리는 항상 '무엇이 재미있었니?'라는 평가로 끝맺음을 지었다. 하지만 현재는 유아의 '경험'과 연계된 활동을 구성하는 것이 가장 중요하다고 생각한다.

〈예비교사 A-a-a〉

활동② 촉 착 촉 착 바스락바스락 :: 가을

1. 대상 연령 : 만 5세

2. 집단 크기 : 대집단

3. 활동 영역 : 음률 영역

4. 활동 목표

1. 낙엽 밟는 소리에 대해 관심을 가진다.
2. 낙엽 밟을 때 나는 소리를 악기로 연주한다.
3. 다양한 방법(한 음으로 부르기, 노랫말과 의성어를 번갈아 가며 부르기, 소리의 강약에 따라 부르기)으로 노래를 부른다.

5. 교육과정 관련 요소

- 예술경험 영역 〉 아름다움 찾아보기 〉 음악적 요소 탐색하기
- 예술경험 영역 〉 예술적 표현하기 〉 음악으로 표현하기
- 의사소통 영역 〉 말하기 〉 느낌, 생각, 경험 말하기

6. 활동 자료

'낙엽을 밟으며' 노래 음원, 가사판, 노랫말을 적을 카드 6개, 피아노, 다양한 악기(트라이앵글, 마라카스, 탬버린, 귀로, 스트링 드럼, 핸드벨)

7. 활동 내용 및 방법

1. 바깥놀이를 나가기 전 바깥놀이 활동에 대해 이야기 나눈다.
- 너희들 낙엽을 밟아 본 적이 있니?
- 오늘은 바깥놀이를 하러 갈 때 낙엽을 밟아 보는 활동을 해 볼 거야.
- 낙엽을 밟으면 어떤 재밌는 소리가 들릴까?
- 낙엽을 밟으면서 낙엽에서 나는 소리를 귀 기울여 들어 보고 어떤 소리가 들렸는지 나갔다 와서 이야기를 나눠 보자.

2. 바깥놀이를 한다.

3. 바깥놀이를 다녀온 후 바깥놀이 활동에 대해 회상한다.
- 손을 씻고, 자리에 앉아 보자.
- 우리가 낙엽에서 나는 소리를 들어 봤지. 낙엽에서 어떤 소리가 났니?
- 어느 나무 밑에 가서 밟았을 때 그런 소리가 났어?
- 왜 낙엽마다 다른 소리가 들렸을까?
- 맞아. 단풍나무는 햇빛이 많이 비치고 있어서 단풍잎들이 바짝 말라 있었어. 그래서 너희들이 말한 바스락, 부스럭 소리가 났구나.

4. 악기를 탐색한 후 낙엽을 밟아 보았을 때 들었던 소리를 악기로 연주한다.
- 너희들이 낙엽을 밟아 보았을 때 들었던 소리를 우리가 악기로도 한번 들려줄 수 있을까? 선생님이 준비한 악기들을 함께 살펴보자.
- (트라이앵글/탬버린/마라카스/스트링 드럼/귀로/핸드벨을 보여 주며) 이 악기는 어떤 소리가 나는지 앞에 나와서 들려줄 친구 있니?
- 들어 봤던 악기를 이용하여 낙엽 밟는 소리를 연주해 보자.

5. '낙엽을 밟으며' 노래를 감상하며 낙엽을 밟는 소리에 대해 탐색한다.
- 낙엽이 내는 소리를 담은 노래가 있대. 함께 들어 보자.
- 노래를 들어 봤을 때 멜로디만 들려 줬던 부분은 낙엽을 밟는 소리래. 여기서 어떤 소리가 난다고 노래하고 싶은지 생각하면서 다시 들어 보자.
- 어떤 소리가 날 거 같은지 생각해 보았니? 누가 한 번 낙엽이 냈던 소리를 이야기해 줄 수 있겠니?

6. 유아들이 이야기했던 소리를 노랫말에 넣어 불러 본다.
- 너희들이 이야기했던 소리들을 아까 멜로디만 나왔던 부분에 넣어서 불러 보자.

7. 한 음으로만 노래를 불러 본다.
- 이번에는 한 가지 음으로만 노래를 불러 보자. 어떤 음으로 불러 볼까?

8. 번갈아 가며 노래를 불러 본다.
- 이번엔 선생님이랑 너희들이랑 번갈아 가면서 불러 보자. 너희들은 낙엽을 밟는 소리만 내도록 하고, 나머지 노랫말은 선생님이 부를게.
- 이번에는 선생님이 낙엽을 밟는 소리를 내고, 너희들이 나머지 노랫말을 불러 보도록 하자.
- 이번에는 너희들끼리 나누어서 번갈아 가며 불러 보자. 어떻게 나누어서 불러 볼까?
- 이번에는 반대로 바닥에 앉은 친구들이 낙엽 밟는 소리만 내고, 의자에 앉은 친구들이 나머지 노랫말을 불러 보자.

9. 소리의 강약을 생각하며 노래를 불러 본다.
- 낙엽을 살살 밟는 느낌으로 노래를 부른다면 어떻게 부를 수 있을까?
- 우리 같이 조용히 개미만 한 목소리로 노래를 불러 보자.
- 반대로 낙엽을 세게 밟는 느낌으로 노래를 부른다면 어떻게 부를 수 있지?
- 우리 같이 큰 소리로 노래를 함께 불러 보자.

10. '낙엽을 밟으며' 노래에 대해 소개한다.
- (가사판을 보여 주며) 이 노래는 김진영이라는 작곡가 선생님이 노랫말과 멜로디를 만드셨대. 이 노래를 만드신 김진영 선생님은 낙엽을 밟을 때 낙엽이 이런 소리를 들려 줬나봐. 어떤 소리가 들렸을지 들어 보자.

11. '낙엽을 밟으며' 노래를 감상한다.

12. 노래를 감상한 후 노래에 대해 회상한다.
- 낙엽들이 어떤 이야기를 전해 줬대?
- 너희 '촉착촉착' 소리를 들어 본 적이 있니? 어디에서 들어 봤니?

8. 평가

- 낙엽 밟는 소리를 악기로 연주할 수 있는가?
- 노래를 다양한 방법으로 부를 수 있는가?

9. 유의점

- 활동 전에 바깥놀이로 낙엽에 대한 경험을 해 본다.
- 악기를 사용하여 자유롭게 낙엽 소리를 표현할 수 있도록 한다.

10. 확장 활동

- 낙엽에서 나는 소리를 다양하게 표현해 본다.

생각 나누기

1) 도입

: '오늘은~' 단어 빼기

: 탐색하는 부분을 살려야 몰입하는 수업이 이루어짐

: '라'로 불러 보는 활동, 번갈아 부르는 활동, 강약 조절하며 부르는 활동은 적절하지 않으며 소리에 집중하는 활동으로 하기

2) 교사 역할

: '낙엽 밟으면 어떤 소리가 들릴까? 궁금하네?'와 같은 말로 소리를 탐색할 수 있도록 하기

: 계획을 세운다는 느낌이 아니라 유아들과 생생하게 이야기를 나눈다고 생각하기

: 교사가 앞, 뒤 노랫말은 직접 노래하고 의성어 부분에서는 교사가 멘트를 하고 멜로디만 들을 수 있도록 하기

: 여러 가지 발문으로 아이들이 자유롭게 소리를 내어 볼 수 있도록 하고 같이 노래 부르기

3) 교사 발문

: '맞아~' 또는 '그래서 너희들이 말한' 부분 빼기

: 긴 문장의 발문은 짧게 줄여서 발문할 수 있도록 하기

: 바람 소리 부분에는 멘트를 하며 바람 소리는 탐색하지 않고 교사가 부를 수 있도록 하기

4) 전개

: 아이들이 다시 한번 촉감 경험을 갖게 함으로써 재탐색의 기회를 제공하도록 하기

: 발로 밟아서 소리를 들었으니 다시 한번 손으로 만져서 촉감을 이용해 확인하는 시간 가지기

: 전개는 5분 정도 이루어질 수 있도록 하기

: 다시 한번 처음부터 끝까지 노래를 해 볼 수 있도록 하는데, 이때 개인마다 다르게 표현해 부를 수 있도록 하기

: 의성어 부분 멜로디를 들려주며 아이들이 각자 소리를 내어 볼 수 있도록 하고 다 같이 따라 해 보는 활동으로 진행하기

5) 악기

: 여러 가지 악기 중 트라이앵글, 핸드벨은 적합하지 않으며 씨앗 마라카스, 코끼리코, 카바사 등의 악기가 더 적합함

: 낙엽을 만지고 밟아 보는 등 소리 탐색 후 낙엽들을 모아서 교실 앞에 가져다 놓은 상황을 가정하기

: 악기 탐색을 통하여 다양한 소리를 감상할 수 있도록 하기

: 악기를 1회 연주한 후 다음 회기 수업으로 연계하기

6) 작곡가 소개

: 노래의 제목과 작곡가를 알려 주고 싶으면 마무리 부분에서 '이 곡을 만드신 선생님이 김진영 선생님이신데 김진영 선생님은 어떤 소리를 듣고 이 곡을 이렇게 멋지게 만드신 걸까?'라며 끝낼 수 있도록 하기

활동③ 촉 착 촉 착 바스락바스락 :: 가을

1. 대상 연령 : 만 5세
2. 집단 크기 : 대집단
3. 활동 영역 : 음률 영역
4. 활동 목표

1. 낙엽을 밟으며 들은 소리를 의성어로 표현한다.
2. 악기를 이용하여 들은 소리를 연주한다.
3. 의성어를 악기로 연주하며 노래를 부른다.

5. 교육과정 관련 요소

- 예술경험 영역 〉 아름다움 찾아보기 〉 음악적 요소 탐색하기
- 예술경험 영역 〉 예술적 표현하기 〉 음악으로 표현하기
- 의사소통 영역 〉 말하기 〉 느낌, 생각, 경험 말하기

6. 활동 자료

낙엽, 바구니, 피아노, 다양한 악기(탬버린, 스트링 드럼, 귀로, 마라카스, 씨앗 마라카스, 카바사, 코끼리코)

7. 활동 내용 및 방법

1. 바깥놀이를 나가기 전 바깥놀이 활동에 대해 이야기 나눈다.
- 우리가 바깥놀이를 나가면 바닥에 무엇이 떨어져 있을까?
- 그럼 우리가 바깥놀이를 하러 가서 낙엽을 밟아 보는 활동을 해 보자.
- 낙엽을 밟으면 어떤 소리가 들릴까? 궁금하네.
- 낙엽을 밟으면서 낙엽에서 나는 소리를 귀 기울여 들어 보고 어떤 소리가 들렸는지 나갔다 와서 이야기해 보자.

2. 바깥놀이를 한다.

3. 바깥놀이를 다녀온 후 바깥놀이 활동에 대해 회상한다.
- 손을 씻고, 자리에 앉아 보자.
- 우리가 낙엽을 밟아서 소리를 들어 봤지. 낙엽에서 어떤 소리가 났어?
- (바구니에서 낙엽을 꺼내며) 너희들이 말한 낙엽이 바로 이 단풍잎이랑 참나무 잎이었니?
- 우리가 아까는 발로 밟아서 소리를 들어 봤는데 손으로 만졌을 때는 어떤 소리가 나는지 들어 보자.
- 손으로 만지면 어떤 소리가 나니?
- 우리가 밟았을 때는 어떤 소리가 난다고 했지?
- 어느 나무 밑에 가서 밟았을 때 그런 소리가 났어?
- 왜 낙엽마다 다른 소리가 들렸을까?
- 단풍나무에는 햇빛이 많이 비치고 있어서 단풍잎들이 바짝 말라 있었어. 그래서 바스락, 부스럭 소리가 났구나.

4. 악기를 탐색한 후 낙엽을 밟아 보았을 때 들었던 소리를 악기로 연주한다.
- 우리가 들은 여러 가지 소리들을 악기로 한번 소리 내어 볼 수 있을까?
- 너희들이 낙엽 소리를 표현할 수 있는 악기들을 생각해 보고 악기장에서 가져와 보자.
- (탬버린/마라카스/스트링 드럼/귀로/씨앗 마라카스/코끼리코/카바사를 보여 주며) 이 악기는 누가 가져왔지? ㅇㅇ이 나와서 낙엽을 밟을 때 어떤 소리가 났는지 악기로 소리를 들려줄 수 있니?
- ㅇㅇ이는 낙엽 밟는 소리를 (악기를 연주하며) 이렇게 흔들면서 표현할 수 있대. 이 악기를 다른 방법으로 연주해서 낙엽 밟는 소리를 표현해 줄 친구 있니?
- ㅁㅁ이는 이렇게 표현할 수 있대. 같은 악기라도 낙엽 밟는 소리를 표현할 수 있는 방법은 다양하구나.

5. '낙엽을 밟으며' 노래를 감상하며 낙엽 밟는 소리에 대해 탐색한다.
- 낙엽이 내는 소리를 담은 노래가 있대. 함께 들어 보자.
- (도돌이를 적용하지 않고) 노래를 들어 봤을 때 멜로디만 들려 줬던 부분은 낙엽을 밟는 소리래. 여기서 어떤 소리가 날 거 같은지 마음속으로 생각하면서 다시 들어 보자.
- (의성어 부분의 멜로디를 들려주며) 다 생각해 보았니? 어떤 소리가 났을 거 같은지 이야기해 줄 수 있어?

6. 유아들이 이야기했던 소리(의성어)를 노랫말에 넣어 불러 본다.
- 너희들이 이야기했던 소리들을 아까 멜로디만 나왔던 부분에 넣어서 불러 보자.
  (노래를 부른다.)

7. 악기를 연주하며 의성어를 넣어 노래를 부른다.
- 너희들이 들었던 소리들을 악기로 연주하며 노래를 함께 불러 보자.
- 앞에 있는 악기들을 자리로 가져와서 연주하며 노래를 불러 보자.

8. 평가

- 낙엽을 밟는 소리를 의성어로 표현하는가?
- 의성어를 사용하여 악기 연주를 하는가?

9. 유의점

- 바깥놀이를 통해 낙엽의 소리를 경험한다.
- 다양한 악기를 준비하여 소리를 표현할 수 있도록 도움을 준다.

10. 확장 활동

- 탐색한 낙엽 소리를 악기로 표현해 본다.
- 노래에 맞추어 악기를 연주해 본다.

2장

개념 활동

1 소리에는 높낮이가 있어요

활동① ● 소리에는 높낮이가 있어요 :: 동식물과 자연

<table>
<tr><td>연령</td><td>만 5세</td><td>생활 주제</td><td colspan="3">동식물과 자연</td></tr>
<tr><td>주제</td><td>내가 좋아하는 동물</td><td>소주제</td><td colspan="3">여러 가지 동물</td></tr>
<tr><td>활동명</td><td>말 리듬 놀이</td><td>집단 형태</td><td>대집단</td><td>소요 시간</td><td>21분</td></tr>
<tr><td>활동 목표</td><td colspan="5">1. 말 리듬 놀이를 한다.
2. 손신호에 맞추어 말 리듬 놀이를 한다.</td></tr>
<tr><td>누리과정 관련 요소</td><td colspan="5">• 의사소통 〉 말하기 〉 낱말과 문장으로 말하기 〉 정확한 발음으로 말한다.
• 예술경험 〉 아름다움 찾아보기 〉 음악적 요소 탐색하기 〉 다양한 소리, 악기 등으로 음의 고저, 강약, 리듬 등을 탐색한다.</td></tr>
<tr><td>활동 자료</td><td colspan="5">융판, 과일 카드</td></tr>
<tr><td>활동 전개</td><td colspan="3">활동 내용</td><td colspan="2">활동 자료 및 유의점</td></tr>
<tr><td>도입
(6분)</td><td colspan="3">1. 교사가 세 글자 단어를 나열하고, 유아가 세 글자에 맞는 단어를 말하도록 유도한다.
(모든 유아에게 고루 시선이 가도록 하며, 단어를 천천히 이야기하도록 한다.)
T : 오렌지, 강아지, 고양이, 할머니, 그림책 등의 단어에는 어떤 같은 점이 있을까?
C : 글자가 똑같아요, 세 글자예요.
T : 또 들어 보자. 너구리, 병아리, 금붕어, 호랑이, 공작새는 어떠니?
C : 세 글자예요! 동물이에요!
T : 그래, 세 글자인 동물 중에는 또 어떤 친구가 있을까?
(교사와 같이 단어를 천천히 이야기하도록 유도한다.)
C : 호랑이, 코끼리, 다람쥐, 캥거루!
T : 우리 가족 중에서는?
C : 할머니, 어머니!
(유아에게 더욱 익숙한 공간, 물건을 선택하여 생각하기 쉽도록 유도한다.)</td><td colspan="2">자료
융판, 과일 카드
</td></tr>
</table>

활동 전개	활동 내용	활동 자료 및 유의점
도입 (6분)	T : 그래, 이번에는 우리 반 교실에서 세 글자 물건을 찾아 보자! C : 색연필, 피아노, 핸드벨, 컴퓨터!	
전개 (10분)	**1. 각 단어에 음의 높낮이를 다르게 하여 말 리듬 놀이를 한다.** (융판에 유아가 이야기하는 과일 카드를 하나씩 붙이고, 유아와 눈을 맞추면서 반응을 보이며) T : 세 글자로 된 과일에는 어떤 것이 있을까? C : 바나나, 토마토, 오렌지, 복숭아, 한라봉! T : 우리가 이야기한 과일을 함께 읽어 보자. (무릎과 손을 치면서 각 과일을 모두 읽으며) T : 바나–나, 토마–토, 오렌–지, 복숭–아, 한라–봉. (무릎과 손을 치면서 교사가 먼저 읽고, 유아가 따라 할 수 있도록 유도하며) T : 이번에는 선생님이 먼저 과일의 이름을 이야기할게. 우리 다 함께 따라 해 보자. T : 바나–나, 토마–토! C : 바나–나, 토마–토! (다른 과일도 모두 같은 방법으로) **2. 교사와 유아가 서로 순서를 교차하며 말 리듬 놀이를 한다.** (과일의 순서를 교사–유아–유아–교사–유아 순으로 교차하며) T : 이번에는 선생님이 바나–나 하면 너희가 토마–토 하고, 너희가 오렌–지 하면 선생님이 복숭–아 할게. 그다음에 선생님이 어떤 과일을 이야기해야 할까? C : 한라–봉! (유아가 혼동하지 않도록 교사가 작은 소리로 함께하며) (유아가 앉은 자리의 줄을 나란히 한다.) T : 이번에는 너희들이 시작해 볼 거야. (유아를 지목하며) ㅇㅇ이부터 시작해 돌아가면서 바나–나, 그다음 △△이가 토마–토, 그다음 ㅁㅁ이가 오렌–지, 이렇게 놀이해 보자! (순서대로 유아와 눈을 맞추며 무릎과 손을 함께 치면서 작은 소리로 함께 놀이한다.) C : 바나–나, 토마–토, 오렌–지, 복숭–아, 한라–봉!	

활동 전개	활동 내용	활동 자료 및 유의점
마무리 (5분)	1. 지휘를 하며 말 리듬 놀이를 한 후 활동을 회상하며 마무리한다. (유아가 앞으로 나와 말 리듬 놀이 지휘를 하도록 유도하며) T : 이번에는 과일의 이름에 맞추어 손으로 신호를 보내고, 우리가 크고 작은 소리로 함께해 보자. ㅇㅇ이가 앞으로 나와서 지휘해 볼까? ㅇㅇ이가 과일 이름에 맞춰서 크게 지휘하면 우리가 큰 소리로 과일 이름을 이야기하고, 작게 지휘하면 작은 소리로 과일 이름을 이야기할게. (소극적인 유아도 앞으로 나와 함께할 수 있도록 한다.) T : 세 글자로 된 과일을 이렇게 무릎과 손을 치면서 놀이해 보고, 지휘에 맞추어서 크고 작은 소리로 놀이해 보았네! T : 이렇게 우리가 함께 놀이한 세 글자 과일 말고 두 글자로 된 과일도 있고 네 글자로 된 과일도 있대. 음률 영역에 융판과 과일 카드를 놓아 둘게. 너희들이 좋아하는 과일은 또 어떤 것이 있는지 찾아서 그려 보고 리듬에 맞추어 놀이해 보자!	
평가 및 유의점	– 세 글자로 된 과일 이름을 가지고 말 리듬 놀이를 할 수 있는가? – 유아가 순서를 헷갈리지 않고 놀이를 할 수 있는가? – 지휘를 하며 음의 고저에 관심을 가지는가?	
확장 활동	– 과일 이름에 따라 말 리듬 놀이를 해 본다. – 다양한 과일을 보며 그림을 그려 본다.	

생각 나누기

1) 유아 인원수, 교사 위치

: 15명만 데리고 수업하기

: 자석판 사용 시, 유아들이 중간에서 잘 보이도록 조절해서 수업하기
(교사가 자석판 왼쪽으로 앉게 되면 유아들이 자석판을 잘 볼 수 있음)

2) 활동 목표

: 두 가지 목표를 한 가지 목표로 수정하고, 다른 목표 추가하기

예) 말 리듬 놀이를 한다. / 손신호에 맞추어 리듬 놀이를 한다.

→ 말 리듬 놀이를 하고, 손신호에 맞추어 말 리듬 놀이를 해 본다.

3) 활동 자료

: 융판을 자석판으로 바꾸기

: 음의 높낮이 활동을 할 때, 아세테이트지를 사용하고 음의 높낮이는 색 테이프로 색다르게 표현하는 것이 좋음

: 색 테이프는 깔끔하게, 두껍지 않은 것을 사용하기

: 아세테이트지는 동그란 자석으로 깔끔하게 붙이기

: 음의 높낮이를 바꾸는 활동을 할 경우 옮겨 가면서 할 수 있도록 하기

: 생활 주제와 관련되도록 한 가지 주제로 연결 지어 보기

4) 도입

: 자석판에 ㅇㅇㅇ을 붙이고 '이런 낱말들이 뭐가 있을까?' 유도 질문해 보기

5) 전개

: 세 글자로 수업할 때 어떤 박자로 할지 함께 생각해 보기
  예) 3/4 박자
: 전개 마지막 부분 바꾸어 활동하기
: 과일 이름 말 리듬 놀이를 할 때 유아와 번갈아 가며 놀이하면서 유도 손짓 생각해 보기
: 다양한 과일 이름에 대해 이야기 나누기
: 음의 높낮이 놀이 활동 추가하기
: 전개 마지막 부분에 '리자로 끝나는 말은'(작사 윤석중·외국곡) 노래를 활용하여 '좋아하는 동물 이름은?'으로 개사하여 활동해 보기

활동 소감 :: 이야기 나누기

'배움이라는 것은 한 삶을 변화시키고, 성장하도록 돕고, 회복시킨다.'

'말 리듬 놀이'라는 타이틀을 가지고 활동 내용에 관해 이야기를 나누고 연구해 왔다. 도입에서 세 글자로 시작하는 동물에서부터 가족, 과일에 도달하기까지 유아가 어떠한 생각을 하고 이야기를 할지에 관해 상상하고 고민하였다. 피드백을 받은 후 가장 먼저 유아가 자신의 생각을 자유롭게 이야기할 수 있게 한다는 점과 ○○○ 카드를 보며 자신의 생각을 마음껏 전달할 유아들의 생기 있는 모습이 상상이 되었다.

교사의 발문, 공감, 매체까지 어느 한 가지라도 계획하지 않으면 절대 실천할 수 없음을 알았고, 왜 수업 활동을 위한 교사의 철저한 계획, 융통성의 발휘가 가져오는 교육적 효과가 유아에게 '앎'을 제공하는 바탕이 된다고 하는지 알게 되었다.

내가 생각한 것에서 멈추지 않고, 우리의 생각이 모이고, 그 위에 큰 배움이 있어 더욱더 발전할 수 있던 오늘이었다. 다 함께 더불어 '계획'하는 것, 유아를 위

한 유아교육을 할 때 가장 효과적이고 아름다운 과정이 된다고 생각한다. 오늘 나는 그것을 실천하였고, 다음 피드백까지의 과정과 모의 수업을 실현하기까지의 과정에서 우리는 최선을 다할 것이고, 그리고 교수님의 가르침을 받아 더욱더 발전해 나갈 것을 다짐한다.

〈예비교사 정○○〉

처음에 '개념 활동'이라는 주제를 받고서 참 재미없는 수업이 될 것 같다는 생각이 들었다. 우리가 초중고에서 배운 개념 수업은 지루하기 짝이 없었기 때문이다. 그래서 개념 활동을 유아들에게 그리고 친구들에게 보여 줄 때에 어떻게 재미있는 수업을 할지 참 막막했다. 그런 생각으로 처음엔 '화음'을 알려 주는 수업을 구상해 보자고 말이 나왔다. 조원들과 말로 상의했을 때는 '이렇게 저렇게 하면 재미있을 거야.'라고 다들 생각했기 때문에 그렇게 결정을 한 것이다. 하지만 TC를 쓰다 보니 정말 어렵고 뒤로 갈수록 정말 답이 없었다. 답이 없었던 만큼 노력을 하지 않았던 것 같다.

〈예비교사 전○○〉

활동② 소리에는 높낮이가 있어요 :: 동식물과 자연

1. 대상 연령 : 만 5세
2. 집단 크기 : 대집단
3. 활동 영역 : 음률 영역
4. 활동 목표

1. 손신호에 맞추어 말 리듬 놀이를 한다.
2. 음의 높낮이를 맞추어 노래를 부를 수 있다.

5. 교육과정 관련 요소

- 의사소통 〉 말하기 〉 낱말과 문장으로 말하기 〉 정확한 발음으로 말한다.
- 예술경험 〉 아름다움 찾아보기 〉 음악적 요소 탐색하기 〉 다양한 소리, 악기 등으로 음의 높낮이, 셈여림, 박자, 리듬 등을 탐색한다.
- 예술경험 〉 예술적 표현하기 〉 음악으로 표현하기〉 노래로 자신의 생각과 느낌을 표현한다.

6. 활동 자료

자석판, 과일 카드, 동물 카드

7. 활동 내용 및 방법

1. 교사가 세 글자 단어를 나열하고, 유아가 세 글자에 맞는 단어를 말하도록 유도한다.
   (모든 유아에게 고루 시선이 가도록 하며, ㅇㅇㅇ 자석판을 붙인다.)
- (자석판에 ㅇㅇㅇ을 하나 붙이고 가리키며) 음, 음, 음 이런 세 글자로 된 낱말들이 뭐가 있을까?

2. 각 단어에 음의 높낮이를 다르게 하여 말 리듬 놀이를 한다.
(자석판에 유아가 이야기하는 과일 카드를 하나씩 붙이고, 유아와 눈을 맞추면서 반응 보이며)
(3/4 박자로 무릎과 손을 치면서 교사가 먼저 읽고, 유아가 따라할 수 있도록 유도하며)
– 이번에는 선생님이 먼저 과일의 이름을 이야기할게. 우리 다 함께 따라 해 보자.
– 바나나, 토마토!
(무릎과 손을 치면서 각 과일을 모두 읽으며)
– 바나나, 토마토, 오렌지, 복숭아, 한라봉!

3. 교사와 유아가 서로 순서를 교차하며 말 리듬 놀이를 한다.
(과일의 순서를 교사–유아–유아–교사–유아 순으로 교차하며)
– 이번에는 선생님이 바나–나 하면 너희가 토마–토 하고, 너희가 오렌–지 하면 선생님이 복숭–아 할게. 그다음에 선생님이 어떤 과일을 이야기해야 할까?
(유아가 혼동하지 않도록 교사가 작은 소리로 함께하며)
(유아가 앉은 자리의 줄을 나란히 한다.)
– 이번에는 너희들이 시작해 볼 거야. (유아를 지목하며) ㅇㅇ이부터 시작해 돌아가면서 바나–나, 그다음 △△이가 토마–토, 그다음 ㅁㅁ이가 오렌–지, 이렇게 놀이해 보자!
(순서대로 유아와 눈을 맞추며 무릎과 손을 함께 치면서 작은 소리로 함께 놀이한다.)

4. 좋아하는 동물 이름을 노래에 넣어 부른다.
– 아까 우리가 동물 이름도 얘기했었지. 그럼 이번에는 세 글자로 된 동물 이름을 만들어 볼까?
(자석판에 동물 카드를 붙이면서)
– 세 글자로 된 동물들이 진짜 많다.
– 우리 저번 시간에 ('리자로 끝나는 말은' 노래를 허밍으로 불러 주며) 이 노래를 배웠지?
(유아가 대답하는 동안 자석판에 음의 높낮이가 있는 아세테이트지를 붙인다.)
– 그럼 '좋아하는 동물 이름은?' 이렇게 해 보자.
(유아가 이야기한 순서대로 동물 카드를 붙이면서)
– 어떤 동물들부터 먼저 불러 볼까?
(좋아하는 동물 이름을 넣어 노래에 맞춰 부른다.)
– 이번에는 어떤 동물로 불러 볼까?
(다른 동물 이름을 넣어 노래에 맞춰 부른다.)

5. 활동을 회상한 후 후속 활동에 대해 이야기한다.
– 세 글자로 된 과일로는 무릎과 손을 치며 놀이해 보고, 동물들로는 노래를 불러 보았지.
– 이렇게 우리가 함께 놀이한 세 글자 과일과 동물 말고, 두 글자로 된 그리고 네 글자로 된 과일과 동물들도 있대.
– 음률 영역에 융판과 그림 카드를 놓아 둘게. 너희들이 좋아하는 과일이나 동물은 또 어떤 것이 있는지 찾아서 그려 보고 리듬에 맞추어 놀이해 보자.

8. 평가

1. 좋아하는 과일, 동물 이름을 생각하며 표현하는지 평가한다.
– 좋아하는 과일, 동물을 말하며 노래로 표현을 하는가?

2. 음의 높낮이를 맞추어 표현할 수 있는지 평가한다.
– 음의 높낮이를 각 단어마다 다르게 표현할 수 있는가?

9. 유의점

– 교사와 유아가 번갈아 가며 놀이를 할 때 유아가 헷갈리지 않도록 손짓을 정확하게 하며 알려 준다.
– 활동 전에 '리자로 끝나는 말은' 노래를 알 수 있도록 가르쳐 준다.

10. 확장 활동

– 세 글자, 네 글자로 된 과일과 동물의 그림을 그려 본다.
– 세 글자, 네 글자로 된 과일과 동물로 말 리듬 놀이를 한다.

생각 나누기

1) 도입

: 계획안에 세부 사항 표시하기

예) 음의 높낮이 활동에서 노래는 어떤 음으로 어떻게 부를지 표시해 두기

교사가 하는 모든 발문 적기

유아가 할 수 있는 모든 반응 다 적어 두기

활동③ ● 소리에는 높낮이가 있어요 :: 동식물과 자연

1. 대상 연령 : 만 5세
2. 집단 크기 : 소집단
3. 활동 영역 : 음률 영역
4. 활동 목표

1. 박자에 맞추어 말 리듬 놀이를 할 수 있다.
2. 음의 높낮이에 맞추어 노래를 부를 수 있다.
3. 친구들과 협동하여 말 리듬 놀이를 할 수 있다.

5. 교육과정 관련 요소

- 의사소통 〉 말하기 〉 낱말과 문장으로 말하기 〉 다양한 단어를 사용하여 상황에 맞게 말한다.
- 예술 경험 〉 아름다움 찾아보기 〉 음악적 요소 탐색하기 〉 다양한 소리, 악기 등으로 음의 고저, 리듬 등을 탐색한다.
- 사회관계 〉 다른 사람과 더불어 생활하기 〉 친구와 사이좋게 지내기 〉 친구와 협동하며 놀이한다.

6. 활동 자료

자석판, 동물 그림 카드, 물 백묵, 아세테이트지, 자석, 높낮이 선(빨강 선, 노란 선, 하늘 선, 분홍 선, 노랑 선, 주황 선, 보라 선), 피아노

7. 활동 내용 및 방법

1. 유아가 세 글자에 맞는 동물 단어를 말하도록 유도한다.
   (모든 유아에게 고루 시선이 가도록 하며, ㅇㅇㅇ 자석판을 붙인다.)

– (자석판에 ㅇㅇㅇ을 하나 붙이고 가리키며) 음, 음, 음 이런 세 글자로 된 낱말들이 뭐가 있을까?
– (준비한 동물 카드를 붙인다.) 코뿔소, 코끼리, 너구리, 캥거루, 호랑이, 다람쥐, 독수리, 병아리, 고릴라, 원숭이.
– 이 친구들의 공통점이 뭘까?

2. 무릎 손 손을 치며 동물 이름을 말한다.
- (무릎 손 손을 치며) 그럼 이 박자에 맞춰서 여기 있는 동물 친구들을 말해 보자.
- 선생님이 먼저 코뿔소 하면 너희가 다음 동물 이름을 말해 줘.
(T: 코뿔소, C: 코끼리, T: 너구리, C: 캥거루…)
- 이번엔 너희들이 생각한 세 글자 동물들을 돌아가면서 말해 볼 거야. 생각이 안 나면 여기에 있는 동물들로 해도 좋아. ㅇㅇ이부터 이쪽으로 돌게. (먼저 시계 방향) 선생님부터 얘기해 볼게. (무릎 손 손 박자로) 고양이!
- 이번엔 어떻게 쳐 볼까?
- ㅇㅇ이는 어떻게 쳐 보고 싶어?
- 그럼, 어깨 손 손으로 치면서 말해 보자. 이번에는 이쪽부터 해 보자! (반시계 방향) 강아지!

3. '리자로 끝나는 말은' 노래를 허밍으로 불러 준다.
- 자, 그럼 우리 저번 시간에 음음음음음 음음음음음 음음음 음음음 음음음 음음음 음음음 음음~ 이 노래 배웠지?
- 우리 아까 동물 이름 이야기해 봤잖아. 그러면 '좋아하는 동물 이름은?' 이렇게 불러 볼 거야.
(음의 높낮이판을 자석판에 붙인다.)
- 좋아하는 동물 이름은? 고양이, 강아지, 너구리, 코끼리, 개구리~ 이렇게 불러 볼 거야.
(음의 높낮이판에 있는 높낮이를 하나씩 가리키며 부른다.)
- 어떤 동물을 붙여 볼까? 하나씩 정해 보자.
(유아들이 말한 동물 카드를 높낮이판에 붙인다.)
- 불러 보자! (피아노로 전주를 친다.)
- 이번엔 나머지 동물들로 불러 보자. 어떤 동물 먼저 해 볼까?
(유아들이 말한 순서대로 동물 카드를 붙이고 전주를 친다.)

4. 유아들이 원하는 동물 이름을 써서 노래를 부른다.
- 이번에는 그림 카드에 있는 동물들 말고 다른 동물로 불러 볼까?
- (하얀색 물 백묵으로 높낮이판에 동물 이름을 쓴다.) 그럼 이렇게 불러 보자!
(전주를 친다.)
- 아까 말했는데 못 부른 동물들도 불러 보자. 무슨 동물을 해 볼까?
- (하얀색 물 백묵으로 높낮이판에 동물 이름을 쓴다.) 자, 불러 보자.
(전주를 친다.)
- 이번엔 팀을 나눠서 불러 볼 거야. 여기 4명은 빨간 팀, 여기 4명은 노랑 팀, 여기 4명은 하늘 팀, 여기 3명은 분홍 팀이야.
(유아들 팀을 손짓으로 정해 주고 높낮이판을 팀별로 가리키며 말한다.)
- 팀별로 동물 하나씩 정해 보자! 다 정한 팀부터 얘기해 줘!
- (유아들이 말한 동물 이름을 높낮이판에 쓴다.) 자기 팀 동물만 불러 보는 거야.
(전주를 친다.)
(교사는 유아들이 부를 때 손짓으로 순서를 알려 준다.)

5. 음을 바꾸어 부른다.

(음의 높낮이판의 음을 '도 솔 미 솔 솔파미레도'로 바꾼다. 이때 동물 카드도 교사가 붙인다.)

- 잘 들어 봐! (피아노로 바꾼 음을 두 번 쳐 준다.) 아까랑 뭐가 달라?
- 그래, 천천히 바뀐 부분만 불러 보자.
- 이번엔 이 음으로 불러 보자. 잘 들어 봐! ('도 솔 도 솔 솔파미레도' 두 번 쳐 주기) 천천히 바뀐 부분만 불러 보자.
- 처음부터 바뀐 음으로 불러 보자!

6. 활동을 회상한 후 마무리한다.

- 오늘 동물 친구들로 말 리듬 놀이도 해 보고 '좋아하는 동물 이름은?' 노래도 불러 보았지. 이렇게 우리가 얘기한 동물 말고 다른 주제로 해 볼 수 있는 게 뭐가 있을까?
- 그래, 또 세 글자 말고도 두 글자, 네 글자로 된 단어들로 부를 수 있겠지?
- 선생님이 음률 영역에 음 높낮이판을 놓아 둘게. 너희들이 주제를 정해서 그림도 그려 보고 붙이면서 노래를 불러 봐.

8. 평가

1. 박자에 맞춰 동물 이름을 생각하며 표현하는지 평가한다.

- 박자에 맞추어 동물의 이름을 말할 수 있는가?

2. 음의 높낮이에 맞추어 노래를 표현하는지 평가한다.

- 동물 이름으로 가사를 바꾸고, 음의 높낮이에 맞춰 부를 수 있는가?

3. 팀을 나누어 활동할 때 즐겁게 참여하는지 평가한다.

- 친구들과 함께 활동에 즐겁게 참여하는가?

9. 유의점

- 유아가 음의 높낮이를 알 수 있도록 악보를 제시한다.
- 활동 전에 '리자로 끝나는 말은' 노래를 알려 준다.
- 팀을 선별할 때 교사는 헷갈리지 않도록 색을 정확히 알려 준다.

생각 나누기

1) 활동 목표

: '~한다', '~부른다'로 수정하고 음을 찾는 활동에 대한 목표를 추가하기

2) 도입

: 준비한 동물 카드를 붙일 때는 교사가 천천히 말하면서 붙이기

: 유아가 대답한 것을 한번 교사가 정리해 주는 발문 추가하기

: 무릎 손 손 박자를 처음부터 치면서 활동 시작하기

: 돌아가면서 동물 이름을 이야기하는 활동은 유아에게 부담이 될 수 있기 때문에 생각할 시간을 주는 발문 추가하기

: 활동은 하고 싶은 유아가 한 발짝 앞으로 나와서 하도록 하고, 모든 유아가 참여할 수 있도록 발문 변경하기

: 시계 방향, 반시계 방향으로 활동하는 것은 의미가 없는 활동임

: 한 유아를 지목하여 진행하는 것보다 '제일 먼저 말한 ○○이가 이야기해 보자.'와 같이 단서를 제시 할 것

3) 전개

: '리자로 끝나는 말은' 노래를 허밍으로 불러 주기 활동을 할 때 선 그림 악보 제시하기

: 교구가 어떻게 사용되는지를 그림으로 표현하든 사진으로 넣든 제시할 것

: 선 그림 악보를 제시한 후에는 유아가 원하는 동물을 노래에 넣어 부르기 활동을 할 것, 이때 유아들이 생각하여 말한 동물 이름을 다 같이 불러 볼 수 있게 할 것

: 먼저 제시한 동물 카드들을 자석판 맨 밑에 두고 유아가 직접 붙여 활동할 수 있게 할 것
: 먼저 손 든 한 명의 유아가 나와서 동물 카드 5개를 붙이고 그에 맞춰 다 같이 노래를 부르는 활동을 한 후에, 동물 카드를 붙인 친구가 혼자 노래 부르기 활동을 추가할 것
(혼자 부르는 유아에게 연습할 시간을 주기 위한 것)
: 교사는 노래를 음의 높낮이에 맞게 정확하게 불러야 함
: 피아노의 위치를 변경하여 활동할 것
: 한 명의 유아가 친구를 지목해서 다음 활동을 진행하는 발문 추가하기
(5명씩 두 팀으로 나누어 11명의 유아 참여)
: 악기 '피아노' 연주를 해 보는 활동 추가, 자석판 교구의 스티커 색과 피아노 건반의 스티커 색을 같게 해서 연주할 수 있도록 하고 이에 대해 유아와 상호작용하는 부분도 발문 추가하기
: 처음부터 교구를 제시하고 활동을 시작할 것
: 피아노를 연주하는 활동에서는 그림 카드를 바꾸지 않고 활동할 것
: 유아들이 원하는 동물을 적어 부르는 활동은 뺄 것(흐름에 맞지 않음)

4) 마무리

: '도도도 솔솔솔 미미미 도도도' 이 부분의 음을 변형하여 제시하고 피아노와 연계하여 유아가 음을 찾는 활동으로 마무리 짓는 것으로 변경하기
: 유아가 따라 하기 쉽게 '도미솔도' 음으로 제시할 것

활동 소감 :: 이야기 나누기

"평생 끊임없이 수정하고 또 수정, 프로그램 안에 숨어 있는 매력을 찾아서"라는 말은 교수님께서 해 주신 여러 아름다운 말들 중에 가장 기억에 남을 것 같다.

기관에서 연차가 있으신 선생님을 통해 가장 많이 배우고 감동했던 점은 '발문'이었다. 어떻게 하면 유아의 사고를 확장할 수 있는 발문이 만들어질 수 있을까 참 많이 고민해 왔다. 그에 대한 고민은 이번 피드백을 받은 후 의논하는 과정에서도 많이 드러나게 되었던 것 같다. 교사가 혼자 모든 것을 이끌어 가지 않도록, 유아의 연령에 맞아서 충분히 좋은 반응을 일으킬 수 있는 발문을 제시하려 많은 노력을 하였다.

시간이 지날수록 점점 더 느껴지는 것은 배움이 깊어질수록 아는 것은 많아지고, 수업 활동 계획을 하기 위해 많이 모일수록 많은 대화가 오가며 점점 더 나은 활동, 더 좋은 활동을 만들어 가게 된다는 것이다.

이번 피드백에서는 말 리듬 놀이와 음의 높낮이를 연결하여 수업 활동을 진행하되, '준비된' 활동으로 동선부터 발문, 교구까지 자연스럽게 연결이 될 수 있도록 하는 것에 많은 도움을 받았다. 참 신기하고 깊게 감사한 것은, 우리가 '유아'를 생각하고 '유아음악교육'을 생각하며 노력을 할 때에 가장 옳은 방법, 가장 좋은 방법으로 나아가기 위한 피드백과 각자의 노력이 더해져 점점 더 좋은 계획안으로 거듭나게 된다는 것이다.

〈예비교사 정○○〉

아이들의 반응을 먼저 확인하게 되고 점점 우리가 만든 계획서의 뼈대에 살이 붙기 시작하는 것을 느꼈다. 하지만 재미와 교육의 목표를 둘 다 잡기는 여전히 어려운 것 같다.

〈예비교사 이○○〉

유아음악교육 수업을 들으면서 정말 '계획안의 수정 작업을 많이 하는 것이 교사는 힘들지 몰라도 유아들에게는 기쁜 수업이 되겠구나.'라고 느꼈다. 항상 교사는 긴장을 하면서 무엇이 더 나은지를 생각해야 하고 어떻게 하면 더 쉽게, 더 자연스럽게 유아들에게 교육으로 다가갈 수 있는지를 생각해야 함을 알게 되었다. 절대 안일하게 '이 정도면 되겠지.'라는 생각을 가지면 안 되며, 그것이 얼마나 무서운 생각인지를 한 번 더 생각해야 함을 느꼈다.

〈예비교사 전○○〉

계획안을 쓸 때에 자석판에 동물 카드를 붙이는 부분에서도 어디에 어떻게 붙일지 구체적으로 적어야 한다는 말씀에 말과 행동 하나하나를 구체적으로 적게 되었다. 또한 말도 매끄럽게 수정했다. 우리는 음의 높낮이 노래로만 하려 생각했고 악기로 하려는 생각을 하지 못했다. 그런데 피드백 중, 음의 높낮이 색깔을 피아노에 똑같이 붙이면 유아들도 칠 수 있다는 말씀에 그럼 피아노를 쳐 보는 활동도 정말 좋을 것 같다는 생각이 들었다. 그렇게 노래와 피아노 연주를 통해 음의 높낮이를 배워 보는 활동으로 진행하게 되었다.

여태까지 수업 시간에 했던 활동들과 친구들의 발표 수업과 이론에서 배운 것들이 모의 수업을 준비하면서 하나하나 떠올랐다. 앞으로 또 모의 수업을 하고 교사가 되어 수업을 계획할 때에도 이번 모의 수업에서 얻은 것들이 많은 도움이 될 것 같고, 기억에 많이 남을 것 같다.

〈예비교사 임○○〉

활동④ 소리에는 높낮이가 있어요 :: 동식물과 자연

1. 대상 연령 : 만 5세
2. 집단 크기 : 소집단
3. 활동 영역 : 음률 영역
4. 활동 목표

> 1. 음의 높낮이를 알고 피아노를 친다.
> 2. 세 글자로 된 동물 이름을 말한다.
> 3. 음의 높낮이를 바꿔서 노래를 부른다.

5. 교육과정 관련 요소

> - 예술경험 〉 아름다움 찾아보기 〉 음악으로 표현하기 〉 리듬 악기를 연주해 본다.
> - 의사소통 〉 말하기 〉 낱말과 문장으로 말하기 〉 다양한 단어를 사용하여 상황에 맞게 말한다.
> - 예술경험 〉 예술적 표현하기 〉 음악적 요소 탐색하기 〉 다양한 소리, 악기 등으로 음의 높낮이, 속도, 리듬 등을 탐색한다.

6. 활동 자료

> 자석판, 동물 그림 카드, 아세테이트지, 자석, 높낮이 선(빨강 선, 노란 선, 하늘 선, 분홍 선, 노랑 선, 주황 선, 보라 선), 피아노

7. 활동 내용 및 방법

> **1. 유아가 세 글자에 맞는 동물 단어를 말하도록 유도한다.**
> (모든 유아에게 고루 시선이 가도록 하며, ㅇㅇㅇ 자석판을 붙인다.)
> – (자석판에 ㅇㅇㅇ을 하나 붙이고 가리키며) 음, 음, 음 이런 세 글자로 된 낱말들이 뭐가 있을까?
> – (교사가 천천히 단어를 말하며 준비한 동물 카드를 붙인다.) 코뿔소, 코끼리, 너구리, 캥거루, 호랑이, 다람쥐, 독수리, 병아리, 고릴라, 원숭이.
> – 이 친구들의 공통점이 뭘까?
> – 그래, 세 음으로 부를 수 있는 동물들의 이름이지?

2. 무릎 손 손을 치며 동물 이름을 말한다.

- (무릎 손 손 치며) 코뿔소, 코끼리 이 박자에 맞춰서 여기 있는 동물 친구들을 말해 보자.
- 선생님이 먼저 코뿔소 하면 너희가 다음 동물 이름을 말해 줘. (무릎 손 손 두 번 치고 시작) (T: 코뿔소, C: 코끼리, T: 너구리, C: 캥거루…)
- 이 동물들 말고도 세 글자로 된 또 다른 동물 친구들을 알고 있니? 어떤 동물들이 있을까? (생각할 시간 주기)
- 자! 생각난 동물 친구가 있는 사람? 누가 해 볼까? 하고 싶은 친구들은 한 발짝 나와서 앉아 보자. 잘 생각이 안 나면 앞에서 했던 동물 친구들을 말해도 좋아. (유아들이 나오면) 무릎 손 손 두 번 치면서 ㅇㅇ이부터 말하는 거야.
- (5명이 나와 앉아 무릎 손 손을 친다.)
- 또 해 보고 싶은 친구들은 앞에 앉은 친구들 옆에 한 발짝 나와서 앉아 보자! 이번에는 ㅇㅇ이부터 이렇게 (손으로 방향을 표시하며) 해 보자. (무릎 손 손 두 번 쳐 준다.)
- (5명이 나와 앉아, 총 10명이 무릎 손 손을 친다.)
- 이번에는 아직 못 해 본 친구들까지 다 같이 한 번 해 보자. 다시 동그랗게 앉아 보자. ㅇㅇ이부터 이렇게 (손으로 방향 표시) 해 보자. (무릎 손 손 두 번 쳐 준다.)
- (5명이 더 나와 앉아, 총 15명이 무릎 손 손을 친다.)

3. 동작을 바꿔서 동물 이름을 말한다.

- 방금 우리가 (무릎 손 손 치며) 코뿔소, 코끼리 이렇게 쳤잖아. 그럼 무릎 손 손 이렇게 안 치고 이번에는 또 어떻게 칠 수 있을까?
- 그럼 제일 먼저 얘기한 ㅇㅇ이가 말한 것처럼 어깨 손 손 이렇게 해 보자. ㅇㅇ이가 시작해서 이렇게 (손으로 방향 표시) 해 보자.
- (어깨 손 손 리듬 두 번 치며 시작한다.)

4. '리자로 끝나는 말은' 노래를 바꿔서 '좋아하는 동물 이름은?' 노래로 부른다.

- 자, 그럼 우리 저번 시간에 (음의 선을 손으로 따라가며) 음음음음음 음음음음음 음음음 음음음 음음음 음음음 음음음음음~ 이 노래 배웠지?
- 우리 아까 동물 이름 이야기해 봤잖아. (손으로 음을 가리키며) 그러면 좋아하는 동물 이름은? 강아지, 고양이, 원숭이, 너구리, 코-끼-리 이렇게 불러 볼 거야.
- (손으로 음의 선을 따라가며) 좋아하는 동물 이름은~
- 자, 어떤 동물 친구들로 부를 거야?
- (유아가 말한 동물에 반응해 주기) 그럼 각자 말한 동물 친구들을 넣어서 다 같이 불러 보자.
- (전주하며 시작) 랄라랄라라~ 좋아하는 동물 이름은~ (각자 부르고 싶은 동물을 부른다.)

5. 동물 카드를 붙여 보고 노래를 한 후 피아노를 친다.

- 이번에는 동물 친구들을 붙여 보고 불러 보자. (교사가 왼손을 들며) 먼저 하고 싶은 친구 한 명이 나와서 동물 친구들을 붙여 줄까?
- 그럼 먼저 ㅇㅇ이가 나와서 붙여 보자.
  (유아 한 명이 나와서 '도도도 솔솔솔 미미미 도도도 솔파미레도' 음 위에 동물 카드 5개를 붙인다.)
- 우와~ 이렇게 (유아가 붙인 동물 카드) 코뿔소, 코끼리, 너구리, 캥거루, 호랑이를 붙여 주었구나. 그럼 ㅇㅇ이가 붙여 준 대로 노래를 다 같이 불러 보자.
- 다 같이 불러 주었으니깐 이번엔 ㅇㅇ이가 혼자 노래를 불러 볼까?
  (교사가 피아노로 전주해 주고 유아가 노래를 부를 때 손기호로 높낮이를 표현해 준다.)
- 좋아~ 그럼 ㅇㅇ이가 들어가면서 5명의 친구들을 지목해 주면 그 친구들이 나와서 동물 카드를 하나씩 붙여 보자.
- 우와~ 친구들이 (유아가 붙인 동물 카드 5개) 다람쥐, 독수리, 병아리, 거북이, 원숭이를 붙여 주었네! 친구들이 붙여 준대로 노래를 불러 볼까?
  (피아노로 전주해 주고 유아가 노래 부를 때 손기호로 높낮이를 표현해 준다.)
- 이야~ 이렇게 불러도 재미있네? 자 들어가면서 또 다른 친구들을 한 명씩 지목해 주자!
  (지목해서 나온 친구들이 동물 카드를 하나씩 붙인다.)
- 나온 친구들은 들어가도 좋아. (나와서 붙여 준 5명은 자리에 앉는다.)
- 이번에는 다람쥐, 병아리, 코끼리, 원숭이, 캥거루를 붙여 주었네.
- 다람쥐는 어떤 색깔 위에 앉아 있어?
- 그래, 그런데 너희들이 보면 알겠지만 피아노 건반에도 여러 색깔 스티커가 붙어 있어. 왜 그럴까?
- 그렇지! 우리가 노래로 불러 본 것처럼 이번에는 피아노 연주를 하며 불러 볼까?
- ** 그럼 (손으로 음을 가리키며) 음음음 음음음 음음음 음음음 음음음음음~ 이 부분을 피아노로 쳐 볼 수 있겠다. 안 해 본 친구들 중에서 누가 해 볼까?
- 그럼 제일 먼저 손 든 ㅇㅇ이가 나와서 우리가 노래 부를 때 연주해 줘. 앉아 있는 친구들은 다 같이 노래를 불러 보자. (전주해 주며) 랄라라라라~!
  (피아노를 치는 유아가 악보를 보며 '도도도 솔솔솔 미미미 도도도 솔파미레도'를 친다.)
- 좋아! 그럼 ㅇㅇ이는 들어가도 좋아요~ 피아노로 쳐 보니까 음이 어떤 것 같아?
- 그럼 음을 살려서 다시 한번 불러 보자. 안 해 본 친구 중에 누가 피아노를 쳐 볼까?
  (** 부분 3번 반복 활동)
- 좋아~ 그럼 △△이는 들어가도 좋아요. 마지막으로 우리 ㅁㅁ이가 나와서 해 볼까?
- 자~ (전주해 주기) 랄라라라라~ 좋아하는 동물 이름은~

6. 활동을 회상한 후 후속 활동을 설명한다.
- 자~ 우리 지금까지 좋아하는 동물 이름을 (도솔미도 음으로 손기호를 하며) 다람쥐, 병아리, 코끼리, 원숭이, 캥-거-루 이렇게 불렀잖아~ 그런데 (도미솔도 음으로 손기호를 하며) 다람쥐, 병아리, 코끼리, 원숭이, 캥-거-루 이렇게 불러 보니 뭐가 달라?
- 그렇지! 이렇게 부르려면 피아노로 어떻게 치면 될까? 그리고 자석판에 있는 스티커를 어떻게 바꾸면 될까?
- 선생님이 이 높낮이판을 음률 영역에 놓아 둘게. 너희들이 한번 찾아봐 줘!

8. 평가

- 음의 높낮이에 관심이 있는가?
- 악보를 보며 피아노 연주가 가능한가?
- 박자에 맞추어 세 글자로 된 동물 이름을 말하는가?

9. 유의점

- 유아가 음의 높낮이를 알 수 있도록 자석판 교구의 스티커와 피아노 건반의 스티커 색을 같게 해 연주가 가능하도록 한다.
- 활동 전에 '리자로 끝나는 말은' 노래를 배운다.
- 유아가 시작한다는 것을 알 수 있도록 무릎 손 손 치는 것과 전주를 쳐 준다.

10. 확장 활동

- 음률 영역에서 동물 카드를 음의 높낮이에 따라 다양한 방법으로 붙이며 음을 익힌다.

2 안단테와 알레그로

활동① 안단테와 알레그로 :: 환경과 생활

<table>
<tr><td>연령</td><td>만 4세</td><td>생활 주제</td><td colspan="3">환경과 생활</td></tr>
<tr><td>주제</td><td>음악의 구성 요소</td><td>소주제</td><td colspan="3">느린 속도와 빠른 속도</td></tr>
<tr><td>활동명</td><td>안단테와 알레그로</td><td>집단 형태</td><td>대집단</td><td>소요 시간</td><td>20분</td></tr>
<tr><td>활동 목표</td><td colspan="5">1. 손유희를 통해 빠르게(알레그로)와 느리게(안단테)를 안다.</td></tr>
<tr><td>누리과정 관련 요소</td><td colspan="5">• 예술경험 〉 아름다움 찾아보기 〉 음악적 요소 탐색하기 〉 다양한 소리, 악기 등으로 강약, 속도, 리듬 등을 탐색한다.</td></tr>
<tr><td>활동 자료</td><td colspan="5">안단테, 알레그로 카드</td></tr>
<tr><td>활동 전개</td><td colspan="3">활동 내용</td><td colspan="2">활동 자료 및 유의점</td></tr>
<tr><td>도입
(3분)</td><td colspan="3">1. 느린 박수, 빠른 박수를 치며 인사한다.
T : (박수 빠르게 치면서) 친구들 안녕하세요!
C : 안녕하세요!
T : (박수 느리게 치면서) 안녕하세요!
C : 안녕하세요!
T : 선생님이 지금 인사를 두 번 했지요. 뭐가 다른 것 같아요?
C : 처음은 빠르게 하고 두 번째는 느리게 했어요.</td><td colspan="2"></td></tr>
<tr><td>전개
(12분)</td><td colspan="3">1. 안단테를 보여 주며 느리게 읽어 본다.
T : (박수) 맞아요. 처음엔 빠르게 안녕하세요~ 했고 두 번째는 느리게 안녕하세요~ 했어요. 오늘은 빠르기(빠르게, 느리게)에 대해 배워 볼 거예요. (안단테 표시를 보여 주면서) 자, 다 같이 한번 읽어 볼까요? (하나하나 가리키면서) 안.단.테!
C : 안.단.테!
T : 안단테는 느리게를 나타내는 말이에요. 영어로는 이렇게 쓸 수 있어요. (Andante, 영어로 쓴 안단테를 보여 준다.) an은 안, dan은 단, te는 테라고 읽는 거예요. (그림과 함께 설명한다.)
그럼 안단테를 느리게 읽어 볼까요? 다 같이 안.단.테!
C : 안.단.테!
T : 이번엔 박수를 느리게 치면서 안.단.테!
C: 안.단.테!</td><td colspan="2">자료
낱말 카드
안단테
Andante</td></tr>
</table>

<table>
<tr><th>활동 전개</th><th>활동 내용</th><th>활동 자료 및 유의점</th></tr>
<tr><td>전개
(12분)</td><td>2. 알레그로를 보여 주며 빠르게 읽어 본다.
T : 잘했어요. 다음에 배워 볼 빠르기는 (알레그로를 보여 주면서) 알레그로예요. 다 같이 읽어 볼까요? 알.레.그.로!
C : 알.레.그.로!
T : 알레그로는 빠르게를 나타내는 말이에요. 영어로는 이렇게 쓸 수 있어요. (Allegro, 영어로 쓴 알레그로를 보여 준다.)
그럼, 알레그로를 빠르게 읽어 볼까요? 다 같이 알레그로!
C : 알레그로!
T : 박수치면서 알레그로!
C : 알레그로!
T : 친구들 너무 잘했어요.

3. 느리게와 빠르게를 게임을 이용하여 놀이해 본다.
T : 친구들 어제 배운 '보글짝 지글짝' 손유희 기억나요?
C : 네. / 아니요.
T : 기억 안 나는 친구들을 위해서 선생님 다시 한번 해 볼게요. 보글보글 짝짝 지글지글 짝짝 보글짝 지글짝 보글 지글 짝짝!
이제 보글짝 지글짝을 안단테와 알레그로를 이용해서 해 볼 거예요.
선생님이 알레그로라고 외치면 빠르게 하고, 안단테라고 외치면 느리게 하는 거예요.</td><td>자료
낱말 카드

알레그로

Allegro</td></tr>
<tr><td>마무리
(5분)</td><td>1. 활동을 회상하며 마무리한다.
T : 친구들 오늘 활동 어땠어요?
C : 재미있었어요. / 신났어요.
T : 오늘 배운 안단테와 알레그로 자료는 음률 영역에 둘게요. 친구들과 함께 다양한 노래를 빠르게 불렀다가 느리게도 불러 봐요.</td><td></td></tr>
<tr><td>평가 및
유의점</td><td>– 안단테, 알레그로를 보며 느리게와 빠르게를 이해하는가?
– 느리게와 빠르게를 이해하며 게임을 할 수 있는가?
– 보글짝 지글짝 놀이는 사전에 배운다.</td><td></td></tr>
<tr><td>확장 활동</td><td>– 새 노래를 빠르고 느리게 불러 본다.</td><td></td></tr>
</table>

생각 나누기

1) 활동 목표

: 활동 내용에 맞게 재수정하기

2) 활동 자료

: 우편마차의 연극을 할 수 있도록 자료 고민해 보기

: '안단테'와 알레그로' 카드는 영어와 그림이 따로 제시되도록 할 것

: '크시코스의 우편마차' 음원은 '빠르게', '느리게', '정박자' 음원으로 준비할 것

3) 도입

: 박수로 '빠르게'와 '느리게'의 개념 소개하는 것 수정하기

: 헤르만 네케(Hermann Necke)의 '크시코스의 우편마차'에 나오는 이야기로 '빠르게'와 '느리게'의 개념 설명 고민해 보기

4) 전개

: '크시코스의 우편마차'를 감상하며 어떤 이야기로 '빠르게'와 '느리게'에 대해 설명할지 고민해 보기

: '안단테'와 알레그로'의 개념을 박수가 아닌 이야기로 알 수 있도록 수정하기

: 전개 마지막 부분 수정하기

활동② 안단테와 알레그로 :: 교통기관

1. 대상 연령 : 만 4세
2. 집단 크기 : 대집단
3. 활동 영역 : 음률 영역
4. 활동 목표

1. 육상교통기관에 대해 관심을 갖는다.
2. 음악을 통해 느리게(안단테)와 빠르게(알레그로)를 안다.

5. 교육과정 관련 요소

- 의사소통 〉 듣기 〉 이야기 듣고 이해하기 〉 다른 사람의 이야기를 듣고 이해한다.
- 예술경험 〉 아름다움 찾아보기 〉 음악적 요소 탐색하기 〉 다양한 소리, 악기 등으로 강약, 속도, 리듬 등을 탐색한다.

6. 활동 자료

헤르만 네케의 '크시코스의 우편마차' 음원, 우편마차 연극 활동 자료, 안단테와 알레그로 카드

7. 활동 내용 및 방법

1. 마차 사진을 보여 주며 '크시코스의 우편마차' 음악을 소개한다.
– 친구들 이 사진이 뭔 줄 알아요?
– 맞아요. 이건 마차예요. 호박마차가 신데렐라를 왕자님께 데려다 준 것처럼 마차는 사람을 태우고 데려다 주는 일을 해요. 마차는 이렇게 사람을 태우고 데려다 주는 일을 하기도 하고 또 편지를 배달해 주기도 해요. 오늘은 헤르만 네케 아저씨의 '크시코스의 우편마차' 음악을 들어 볼 건데 여기서 나오는 우편마차는 편지를 배달해 주는 마차래요. 우리 이제 우편마차 음악을 감상해 볼까요?

2. 편지를 배달하는 차차 아저씨의 이야기를 들려준다.
- (노래 감상하기) 노래 잘 들었어요?
- 이제 선생님이 편지를 배달하러 가는 차차 아저씨 이야기를 들려줄 거예요. 선생님이 하나 둘 셋 하면 다 같이 차차 아저씨를 불러 볼까요? 하나 둘 셋!

차차– 친구들 안녕? 오늘도 상쾌한 아침이야. 이제 편지를 배달하러 출발해 볼까? 출발~!
(앞에 산이 있다.) 저런, 편지를 배달하려면 이 산을 넘어야 되는데… 하는 수 없지, 산을 넘는 수밖에… (산을 넘는다.)
(음원 : 느리게 버전 BGM)
차차– 어휴 드디어 다 도착했네. 편지 배달 왔습니다~!
ㅇㅇ– 우와! 편지다! △△이 한테 편지가 왔어!
차차– 늦게 배달해 주어 미안하구나.
ㅇㅇ– 괜찮아요. 편지 배달 감사합니다.
차차– 이제 두 번째 편지를 배달하러 출발해 볼까? 출발~!
차차– (따르릉 따르릉~) 여보세요?
꼬마– 아저씨 아저씨! 급해요 급해!
차차– 아니, 뭐가 그리 급하다는 거니? 꼬마야?
꼬마– 시골에 계시는 저희 엄마께서 편지를 보내셨대요! 빨리 받아 보고 싶어요! 아저씨!
차차– 음 그렇구나. 알겠다. 흠 빨리 달려야겠군. 으랏차차~! (말의 고삐를 당기며)
(음원 : 빠르게 버전 BGM)
차차– 꼬마야, 편지 왔다.
꼬마– 우와!! 감사합니다!!!
차차– 이게 내가 하는 일인걸 허허~!
꼬마– 조심히 가세요. 아저씨!
차차– 오늘도 뿌듯한 하루였어. 친구들도 편지를 주고받고 싶거든 나를 찾거라~! 허허허~!
(음원 : 정박자 버전 BGM)

3. 이야기에 나온 느리게와 빠르게에 대해 알아본다.
- 친구들 이야기 잘 들었어요?
- 차차 아저씨가 산을 넘을 때 어떻게 달렸는지 기억나요?
- 맞았어요. 산을 넘느라 느리게 달렸죠. 우리 이제 느리게를 어떤 말로 표현하는지 알아 볼까요?
  (안단테 카드를 붙여 준다.)
- 다 같이 읽어 볼까요? 안단테!
- 영어론 이렇게 (Andante) 쓸 수 있어요.
  (영어로 쓴 안단테를 보여 준다.)
- an은 안, dan은 단, te는 테라고 읽는 거예요.
  (그림과 함께 설명한다.)

- 그럼 안단테를 느리게 읽어 볼까요? 다 같이 안~단~테~!
- 잘했어요. 친구들 꼬마가 아저씨한테 빨리 와달라고 부탁했을 때 마차가 어떻게 갔지요?
- 맞았어요. 빠르게 갔어요. 그럼 빠르게는 또 어떤 다른 말로 쓰는지 한번 볼까요? (알레그로 카드를 붙인다.)
- 다 같이 알레그로!
- 영어로는 이렇게 (Allegro) 쓸 수 있어요. (영어로 쓴 알레그로를 보여 준다.) al은 알, le는 레, gro는 그로라고 읽는 거예요. 그럼 알레그로를 빠르게 읽어 볼까요? 다 같이 알레그로!

4. 배운 활동을 회상하며 마무리한다.
- 지금까지 차차 아저씨 이야기도 듣고 노래도 감상하고 안단테와 알레그로를 배웠어요! 이 중에서 가장 기억에 남는 활동이 뭐였어요? 손을 들고 얘기해 보자!
- 그리고 오늘 들은 '크시코스의 우편마차' 음악과 이야기판을 음률 영역에 둘게요. 친구들과 음악을 들으면서 차차 아저씨 이야기도 다시 한번 보도록 해요.

8. 평가

1. 음악을 들으며 육상교통기관에 대해 관심을 가지는지 평가한다.
- '크시코스의 우편마차' 음악을 들으며 마차에 관심을 가지는가?

2. 느리게(안단테)와 빠르게(알레그로)를 이해하는지 평가한다.
- 음악을 통해 느리게(안단테)와 빠르게(알레그로)를 이해하는가?

9. 유의점

- 우편마차의 이야기를 통해 느리게(안단테)와 빠르게(알레그로)에 대해 이해하도록 자료를 준비한다.

10. 확장 활동

- 차차 아저씨 이야기를 다시 한번 들어 본다.
- 차차 아저씨 놀이를 해 본다.

생각 나누기

1) 활동 목표

: 활동 내용에 맞게 재수정하기

2) 활동 자료

: 피아노를 사용하기

: 안단테와 알레그로 영어 카드를 읽는 순서대로 넘길 수 있게 수정하기

3) 도입

: 우편마차 사진을 붙이며 간단한 발문으로 시작하기

4) 전개

: 우편마차의 이야기로 시작하며 음악 감상은 이야기 중간마다 하는 것으로 수정하기

: 차차 아저씨를 집배원 아저씨로 수정하기

: 이야기에 나온 음악에 맞추어 유아가 빠르고 느리게 활동해 보도록 고민해 보기

: 이야기를 이용하여 유아들에게 안단테와 알레그로를 알 수 있도록 카드 제시하기

: 이야기 속에 의미 없는 부분 삭제하기

: 교사의 의미 없는 발문 삭제하기

5) 마무리

: 다음 음악 활동으로 이어질 수 있는 자연스러운 연계 활동을 제시하며 마무리하기

활동 소감 :: 이야기 나누기

음악 개념 활동을 어떤 식으로 하면 좋을까 생각해 보았다. 조원들끼리 머리를 맞대어 생각해 나온 이야기는 거북이와 토끼를 느린 곡과 빠른 곡에 빗대어서 표현하는 것과 손유희로 빠르게와 느리게를 표현함으로써 알아 가는 것이었다.

수업이 자연스럽게 연계되면서 아이들이 즐길 수 있는 수업을 만들어야 하는데 우리는 아이들을 가르치려고만 하고 있었다. 한발 더 나아가서 아이들을 생각하며 계획안을 짜는 선생님이 되어야겠다고 생각했다.

미리미리 빨리 끝내고 연습했어야 했는데, 미리 준비를 잘 하지 못한 것도 아쉽고, 조금 더 신경 써서 작업하고 아이들의 관점에서 수업을 준비했다면 더욱 멋진 계획안이 나오고 활동이 나오지 않았을까 생각된다.

아직도 많이 부족하지만 그래도 피드백을 받음으로써 나아지는 모습이 있어서 다행스럽고 앞으로 더 발전될 수 있을 것 같다.

〈예비교사 권○○〉

아직까지 우리의 생각이 좁다는 것을 느꼈다. 머리를 한 번만 더 굴리면 더욱 창의적인 생각을 했을 수도 있었는데 정해진 틀 속에서 나오지 못하고 머물러 있는 것에 대해 반성을 했다.

또 우리의 수업을 좀 더 완성해 줄 교구를 어떻게 하면 더 좋은 교구로 만들 수 있을지에 대해 생각해 보는 계기가 되었다. 피드백을 받고 나서 우리가 알고 있던 것 이외의 방법으로도 교구를 만들 수 있다는 것을 알고 신기했고 또 다양한 방법을 우리가 생각해 낼 수 있다는 것이 놀라웠다.

〈예비교사 이○○〉

처음 우리가 짠 TC는 빠르게와 느리게의 개념을 단면적으로만 설명하려고 했던 것 같다. 아이들을 주의 집중시킬 수 있도록 도입에 박수 치기를 넣었고, 개념 설명도 단순하게 하려고 했는데 피드백을 받으면서 창의적이고 색다르게 다가가는 법을 알게 된 것 같다.

그리고 4명이서 같이 이렇게 할까 저렇게 할까 많이 생각하며 만들어서 그런지 만들어진 교구에 정이 많이 가고, 친구들과도 좋은 추억을 만들고 배려하면서 해야 한다는 것을 많이 깨달았다. 그리고 단면적으로 지루하게 TC를 짜 놓고 집중하라고 큰 소리를 치는 교사가 되지 말고, 교사들도 창의적이고 새롭게 수업 방식에 대해 도전해야 한다는 것을 느꼈다.

〈예비교사 이○○〉

첫 번째 TC를 짤 때에는 최대한 말을 풀어서 설명하려고 하고 고민을 많이 하며 짰다. 피드백을 받고 나서 TC를 짜는 것과 수업을 진행하는 방법이 좀 더 명확해진 느낌이 들었다. 또 TC에서 핵심을 벗어난 불필요한 내용들이나 말을 다 빼는 것들도 이번에 많이 배웠고, 또 빠르게와 느리게라는 안단테와 알레그로를 수업할 때도 나는 박수를 이용하여 설명하는 것을 생각했는데, 크시코스의 우편마차 이야기를 통해서 짜는 방법을 들었을 때, '아! 빠르게와 느리게를 이런 새로운 방식으로도 알려 줄 수 있구나.'라는 것을 알게 되어 나에게 많은 도움이 되었던 시간이었다.

모의 수업을 준비하면서 유치원교사의 수업이 아이들에게 많은 영향을 끼치기 때문에 교사의 수업의 질과 역할이 얼마나 중요한지 배웠던 좋은 시간이었다. 앞으로도 스스로 부족한 부분을 더 채우고 발전해 나가는 교사가 되어야겠다.

〈예비교사 홍○○〉

활동③ ● 안단테와 알레그로 :: 교통기관

1. 대상 연령 : 만 4세
2. 집단 크기 : 대집단
3. 활동 영역 : 음률 영역
4. 활동 목표

1. 일하는 교통기관에 대해 관심을 가진다.
2. 크시코스의 우편마차를 통해 알레그로와 안단테를 안다.
3. 알레그로와 안단테를 몸으로 표현해 본다.

5. 교육과정 관련 요소

- 사회관계 〉 사회에 관심 갖기 〉 지역사회에 관심 갖고 이해하기 〉 다양한 직업에 관심을 갖는다.
- 예술경험 〉 아름다움 찾아보기 〉 음악적 요소 탐색하기 〉 다양한 소리악기 등으로 음악의 강약, 속도, 리듬 등을 탐색한다.
- 예술경험 〉 아름다움 찾아보기 〉 음악적 요소 탐색하기 〉 움직임과 춤의 모양, 빠르게, 느리기 등을 탐색한다.

6. 활동 자료

헤르만 네케의 '크시코스의 우편마차' 음원, 피아노, 우편마차 연극 활동 자료, 안단테와 알레그로 카드, 우편마차 그림

7. 활동 내용 및 방법

1. 융판에 그림을 붙이며 노래를 소개한다.

- 이게 뭘까?

(우편마차의 그림을 붙이며) 이 아름다운 마차가 나오는 음악이 있대~ 들어 보자.

2. 편지를 배달하는 집배원 아저씨의 이야기를 들려준다.

아저씨 : 친구들 안녕? 오늘도 상쾌한 아침! 내가 누군지 알아? 나는 편지를 전하는 집배원 아저씨야~! 이제 편지를 배달하러 같이 출발해 볼까? 출발~!
(효과음 : 말굽소리)
아저씨 : (앞에 산이 있다.) 저런 편지를 배달하려면 이 산을 넘어야 되는데… (산을 넘는다.)
(음원 : 느리게 버전 BGM)
아저씨 : 어휴 드디어 다 도착했네. 편지 배달 왔습니다~!
꼬마1 : 와! 편지다!! 감사합니다. 집배원 아저씨!
(효과음: 따르릉~ 전화가 울리는 소리)
아저씨 : 여보세요?
꼬마2 : 아저씨, 아저씨! 급해요 급해!
아저씨 : 아니, 뭐가 그리 급하다는 거니, 꼬마야?
꼬마2 : 시골에 계시는 저희 엄마께서 편지를 보내셨대요! 빨리 받아 보고 싶어요! 아저씨!
아저씨 : 그렇구나. 알겠다. 흠 빨리 달려야겠군. 자 이제 두 번째 편지를 배달하러 출발해 볼까? 으랏차차~!
(효과음 : 말굽소리)
(음원 : 빠르게 버전 BGM)
아저씨 : 꼬마야 편지가 도착했다!
꼬마2 : 우와! 아저씨 정말 감사합니다!!
아저씨 : 이게 내가 하는 일인걸 허허~!
꼬마2 : 히히~ 조심히 가세요. 아저씨!
(음원 : 느린 우편마차 BGM)
아저씨 : 오늘도 뿌듯한 하루였어. 친구들도 편지를 주거나 받고 싶거든 나를 찾으렴! 하하하~!
(음원 : 정박자 버전 BGM)

3. 동화에 나온 이야기를 피아노에 맞추어 몸으로 표현해 본다.
- 집배원 아저씨가 마차를 가지고 어떻게 달렸는지 기억나니?
- 앞에 나와서 우편마차가 되어 음악에 맞춰 달려 볼 사람 손들어 볼까?
- ㅇㅇ이가 나와서 우편마차가 되어서 편지를 배달해 보자.
  (피아노를 쳐 주고 그 빠르기에 맞춰서 아이가 활동한다.)
- 잘했어. 또 다른 친구 나와서 해 볼까?
- 이번엔 두 친구가 나와서 해 보자.
  (교사가 피아노를 치며 그 빠르기에 맞춰서 아이가 활동한다.)

4. 안단테와 알레그로 카드를 보여 주며 읽어 본다.
- 우편마차가 첫 번째 편지를 배달해 주러 갈 때는 어떻게 달렸었지?
- 우편마차가 느리게~ 달렸지. 근데 이렇게 '느리게 연주하세요.'라고 약속한 말이 있대.

(안단테 카드를 융판에 붙이고)
- 다 같이 읽어 볼까? 안단테!
- 이걸 어떻게 읽는 걸까?
- an은 안, dan은 단, te는 테라고 읽는 거래.
  (보여준 andante를 집어넣고) 다시! 어떻게 읽었더라?
- 그럼 안단테를 느리게 읽어 볼까? 다 같이 안~단~테~!
- 그럼 두 번째 꼬마가 아저씨한테 어서 와달라고 부탁했을 때 우편마차가 어떻게 달렸지?
- 빠르게 달렸지. 이번에도 '빠르게 연주하세요.'라고 약속한 말이 있대. (알레그로 카드 보여준다.) 다 같이 알레그로!
- 알레그로는 어떻게 읽는 걸까?
  (알레그로를 한 개씩 넘기면서 따라 읽는다.)
- al은 알, le는 레, gro는 그로라고 읽는 거야.
  (꺼낸 카드를 다시 집어넣고) 다시! 어떻게 읽는다구?
- 그럼, 알레그로를 빠르게 읽어 볼까? 다 같이 알레그로~!

5. 활동을 회상하며 후속 활동에 대해 이야기한다.
- 지금까지 크시코스의 우편마차 음악도 듣고, 우편마차 집배원 아저씨 이야기도 듣고 안단테와 알레그로에 대해 알아보았어. 다음 시간에는 점점 빠르게, 점점 느리게에 대해 알아보는 시간을 갖자.

8. 평가

- 우편마차 이야기를 듣고 안단테와 알레그로를 이해하는지 평가한다.
- 우편마차 이야기를 듣고 빠르게와 느리게를 몸으로 표현할 수 있는지 평가한다.

9. 유의점

- 빠르게 달리는 활동을 할 때 공간이 넓은 곳에서 활동을 한다.

10. 확장 활동

- 점점 빠르게와 점점 느리게에 대한 개념으로 확장 활동을 한다.

3 음악 기호

활동① 음악 기호 :: 환경과 생활

<table>
<tr><th>연령</th><td>만 5세</td><th>생활 주제</th><td colspan="3">환경과 생활</td></tr>
<tr><th>주제</th><td>소리와 우리 생활</td><th>소주제</th><td colspan="3">소리와 함께 생활하기</td></tr>
<tr><th>활동명</th><td>음악 기호 알기</td><th>집단 형태</th><td>대집단</td><th>소요 시간</th><td>16분</td></tr>
<tr><th>활동 목표</th><td colspan="5">1. 음악 기호를 알 수 있다.
2. 다양한 방법으로 노래를 부를 수 있다.
3. 음악 기호를 몸으로 표현할 수 있다.</td></tr>
<tr><th>누리과정 관련 요소</th><td colspan="5">• 예술경험 〉 아름다움 찾아보기 〉 음악적 요소 탐색하기
• 예술경험 〉 예술적 표현하기 〉 음악으로 표현하기
• 예술경험 〉 예술적 표현하기 〉 움직임과 춤으로 표현하기</td></tr>
<tr><th>활동 자료</th><td colspan="5">음악 기호(크레센도, 데크레센도), '달팽이 집'(작사 윤석중·작곡 모차르트) 노래 음원, 가사판, 융판, 피아노</td></tr>
<tr><th>활동 전개</th><th colspan="3">활동 내용</th><th colspan="2">활동 자료 및 유의점</th></tr>
<tr><th>도입
(3분)</th><td colspan="3">1. 손유희로 주의 집중을 한다.
T : (주의 집중을 유도한다.)
초록초록 나무에
빨강빨강 앵두가
다닥×4 많이 열렸네~
T : 한 개만 한 개만 똑! 따다가 누구 줄까?
예쁘게 앉아 있는 친구 줘야지~!
눈 크게 뜨고 있는 친구 줘야지~!</td><td colspan="2">자료
초콜릿 준비</td></tr>
<tr><th>전개
(10분)</th><td colspan="3">1. 점점 커지는 소리와 작아지는 소리를 내 보며 표현한다.
(점점 크게, 점점 작게 소리를 낸다.)
T : 우리 친구들 저번 시간에 피아노(piano, 여리게)랑 포르테(forte, 세게)에 대해서 재미있게 활동했었죠?
C : 네!
T : 그런데, 점점 커지는 소리랑 점점 작아지는 소리도 있대요. 점점 커지는 소리는 어떻게 내야 하는 걸까?</td><td colspan="2"></td></tr>
</table>

<table>
<tr><th>활동 전개</th><th>활동 내용</th><th>활동 자료 및 유의점</th></tr>
<tr><td>전개
(10분)</td><td>C : (점점 커지는 소리를 낸다.)
T : 우와 친구들 멋진데?! 그럼 점점 작아지는 소리는 어떻게 낼까?
C : (점점 작아지는 소리를 낸다.)
T : 우와. 친구들 정말 잘했어. 우리 이번엔 점점 커지는 소리와 점점 작아지는 소리를 몸으로 표현해 볼까?
C : 네!

2. 동요를 듣고 동그란 대형으로 만들어 본다.
T : 친구들 '달팽이 집'이라는 노래 알아요?
C : 네. / 아니요.
T : 아는 친구들도 있고, 모르는 친구도 있구나. 그럼 선생님이 먼저 불러 볼게요.
C : 네.
T : (노래를 부른다.)
달팽이 집을 지읍시다/어여쁘게 지읍시다
점점 좁게 점점 좁게/점점 넓게 점점 넓게
달팽이 집을 지읍시다/어여쁘게 지읍시다
T : 여러분, 어때요?
C : 재미있어요.
T : 그럼 우리 다 같이 일어나서 해 볼까요? 자, 그럼 일어나서 동그랗게 서 보자.
C : 네~! (모두 일어나서 동그랗게 선다.)

3. 동요를 부르며 크고 작은 달팽이 집 만들기 활동을 해 본다.
T : 점점 작게 할 때는 선생님이 안으로 들어갈 거예요. 그리고 점점 크게 할 때는 선생님이 바깥으로 갈 거예요. 그럼 노래를 부르면서 해 봅시다.
C : 네~!
(다 같이 활동을 해 본다.)
T : 자, 우리 친구들 활동해 보니까 어땠어요?
C : 재미있었어요!
T : 달팽이 집이 점점 작아질 때, 친구들이 목소리를 어떻게 냈었죠?
C : 점점 작게요!</td><td>자료
융판, 가사판

유의점
교사 두 명이 양 끝에 선다.</td></tr>
</table>

활동 전개	활동 내용	활동 자료 및 유의점
전개 (10분)	T : 응. 점점 작게 냈었지. 그럼 달팽이 집이 점점 커질 때에는? C : 점점 크게 냈어요! **4. 점점 크게, 점점 작게를 표시할 수 있는 방법을 이야기 나눈다.** T : 그래. 점점 크게 냈었어. 우리가 이렇게 불렀던 것을 눈으로 보게 하려면 어떻게 해야 할까? C : 글로 써요! 그림으로 그려요! T : (수용한다.) 어, 그런데 글로 쓰면 시간도 많이 걸리고 힘들어. C : 그럼 그림으로 그려요! T : 좋은 생각이야! 그래서 오래 전에 어른들이 그림으로 만들어 놓았대. 그럼, 선생님이 보여 줄게. C : 네~! **5. 크레셴도와 데크레셴도의 기호를 알아본다.** T : (융판에 자료를 제시한다.) 자, 여기 이 기호는 '점점 크게 부르세요.'라는 뜻이고, 크레셴도(crescendo)라고 읽는대. 따라 해 볼까? 크.레.셴.도! C : 크.레.셴.도! T : 그럼, '점점 작게 부르세요.'라는 기호는 어떻게 생겼을까? C : 반대로 해요! 이렇게! T : 와, 친구들 멋진데~ 이 기호를 반대로 하면 '점점 작게 부르세요.'라는 뜻이야. 읽을 때는 크레셴도 앞에 한 글자가 더 붙는대. 뭘까? C : 악크레셴도! 데크레셴도! 반크레셴도! T : 와, 친구들 정말 다양한 생각을 했구나. '점점 작게 부르세요.'는 크레셴도 앞에 '데'라는 글자가 붙어서 데크레셴도(decrescendo)라고 읽는단다. 우리 따라 해 볼까? 데.크.레.셴.도! C : 데.크.레.셴.도! T : 와, 우리 친구들 정말 잘 따라 했어요!	**자료** 음악 기호 (크레셴도, 데크레셴도) **유의점** 크레셴도를 점점 크게 말해 준다. 데크레셴도를 점점 작게 말해 준다.

활동 전개	활동 내용	활동 자료 및 유의점
마무리 (3분)	1. 활동에 대해 느낀 점을 이야기 나누고 마무리한다. T : 크.레.센.도와 데.크.레.센.도를 배워 봤는데 어땠어요? C : 재미있었어요. 신났어요. T : 그래, 재미있고 신났구나. 어떤 부분이 가장 재미있고, 신났는지 손들고 이야기해 볼 친구? C : 저요! 저요! T : ㅇㅇ이가 이야기해 보자. C : '달팽이 집' 노래를 부르며 놀이를 했을 때요. T : 그렇구나. 왜 재미있었어요? C : 몸을 움직여서요. T : 아, ㅇㅇ 친구는 몸을 움직여서 달팽이 집 놀이를 했을 때가 재미있었대요. 친구들 모두 놀이에 열심히 참여해서 선생님이 기분이 좋네요. 여러분 모두 참 잘했어요. 오늘 배운 음악 기호랑 '달팽이 집' 노래 테이프를 음률 영역에 가져다 놓을 게요. 자유놀이 시간에 달팽이 집 놀이를 해 보도록 해요.	
평가 및 유의점	– 음악 기호를 이해하며 표현하는가? – 몸으로 표현하는 것에 흥미를 가지며 참여하는가? – 음악 기호를 익히는 데 어려움이 없는가?	
확장 활동	– 달팽이 집 놀이를 한다.	

생각 나누기

1) 주의 집중

: 활동과 연계되어 있는 자료 사용하기

2) 전개

: '달팽이 집' 노래를 넓이와 폭, 강약이 모두 포함된 동요로 수정하기

3) 확장 활동

: 생활 속에서 경험했던 점점 작아지는 소리와 점점 커지는 소리에 대해 이야기 나누기

: 유아들과 감정을 나눈 후 신체 표현으로 넘어가기

활동 소감 :: 이야기 나누기

생각 나누기 후에 활동 내용과 관련이 없는 주의 집중 내용을 빼기로 했다. 사실 '달팽이 집' 노래를 통해서 소리의 개념을 가르치려고 했는데, 우리가 말하려고 했던 소리의 강약과, 노래에서 몸으로 표현하려고 했던 넓이, 폭과는 아무런 관련이 없는 것을 피드백을 통해서 깨달았다. 우리가 미처 깨닫지 못한 부분까지도 피드백을 통해서 논리적으로 짚어 주셔서 잘 이해할 수 있었다. 이를 통해 우리는 미숙한 부분을 쉽게 인정하고 다시 TC를 짤 수 있었다. 〈예비교사 이○○〉

대체 어떻게 아이들이랑 삶을 나누고, 통합된 교육을 할 수 있는지 너무 어려웠다. 그런데 잘 생각해 보니 아이들이랑 삶을 나눈다는 것은 어려운 것이 아니라 당연히 해야만 하는 것이고, 나도 충분히 할 수 있겠다는 생각이 들었다. 교회

에서 주일학교의 교사로 일하면서 아이들이랑 늘 해 온 "한 주 동안 어떻게 지냈니?" "선생님! 저 어제 피아노 콩쿨에서 입상했어요!" "우와! 정말? 축하해! 네가 그동안 열심히 연습한 것이 결실을 맺었구나!"라는 일상적인 대화들이 바로 '어린이들과 삶을 나누는 것이 아닐까?'라는 생각이 들었다.

하지만 이 생각을 고스란히 계획안에 가져가는 것이 너무 어려웠다. 분명 아이들과 삶을 나누며 놀아야 한다고 하셨는데, 이건 그냥 가르치는 것 같고 이런 생각을 하면서도 다시 또 욕심대로 여러 가지 활동을 해 보려고만 했다. 그러다 보니까 정말 계획안이 형식적이고 재미도 없어지고, 도입, 전개, 결말이 따로따로 노는 것 같았다.

〈예비교사 이○○〉

생각 나누기 후 느낀 것은 아직 내가 유아교육에 있어서 첫걸음마 단계에 있다는 것이었다. 계획안의 문제점을 짚어 주시고 조언해 주신 후에 다시 보니까 정말 내가 유아들을 너무 어린 존재로 보고 있었고, 나도 어리게만 생각했다는 것을 알 수 있었다. 처음부터 다시 생각하고 시작하는 것이 쉽지 않았고 고친다고 해도 '내가 잘할 수 있을까?'라는 의문도 들었지만 열심히 해 보고 싶은 생각이 들었다. 그래서 더 많이 고민해 보고 여러 가지 방법을 생각해 봤지만 쉽지 않았다. 통합된 교육을 해야 한다는 것이 무슨 의미인지 확실히 받아들이기 힘들었고 그만큼 더 궁금해졌다.

〈예비교사 홍○○〉

생각 나누기 후 '이런 수업도 할 수 있구나!'라는 생각이 들었다. 그래서일까 왠지 모르게 기대가 되기 시작했다. 수업 계획안을 다시 짜야 되는 수고가 있지만 이번 모의 수업은 잘할 수 있을 것 같다는 생각이 들었다. 그리고 머릿속에 계획안이 그려지기 시작했다.

〈예비교사 김○○〉

활동② 음악 기호 :: 환경과 생활

1. 대상 연령 : 만 5세
2. 집단 크기 : 대집단
3. 활동 영역 : 음률 영역
4. 활동 목표

1. 생활 속의 다양한 소리를 음악 개념과 연관 지을 수 있다.
2. 음악 기호를 안다.

5. 교육과정 관련 요소

- 예술경험 〉 아름다움 찾아보기 〉 음악적 요소 탐색하기 〉 다양한 소리, 악기 등으로 강약, 속도, 리듬 등을 탐색한다.
- 의사소통 〉 말하기 〉 느낌, 생각, 경험 말하기 〉 자신의 느낌, 생각, 경험을 말한다.

6. 활동 자료

음악 기호(크레센도, 데크레센도), 베토벤(Beethoven)의 '운명' 교향곡 음원, 다양한 효과음(밥솥 소리 등), 바구니, 융판.

7. 활동 내용 및 방법

1. 생활 속에서 들을 수 있는 소리로 주의 집중을 한다.

– 애들아, 선생님이 어떤 소리를 들려줄 테니까 잘 들어 봐!
  (주의 집중을 위해 소리 맞추기 놀이를 한다.)
– (소리를 들려주며) 무슨 소리일까?
– 맞아! 밥솥에서 나는 소리야. 그런데 이 소리가 어떻게 들렸어?
– 음, 점점 크게 들렸구나. 그럼, 다른 소리를 또 들려줄게. 잘 들어 봐.

2. 소리에 대해 이야기를 나누고 베토벤의 '운명' 교향곡을 들어 본다.
- 애들아, 우리가 방금 맞춰 본 소리들 말고도 너희들이 들었던 소리들 중에서 점점 커지는 소리는 뭐가 있었어?
- 아~ ㅇㅇ 소리도 있고, △△ 소리도 있구나. 그러면 점점 작아지는 소리는 뭐가 있었어?
- ◇◇ 소리도 있고, ㅁㅁ 소리도 들어 보았구나. 이번에는 '운명' 교향곡을 들어 볼 거야. 이 곡은 베토벤 아저씨가 귀가 점점 들리지 않을 때 만드셨대. 너희들이 귀가 안 들리게 되면 기분이 어떨 거 같아?
- 베토벤 아저씨도 귀가 안 들리게 돼서 무섭고, 슬펐대. 그래서 무섭고, 슬픈 마음이 곡에 담겨 있대. 들어 볼까?
 (베토벤의 '운명' 교향곡을 듣는다.)

3. '운명' 교향곡을 다시 들어 보며 점점 커지고 작아지는 소리를 알아본다.
- 잘 들어 보았니? 너희들이 들으면서 어디가 제일 기억에 남아?
- 우리 친구들 여러 가지 부분이 기억에 남는구나. 그러면 곡을 들으면서 점점 커지는 소리랑 점점 작아지는 소리도 들었니?
- 그러면 한 번 더 들어 보자. 들으면서 점점 커지는 소리가 나오면 이렇게 (동작을 보여 주며) 알려 주고, 점점 작아지는 소리가 나오면 이렇게 (다른 동작으로) 해서 선생님한테 알려 줘~!
 (다시 들려준다.)

4. 크레센도와 데크레센도의 기호에 대해 알아본다.
- 우와, 우리 친구들 정말 잘 찾았어. 그런데 우리가 이렇게 몸으로 표현해 봤던 점점 커지는 소리와 점점 작아지는 소리를 눈으로 쉽게 보려면 어떻게 해야 할까?
- 어, 그런데 글로 쓰면 시간도 많이 걸리고 힘들어.
- 맞아, 그래서 오래 전에 어른들이 그림으로 만들어 놓았대. 그럼, 선생님이 보여 줄게.
- (융판에 자료를 제시한다.) 자, 여기 이 기호는 '점점 크게 부르세요.'라는 뜻이고, 크레센도라고 읽는대. 한번 따라 해 볼까? 크. 레. 셴. 도!
- 잘했어. 그럼 '점점 작게 부르세요.'라는 기호는 어떻게 생겼을까?
- 와, 친구들 멋진데~ 맞아. 이 기호를 반대로 뒤집으면 '점점 작게 부르세요.'라는 뜻이야. 읽을 때는 크레셴도 앞에 한 글자가 더 붙는데 뭘까?
- 와, 친구들 정말 다양한 생각을 했구나. '점점 작게 부르세요.'는 크레셴도 앞에 '데'라는 글자가 붙어서 데크레셴도라고 읽는대. 따라 해 볼까? 데. 크. 레. 셴. 도!
- 와! 우리 친구들 정말 잘 따라했어요!

5. 활동을 마무리한다.
- 선생님이 오늘 배운 음악 자료는 음률 영역에 가져다 둘게.
- 자유 활동 시간에 친구들과 함께 자유롭게 들어 봐.

8. 평가

- 음악 기호를 이해하며 관심을 가지는가?
- 생활 속에서 경험한 소리를 기호와 연결 지을 수 있는가?
- '운명' 교향곡을 통해 음악 기호를 표현하는가?

9. 유의점

- 여러 가지의 소리를 하나씩 들려준다.
- '운명' 교향곡을 들을 때 유아들이 헷갈리지 않도록 교사가 점점 큰 소리와 작은 소리를 표시하는 동작을 알려 준다.

10. 확장 활동

- '운명' 교향곡을 들어 보며 크레센도와 데크레센도 개념에 대해 이해한다.
- 점점 커지는 소리와 점점 작아지는 소리에 대해 탐색한다.

생각 나누기

1) 활동 자료

: 베토벤이 귀가 안 들린다는 것을 느낄 수 있도록 자료 구성하기

2) 도입

: 큰 소리와 작은 소리를 냈었던 경험을 반영해 도입 수정하기

3) 전개

: 유아들의 경험 나누기

: 속상했던 일을 어떻게 극복했는지 이야기 나누기

예) 정말 속상 했을 때는 언제야?

활동 소감 :: 이야기 나누기

음악 감상을 할 때 가장 중요한 점은 음악을 듣기 전에 유아들과 그 음악의 이야기와 정서를 나누어 음악을 보다 더 느끼면서 들을 수 있도록 교사가 도와주는 것이라는 것을 알게 되었습니다. 그리고 유아들에게 음악 기호나 개념을 새롭게 알려 주는 것만이 개념 활동이 아니라, 배웠던 개념을 음악에 적용해 보고 더 심화시킬 수도 있는 방향의 학습도 개념 활동이 될 수 있다는 것을 확실하게 알게 되었습니다.

또한 유아교육은 확연하게 나눌 수 있다고 생각했었는데 이번에 피드백을 받고 제 생각이 완전히 바뀌게 되었고, 그 후에 수업을 짜게 될 때에도 많은 도움이 될 것 같습니다.

〈예비교사 소○○〉

생각 나누기를 통해서 개념 활동은 이미 그 앞의 나이에 배웠다고 가정하고, 우리는 감상과 개념을 포함한 통합된 가르침으로, 베토벤의 삶 속에서 녹아나는 심화 수업을 하자고 제안하셨다.

강약에서 강을 나타낼 때, 좋고 신나서 강을 나타내는 것도 있지만 슬프고 암담할 때에도 강을 나타낼 수 있다는 피드백에서 뒤통수를 한 대 맞은 것처럼 멍한 느낌을 받았다.

〈예비교사 이○○〉

유아들과 삶을 함께 나눈다는 것이 즐겁게 느껴졌다. 모의 수업을 과제로만 생각하고, 어떡하면 좋은 점수를 받을까? 어떡하면 교수님께 좋은 평가를 받을까? 이것만 생각하느라 망각하고 있었는데, 유아들과 이야기를 통해 그리고 음악을 통해 삶을 나누는 것이 가능하다는 것을 알고서 정말 기뻤고, 내가 현장에 나가서 유아들과 삶을 나누는 교사가 되도록 노력해야겠다고 다짐했다.

〈예비교사 이○○〉

통합된 교육이라는 것이 무엇일까 정말 많이 궁금했고 나한테 완전히 적용시키고 싶었다. 그동안 두루뭉술하게 알고 있던 것들이 어떻게 유아교육에 적용될 수 있는지에 대해서도 알 수 있었고, 그것을 내가 어떻게 꾸려 나가야 하는지도 알 수 있는 값진 시간이었다.

음악뿐만이 아니라 다른 영역으로도 자연스럽게 넘어가는 것을 알고 나니까 더욱더 유아교육이 궁금해졌고 앞으로도 이런 놀라운 사실들을 더 많이 알 수 있어서 감사했다.

〈예비교사 홍○○〉

도입 부분의 강약뿐만 아니라 빠르게와 느리게도 가르치고 싶다는 생각을 했다. 그런데 어느 정도 개념을 익힌 것으로 알고 수업을 진행하라는 피드백과 구체적으로 어떻게 수업을 진행했으면 좋을지에 대해 말씀해 주셔서 수업 계획안을 짜는 데 많은 도움이 되었다.

〈예비교사 김○○〉

활동③ • 음악 기호 :: 환경과 생활

1. 대상 연령 : 만 5세
2. 집단 크기 : 대집단
3. 활동 영역 : 음률 영역
4. 활동 목표

1. 음악의 개념을 심화시킨다.
2. 음악에서 들었던 큰 소리와 작은 소리를 삶으로 연결시킨다.

5. 교육과정 관련 요소

- 예술경험 〉 아름다움 찾아보기 〉 음악적 요소 탐색하기 〉 다양한 소리, 악기 등으로 강약, 속도, 빠르기, 리듬 등을 탐색한다.
- 사회관계 〉 나와 다른 사람의 감정 알고 조절하기 〉 나와 다른 사람의 감정 알고 표현하기 〉 다른 사람의 감정을 알고 공감한다.

6. 활동 자료

베토벤의 '운명' 교향곡 음원, 관련 도서

7. 활동 내용 및 방법

1. 큰 소리와 작은 소리를 냈던 이야기를 나눈다.
- 얘들아, 우리가 노래를 부를 때 큰 소리로 부를 때도 있고 작은 소리로 부를 때도 있지.
- 우리가 어떤 노래를 부를 때 큰 소리로 불렀어?
- 그 노래를 부를 때 왜 큰 소리로 불렀었지?
- 신나니까 크게 불렀었지. 그럼 또 우리가 어떤 노래를 부를 때 작은 소리로 불렀어?
- 그때 왜 우리가 작은 소리로 불렀었지?
- 신나서 큰 소리로 노래를 불렀던 것처럼 너희가 신나고 기뻐서 엄마를 부를 땐 "엄마! 나 오늘 선생님한테 칭찬받았어요! 나 오늘 유치원에서 정말 재미있었어요!"라고 하잖아. 또 어떨 때 "엄마~!"라고 큰 소리로 외칠까?

2. 귀가 들리지 않는 작곡가 베토벤의 이야기와 그의 음악을 들어 본다.

- 어떤 작곡가 아저씨는 점점 귀가 안 들린다는 것을 알았대. 뚜렷하게 들리던 엄마 목소리가, 선명하게 들리던 아빠 목소리가, 선생님 목소리가, 친구 목소리가 점점 희미해지기 시작해서 나중에는 아무것도 들을 수 없게 되면 너희들은 어땠을 거 같아?
- 슬프고, 무섭고, 속상했겠지. 그래서 작곡가 아저씨가 이렇게 음악을 만들었대. 선생님이 음악을 들려줄게. 잘 들어 봐.
  (음원 : '운명' 교향곡 1악장)
  (음악을 듣는다.)

3. 음악을 듣고 작곡가 아저씨에게 하고 싶은 이야기를 나눈다.

- 이 음악 많이 들어 봤지. 이 음악을 만든 작곡가 아저씨는 원래 귀가 잘 들려서 악기도 연주하고 수많은 음악을 만드셨는데, 그랬던 아저씨가 소리를 못 듣게 되셨대. 마치 우리가 방금 전까지 친구들이랑 신나게 놀고 있었는데 갑자기 다리를 못 쓰게 되었다면 어떨 것 같아?
- 그래, 이 작곡가 아저씨도 정말 슬프고 속상하셨겠지. 이럴 때 너희들은 작곡가 아저씨한테 뭐라고 말씀드리고 싶어?
- 그래, 그래서 선생님도 생각해 봤는데 선생님은 '귀가 안 들려서 슬프고 힘드시겠지만 아저씨는 반드시 이겨내시고 예전보다 더 아름다운 곡들을 많이 만드실 수 있으실 거예요. 힘내세요.'라고 얘기해 주고 싶어.
- 이 음악에서 이런 부분도 있단다. 한번 들어 봐.
  (음원 : 운명 교향곡 2악장)
  (음악을 듣는다.)

4. 음악을 들으며 자신의 경험을 생각해 본다.

- 어? 어떤 느낌이야?
- 음악이 밝아졌지. 여기서는 왜 이렇게 연주되는 걸까?
- 우리가 친구들이랑 싸웠을 때는 기분이 화나고 슬프지만, 화해했을 때는 어떻게 됐어?
- 응, 그래. 마음이 다시 편안해져서 친구랑 다시 놀게 되지.
- 그랬던 것처럼 아저씨도 '내가 그 동안 귀가 안 들려서 슬퍼하고 괴로웠지만 이 상황을 이겨내야지.'라고 생각하니까 마음이 편안해졌대. 그래서 이 부분에서는 음악이 밝아진 거야.

5. 활동에 대해 이야기 나눈 후 후속 활동에 대해 알려 준다.

- 우리가 나눴던 이야기는 베토벤 아저씨의 이야기야. 선생님이 이 음악하고 책하고 음률 영역에 갖다 놓을게. 그러니까 너희들이 베토벤 아저씨가 작곡하신 '운명' 교향곡을 들으면서 책을 같이 봐봐.
- 다음 시간에는 오늘 우리가 나눠 보았던 속상하고, 슬프고, 무섭고, 우울했던 감정들을 어떻게 극복했는지에 대해서 이야기를 나누어 보자.
- 이제 모두 집에 갈 시간이야. 화장실 다녀올 친구는 다녀오고 모두 가방을 챙겨서 다시 자리에 앉자.

8. 평가

- 베토벤의 삶을 통해 소리에 대한 소중함을 느끼는가?
- '운명' 교향곡을 통해서 점점 작아지는 소리와 커지는 소리에 대해 알 수 있는가?

9. 유의점

- '작곡가 아저씨는 점점 자기의 귀가 안 들린다는 것을 알았대.' 이 부분은 교사가 점점 작게 말해 준다.

10. 확장 활동

- 속상하고, 슬프고, 무섭고, 우울했던 감정들을 어떻게 극복했는지에 대해서 이야기를 나눈다.

4 큰 소리 빠른 소리

활동① 큰 소리 빠른 소리 :: 세계 여러 나라

<table>
<tr><td>연령</td><td>만 5세</td><td>생활 주제</td><td colspan="3">세계 여러 나라</td></tr>
<tr><td>주제</td><td>세계 여러 나라 사람들의 생활</td><td>소주제</td><td colspan="3">세계 여러 나라 사람들의 모습에 관심 가지기</td></tr>
<tr><td>활동명</td><td>운명 교향곡</td><td>집단 형태</td><td>소집단</td><td>소요 시간</td><td>25분</td></tr>
<tr><td>활동 목표</td><td colspan="5">1. 음악을 듣고 느낌을 말할 수 있다.
2. 음악에서 인상적이었던 부분을 찾고, 다양한 악기의 연주를 감상한다.</td></tr>
<tr><td>누리과정 관련 요소</td><td colspan="5">• 예술경험 〉 아름다움 찾아보기 〉 음악적 요소 탐색하기
• 예술경험 〉 예술적 표현하기 〉 음악으로 표현하기</td></tr>
<tr><td>활동 자료</td><td colspan="5">베토벤의 '운명' 교향곡 음원, 융판, 베토벤 사진, 피아노와 바이올린 사진</td></tr>
<tr><td>활동 전개</td><td colspan="3">활동 내용</td><td colspan="2">활동 자료 및 유의점</td></tr>
<tr><td>도입
(8분)</td><td colspan="3">1. 베토벤의 음악을 감상하고 노래에 대한 이야기를 한다.
('운명' 교향곡 들려주기)
T : 노래 잘 들었지요? 이곡은 독일의 본(Bonn)에서 태어난 베토벤이라는 아저씨가 작곡한 노래예요. 베토벤 아저씨가 이 노래를 만들 때는 나라에 전쟁이 일어나서 힘들 때였고 베토벤 아저씨의 귀가 점점 안 들리기 시작했어요. 이때 이 곡을 만들게 되었대요. 이 곡을 들었을 때 어느 부분이 기억에 남았나요?
C : 빰빠바밤~ 빠바바밤~ 이 부분이요.
T : 아 그 부분이 기억에 남는구나. 베토벤 아저씨가 이 부분을 만들 때 방에서 혼자 고민을 하고 있었는데, 그때! 베토벤을 찾아온 친구가 똑똑똑 문을 두드렸어요! 하지만 베토벤 아저씨가 무시하자 아주 크게 쾅쾅쾅쾅! 하고 다시 두드렸고 베토벤이 빠바바밤! 하는 노래를 만들었다고 해요.</td><td colspan="2">자료
'운명' 교향곡
베토벤 사진
</td></tr>
</table>

활동 전개	활동 내용	활동 자료 및 유의점
전개 (14분)	**1. 여러 악기를 사용하여 연주된 곡을 들려준다.** T : 이 곡에는 여러 악기가 사용되었는데, 이번에는 이 곡을 세 가지 각각의 악기로만 연주된 곡을 한 번 들어볼까요? C : 네! 들어 봐요! T : 이건 피아노라는 건데 우리 주변에서 쉽게 볼 수 있는 피아노 먼저 들어 볼까요? C : 네! (피아노로 연주된 곡을 들려준다.) T : 이건 바이올린이라는 건데 이번엔 바이올린으로 연주된 곡을 들어 볼게요. C : 네! (바이올린으로 연주된 곡을 들려준다.) T : 우리 이제껏 들었던 악기들 어땠나요? 각각의 악기들로 들어 보니 새로운 느낌이었나요? C : 새로웠어요! / 많아서 좋아요! T : 그러면 우리가 방금 들었던 부분을 기억하며 다시 한 번 곡을 들어 볼게요. **2. 베토벤의 이야기를 들려 주고 자신의 경험을 이야기하도록 한다.** T : 우리가 지금 들어 본 노래를 작곡한 베토벤 아저씨도 어린 시절에 무서운 아버지 밑에서 힘들게 음악을 배웠고 형제들은 아픈데 병원에서 치료를 받지 못하고 하늘나라로 갔어요. 아마 선생님이 생각하기엔 베토벤 아저씨가 힘든 어린 시절이 있어서 이런 노래를 만들 수 있었던 것 같아요. 여러분도 베토벤 아저씨처럼 힘들 때가 있었나요? C : 동생이 까불었어요. / 아까 친구랑 싸웠어요. T : 우리 그럴 땐 힘든 걸 어떻게 이겨내는지 한번 말해 볼까요? C : 동생이랑 친하게 지낼 거예요. T : 아, 동생이랑 친하게 지내고, 또? C : 친구랑 화해할 거예요. T : 아, 화해하고, 또? C : 선물을 줄 거예요. T : 와, 우리 모두 힘들 때 이겨내는 방법이 다 다르구나.	**자료** 피아노로 연주된 '운명' 교향곡, 피아노 사진  **자료** 바이올린으로 연주된 '운명' 교향곡, 바이올린 사진 

활동 전개	활동 내용	활동 자료 및 유의점
마무리 (3분)	1. 활동을 마무리하고 다음 활동을 소개한다. T : 우리가 오늘 들었던 곡은 베토벤 아저씨의 삶이 담긴 '운명' 교향곡이라고 해요. 지금 우리가 들었던 노래는 운명 교향곡의 첫 번째 노래예요. 다음 시간에는 베토벤 아저씨가 두 번째 노래를 어떻게 만들었는지 알아 봐요.	
평가 및 유의점	– 노래를 감상한 후 자신의 느낌에 대해 이야기하는가? – 노래를 감상하며 인상 깊었던 부분을 이야기하는가?	
확장 활동	– '운명' 교향곡 1악장에 이어 2악장을 들어 본다.	

생각 나누기

1) 활동 목표

: 목표 설정을 더 구체적으로 한 후 프로그램 및 TC 짜기

2) 자료 조사

: 도서관에 가서 베토벤의 생애와 관련된 전문 서적 자세히 찾아보기

3) 전개

: '운명' 교향곡의 1, 2, 3, 4악장 등을 최대한 활용해서 유아들과 상호 작용하기

: 베토벤의 어린 시절과 지금 유아들의 어린 시절에서 공감할 수 있는 발문 생각하기

4) 교사 역할

: 유아와 정서적인 공감대 형성하기

: 정서적인 수업이 되어 인성교육 등 통합적인 교육이 되도록 하기

활동 소감 :: 이야기 나누기

인터넷으로만 자료를 찾으려고 하다 보니 프로그램을 계획하고 이해하는 데 부족한 부분을 느꼈다. 또 구체적인 목표 설정에 대하여 생각하게 되었고 무엇보다도 유아들과의 공감이 중요하다는 것을 알게 되었다.

〈예비교사 A-a-p〉

베토벤에 대한 배경지식이 턱없이 부족하다는 것을 알고 도서관이나 인터넷 자료를 비교해 가며 찾아보았다. 베토벤은 '운명' 교향곡의 핵심 부분인 '빠바바밤' 부분을 왜 저렇게 표현했는지, 또 베토벤의 절망적인 심정이 어떻게 드러난 건지를 자세히 살펴보아야 했고, 전개 부분에서는 유아들도 베토벤 아저씨처럼 힘들었던 경험에 대해 이야기 나누어 보고 교사는 이야기를 듣고 유아들의 마음을 치유해 주고 힐링해 주는 형태로 전개되어야 했다.

〈예비교사 A-a-q〉

베토벤에 대한 지식 없이 유아들에게 1차 TC대로 수업을 하게 되었다면 굉장히 미안한 마음이 있었을 것 같다. 베토벤의 세세한 심경을 알아야 했고 베토벤의 생애에 관하여 많은 공부를 해야 함을 느꼈다. 그리고 활동 목표를 구체적으로 정하는 것이 필요했고, 단순하고 식상한 수업에서 벗어나 유아들과 공감하며 전인적인 통합교육으로 이어지는 수업 프로그램이 전개되도록 고민하고 공부해야 했다.

〈예비교사 A-a-r〉

활동 목표도 구체적으로 정해져 있지 않았고 활동 내용도 베토벤의 생애와 음악에 대한 배경 이해가 거의 전무하다시피 한 상태여서 노래의 배경 설명을 더욱 넣어야겠다는 생각이 들었다. 또한 활동이 점점 악기 감상으로만 치우친 것 같았다. 우리조차도 베토벤에 대한 기본 지식이 부족했다는 생각이 들었고 곡과 작곡가에 대한 좀 더 깊은 연구가 필요하다는 생각이 들었다.

〈예비교사 A-a-s〉

'우리가 너무 연구를 안 하고 TC를 짰구나!'라는 생각이 들었다. 교수님이 유아들에게 힐링이 될 수도 있는 데까지 나아갈 수 있다고 하셨을 때, 그토록 음악이 힐링의 매개라는 것이라고 알고 있었음에도 불구하고 왜 우리는 그것을 모의 수업 때 적용해 보려 시도하지 않았는지 반성하게 되었다. 그리고 음악교육이 유아들에게 그러한 힘을 가질 수 있다는 것이 너무 매력적이었고 열심히 연구하고 싶어졌다.

〈예비교사 A-a-t〉

활동② 큰 소리 빠른 소리 :: 세계 여러 나라

1. 대상 연령 : 만 5세
2. 집단 크기 : 소집단
3. 활동 영역 : 음률 영역
4. 활동 목표

> 1. 작곡가의 생애를 통해 작곡 배경을 알 수 있다.
> 2. 작곡 배경을 통해 음악의 느낌과 정서를 알 수 있다.
> 3. 음악을 들으며 작곡가와 유아들 간 정서적인 공감을 이끌어 낼 수 있다.

5. 교육과정 관련 요소

- 의사소통 〉 말하기 〉 느낌, 생각, 경험 말하기 〉 자신의 느낌, 생각, 경험을 적절한 단어와 문장으로 말한다.
- 예술경험 〉 아름다움 찾아보기 〉 음악적 요소 탐색하기 〉 다양한 소리, 악기 등으로 음의 고저, 셈여림, 리듬 등을 탐색한다.

6. 활동 자료

베토벤의 '운명' 교향곡 음원, 융판, 베토벤 사진

7. 활동 내용 및 방법

1. 곡을 듣고 베토벤의 생애에 대해 알아본다.
(운명 교향곡 1~4악장을 부분 편집해서 들려주기)
– 음악 잘 들었지요?

(베토벤의 생애에 대해 이야기해 준다.)

– 옛날 어느 마을에 음악가 집안에서 태어난 한 소년이 살았어요. 이 소년의 아버지는 소년이 자기보다 더 훌륭한 음악가가 되게 하기 위해 엄격한 음악교육을 시켰지요. 그 후에 궁정 작곡가이자 오르가니스트인 네페(Neefe) 선생님에게 교육을 받을 수 있었고 네페 선생님의 뒤를 이어 궁정 오르가니스트가 되었어요. 그 후에 이 소년은 모차르트(Mozart)에게 교육을 받았고 모차르트는 이 소년의 재능을 칭찬했어요. 하지만 곧 어머니가 아프시다는 말을 듣고 다시 집으로 돌아왔어요. 하지만 끝내 어머니가 돌아가셨고 이후 아버지의 폭력이 더 심해졌어요. 소년은 커서 아버지 대신 가장의 역할을 맡았고 후원자 발트슈타인(Waldstein) 백작의 도움으로 하이든(Haydn)과 함께 공부할 수 있었지요. 후에 소년은 훌륭한 피아니스트가 되어 많은 곡들을 작곡했어요. 하지만 어렸을 때 앓았던 천연두의 영향으로 점점 귀가 안 들리기 시작했고 힘겨운 시간을 보냈지요. 그런 때에 우리가 지금 들었던 제5번 교향곡을 작곡하게 되었지요. 바로 이 소년이 유명한 작곡가이자 피아니스트인 베토벤 아저씨예요.

– 베토벤 아저씨의 어린 시절 이야기 그리고 '운명' 교향곡을 만들게 된 이야기예요.
– 와, 여러분들 베토벤 아저씨를 아주 많이 알고 있네. 베토벤 아저씨가 자신이 태어난 나라인 독일에 전쟁이 일어났고 힘든 시간을 보내면서 이 곡을 만들었지요. 우리 베토벤 아저씨가 이 곡을 만들 때 어떤 마음이었는지 차례차례 이야기를 나누어 볼까요?

2. 곡을 감상한 후 곡에 대한 설명을 한다.

(1악장의 주요 부분을 들려준다.)

– 1악장 잘 들어 보았죠? 우리가 들었던 부분이 조금 우울하고 어둡죠? 맞아요. 베토벤 아저씨가 이 부분을 만들 때 나라에 전쟁이 일어나서 베토벤 아저씨의 마음이 좋지 않았대요. 그래서 베토벤 아저씨는 이렇게 어둡고 힘든 가운데에 있지만 언젠가는 해가 뜨고 밝아질 것이라는 기대감이 있는 어둠이라고 하네요. 이번엔 2악장을 들어 볼까요?

(2악장의 주요 부분을 들려준다.)

– 2악장을 들어 보았어요. 2악장은 어떤 이유로 베토벤 아저씨가 곡을 이렇게 만든 걸까요? 2악장에 쓰인 빠르기는 '느리지만 밝게'라는 빠르기가 쓰였어요. 베토벤 아저씨가 곡을 만들 때 귀가 나빠져 가는 것, 우리 친구들도 다 알고 있죠? 귀가 나빠지는 건 슬픈 일인데 귀가 나빠져서 마음에 절망이 찾아와도 베토벤 아저씨의 마음이 평온해지고 안정을 찾아간다는 점에서 아까 들었던 곡보다 밝고 기대감이 있는 곡이예요. 이번엔 3악장을 들어 볼까요?

(3악장의 주요 부분을 들려준다.)

– 3악장도 잘 들어 보았죠? 3악장은 빠르기가 빨라요. 시작 부분은 느린 것처럼 보이지만 전체는 빠른 곡이예요. 전쟁을 옆 나라와 하는데 다시 마음을 다잡을 수 있도록 군인들의 마음을 즐겁게 해 주는 곡이예요. 밝은 느낌으로 가다가 다시 조용해지고 그러다 활기차게 했다가 또 엄숙해지는 것으로 흘러가요. 이제 마지막인 4악장을 들어보도록 해요.

(4악장의 주요 부분을 들려준다.)
- 4악장도 잘 들어 보았나요? 베토벤 아저씨가 4악장을 왜 이렇게 만드셨는지 알아볼게요. 4악장은 환희가 느껴지는 곡이예요. 이 곡은 화려하게 연주되어 갈수록 더욱 웅장해지는 곡이예요. 승리를 의미하며 곡을 만들었다고 해요. 힘든 일 후에 얻는 기쁨과 환희를 표현한 곡이지요.
- 힘들었던 것을 극복하며 이겨내는 모습이 대단한 것 같아요. 베토벤 아저씨는 시련의 과정을 딛고 환희와 기쁨의 단계에 왔는데 여러분들은 힘든 일이 있을 때 어떻게 하면 기쁜 상황으로 갈 수 있는지, 어떻게 기쁜 상황으로 갔는지 말해 볼까요?
- 우와, 그런 멋진 방법들이 있구나! 베토벤 아저씨가 힘든 일을 이겨내고 나서 기쁨이 찾아왔던 것처럼 여러분도 어려움을 이겨내면 분명히 기쁨이 찾아올 거예요.

3. 활동을 마무리하고 후속 활동에 대해 소개한다.
- 오늘 베토벤 아저씨에 대해서 많이 알고, 곡에 대해서도 많이 알게 되었죠? 베토벤 아저씨는 이 곡 말고도 더 많은 곡을 만드셨대요. 그럼 다음 음악 시간에는 베토벤 아저씨가 만든 또 다른 곡으로 여행을 떠나 보아요.

8. 평가

- 곡을 들으며 작곡가에 대해 공감하는가?
- 작곡가의 생애를 들으며 작곡 배경을 아는가?

9. 유의점

- 작곡가의 생애를 들으면서 공감할 수 있도록 지도한다.
- 베토벤의 생애에 대해 미리 자료를 수집한다.

10. 확장 활동

- 베토벤의 또 다른 음악을 들어 본다.

생각 나누기

1) 활동 자료

: 베토벤과 '운명' 교향곡 사이의 전체적인 내용 사전 파악하기

: '빠바바밤'의 의미와 문 두드리는 소리와 그리고 전쟁과는 무슨 관련이 있는지 조사하기

: '운명' 교향곡이 어떤 상황에 대한 묘사인지, 어떤 상황에서 만들어진 것인지 등에 대해 포털 사이트에 질문 올리기

: 음악 전문가 및 음악 전공자에게 베토벤의 생애 및 '빠바바밤'의 내용을 묻고 조사하기

2) 교사 역할

: 아이들의 예측되는 반응을 유추해서 교사가 할 상호 작용을 계획하기

3) 마무리

: '운명' 교향곡이라는 제목 대신 우리가 다른 제목을 붙일 수 있는지에 대한 계획도 생각해 보기

활동 소감 :: 이야기 나누기

베토벤이 태어나기 이전의 전쟁 상황부터 베토벤의 죽음 후에도 계속된 전쟁의 역사를 이해하려고 노력하면서, 유아들과 함께해야 할 프로그램 하나하나가 아무렇게나 만들어지는 것이 아니라는 것을 알게 되었다. 또한 이러한 프로그램이 중요하며, 섣불리 판단해서 하는 것이 아님을 알게 되었다. 〈예비교사 A-a-p〉

1차 피드백을 받은 후 1악장만 다뤘던 부분을 4악장까지 다루었다. 악장마다 의미를 찾아서 조사해 보았다. 많은 내용을 조사한 결과 베토벤에 대한 지식을 다 넣다 보니 유아들이 어려워하고 알고 싶지도 않은 부분을 첨가해서 불필요한 부분도 많이 있었던 것 같았다. '빠바바밤' 부분은 문소리를 듣고 영감을 얻어 지은 것이 아니라 전쟁을 표현한 부분이라고 생각하였다. 하지만 교수님의 피드백을 받은 후에 전쟁 부분으로 비중을 두지 말아야 된다는 생각을 하였고, 어떻게 구성할 것인지 다시 한번 키워드를 생각해 가며 마인드맵을 그리게 되었다. 또 '운명' 교향곡이라는 제목을 설명해 줄 때에도 그냥 "이 곡은 운명 교향곡이예요."라고 말을 하는 것이 아니라 운명이라는 단어에 대해 유아들에게 설명해 주고 왜 이 제목을 붙였는지도 생각해 봐야 했다. 〈예비교사 A-a-q〉

이번엔 유아들에게 베토벤의 생애에 관하여 너무 어려운 부분까지 알려 주려고 했다. 운명 교향곡을 1악장부터 4악장까지 모두 다루어서 유아들에게 알려 주려고 했는데 이 곡을 유아들의 삶과 연결 짓는 것이 어려웠다. 곡 사이사이에 유아들과 공감할 수 있는 형성 평가를 넣었고 베토벤의 생애에 관해 많이 알게 되었지만 아직 한참 부족함을 깨닫고 우리가 다시 TC를 짤 때 어떻게 틀을 잡을지 마인드맵으로 틀을 잡아 보았고 우리가 여태 짰던 것은 잘못되었다는 것을 인식하게 되었다.
〈예비교사 A-a-r〉

베토벤의 음악 전문 책을 보고 계획안을 짜라는 피드백에 도서관에서 책을 찾아 베토벤의 구체적인 생애와 곡의 배경을 기반으로 계획안을 짰지만 유아에게 맞지 않는 설명을 다듬어야겠다는 생각이 들었고, 1악장을 다루는 것이 아니라 4악장 모두를 전체적으로 다루어 '운명' 교향곡의 이야기를 유아들에게 알게 해 주는 것도 좋겠다는 말씀에 1악장부터 4악장까지의 전체적인 노래의 이야기와 함께 도중에 유아와 공감을 형성할 수 있는 형성 평가 시간을 넣었다. 1차 때에 비해 베토벤에 대한 많은 배경지식이 생겼지만 매끄러운 전개를 위해 더욱 연구하여야겠다는 생각이 들었다. 〈예비교사 A-a-s〉

베토벤의 생애와 곡을 만든 배경을 들여다보며 어떤 수업을 전개해야 할지 조금 막막했다. 교수님의 피드백을 듣고 나서 우리가 완전히 맥락을 잘못 이해하고 수업을 너무 어렵게 하려고 했다는 생각이 들었다. 다시 처음으로 돌아가서 마인드맵을 짜 보며 다시 유아와 공감할 수 있는 부분을 찾으려고 노력했다.

〈예비교사 A-a-t〉

활동③ ● 큰 소리 빠른 소리 :: 세계 여러 나라

1. 대상 연령 : 만 5세
2. 집단 크기 : 소집단
3. 활동 영역 : 음률 영역
4. 활동 목표

1. 음악을 듣고 느낌을 악기로 표현할 수 있다.
2. 음악을 듣고 느껴지는 느낌을 통하여 작곡가와 유아들 간 정서적 공감을 이끈다.
3. 작곡가의 생애를 통해 작곡 배경을 안다.

5. 교육과정 관련 요소

- 의사소통 〉 말하기 〉 느낌, 생각, 경험 말하기 〉 자신의 느낌, 생각, 경험을 적절한 단어와 문장으로 말한다.
- 예술경험 〉 아름다음 찾아보기 〉 음악적 요소 탐색하기 〉 다양한 소리악기 등으로 음악의 쉼표, 높낮이, 리듬 등을 탐색한다.

6. 활동 자료

베토벤의 '운명' 교향곡 음원, 융판, 베토벤 사진과 낱말 카드, 테이블 보, 큰북, 작은북

베토벤

7. 활동 내용 및 방법

1. 자신이 경험한 힘든 일에 대해 이야기한 후 음악을 들어 본다.

- 얘들아~ 너희는 어떨 때 힘들다고 느껴?
- 아~ 엄마가 공부하라고 할 때, 친구랑 싸웠을 때, 동생이 말을 안 들었을 때요.
- 많이 힘들었구나. 옛날에 한 아저씨도 너희처럼 그렇게 힘든 적이 있었대. 이 아저씨는 어렸을 때 천연두라는 큰 병을 앓아서 점점 귀가 안 들리고, 집이 매우 가난하고, 친구도 없었대. 그때, 이 아저씨가 만든 음악이 있는데, 아저씨가 얼마나 힘들었을지 그 음악을 들어 보자.
  (1악장 음악의 주요 부분을 들려준다.)

2. 음악을 들은 후 감상한 느낌을 악기로 표현한다.

- 얘들아 이 아저씨가 얼마나 고통스러웠으면 '빠바바밤'이라고 만들었을까? 우리도 그럴 때가 있잖아. 그러면 우리가 힘들었던 때를 생각하면서 여기 앞에 있는 악기들로 얘기해 볼까?
- 그럼, 먼저 피아노를 쳐 볼 사람?
- ㅁㅁ이가 피아노를 치고, 작은북을 두드려 볼 사람?
- △△이가 작은북을 두드리고, 마지막으로 큰북을 두드려 볼 사람?
- 그래, ㅇㅇ가 큰북을 두드려 보자. 그럼, ㅁㅁ이 △△이 ㅇㅇ이 모두 앞으로 나와 볼까?
  (ㅁㅁ이 △△이 ㅇㅇ이가 앞으로 나온다.)
- 지금부터 마음껏 악기를 두드려 보자.
  (ㅁㅁ이 △△이 ㅇㅇ이가 악기를 두드린다.)

3. 악기로 연주하고 난 후의 느낌에 대해 이야기 나눈다.

- 잘 했어, ㅇㅇ이는 무엇이 힘들어서 이렇게 두드렸던 거야?
- 그랬구나, 정말 힘들었겠다. 큰북을 두드려 보니 이제 마음이 좀 어때?
- 그럼 작은북을 두드렸던 △△이는 무엇이 힘들었었니?
- 작은북을 두드려 보니 마음이 어땠어?
- 그럼 마지막으로 피아노를 쳤던 ㅁㅁ이는 왜 힘들었던 거야?
- 그랬었구나, 피아노를 쳐 보니 마음이 어때?
- 그래, 우리 ㅁㅁ이 △△이 ㅇㅇ이 모두 잘해 줬어요. 이제 자리에 들어가 볼까?
  (ㅁㅁ이 △△이 ㅇㅇ이가 자리로 들어간다.)

4. 힘들었던 일을 극복했던 이야기를 나눈다.

- 힘든 일이 생기고 나서, ◇◇이는 어떻게 다시 괜찮아졌어?
- 아~ 얘들아, ◇◇는 힘든 일이 있을 때 만화를 보거나 친구들이랑 놀면서 괜찮아졌대. 그럼 ♡♡이는 어떻게 괜찮아졌어?

– ♡♡이는 (엄마가 기도해 주어서) 괜찮아졌구나. 아까 그 아저씨는 귀가 들리지 않아서 너희처럼 선생님 말을 들을 수도 없고, 친구들이랑 얘기를 잘 나눌 수도 없었대. 그래서 너무 슬프고 힘들었지만, 귀는 들리지 않아도 볼 수 있는 눈이 있고, 걸을 수 있는 다리가 있고, 연주할 수 있는 손이 있어서, 이만하면 행복한 것이라고 생각했대. 그래서 음악을 만들면서 힘든 상황들을 이겨낸 거야. 그때 그 음악을 들어 볼까?
(3악장 음악을 들려준다.)

5. 베토벤에 대해 소개하며 후속 활동을 설명한다.
– 얘들아, 지금까지 들었던 이 음악을 만든 아저씨가 누구냐면? (베토벤 사진 막대를 꺼내고 낱말 카드를 붙이면서) 바로 베토벤 아저씨야. 베토벤 아저씨는 독일에서 태어나 가난한 가정 환경에서 자랐고, 모차르트 아저씨한테 음악을 배웠대. 어렸을 때부터 음악에 천재성이 있으셨어. 어머니와 동생이 하늘나라로 가는 슬픔도 있었고, 커서도 많은 어려움을 당하셨지. 하지만 그 덕분에 훨씬 유명한 음악가가 될 수 있었던 거야. 이렇게 어려움이 있어야 더 훌륭한 사람으로 자랄 수 있단다. 베토벤 아저씨는 이 모든 것이 다 '운명'이라고 생각해서 이 음악을 (낱말 카드를 붙이면서) '운명' 교향곡이라고 불렀대. 다음 시간에는 우리가 듣지 못했던 '운명' 교향곡의 다른 부분들을 들어 보자.

8. 평가

– 음악을 듣고 악기로 잘 표현하는가?
– 음악을 들으며 곡에 대한 정서적 반응을 보이는가?
– 작곡가의 생애를 통해 작곡 배경에 대해 관심을 가지는가?

9. 유의점

– 연주할 수 있는 다양한 악기를 준비한다.
– 음악을 들으며 자신의 경험에 대해 이야기 나눈다.

10. 확장 활동

– '운명' 교향곡의 다른 부분을 들어 본다.

5 겨울바람 묘사 음악

활동① 겨울바람 묘사 음악 :: 겨울

<table>
<tr><td>연령</td><td>만 3세</td><td>생활 주제</td><td colspan="3">겨울</td></tr>
<tr><td>주제</td><td>겨울</td><td>소주제</td><td colspan="3">겨울바람 이해하기</td></tr>
<tr><td>활동명</td><td>겨울바람</td><td>집단 형태</td><td>소집단(6명)</td><td>소요 시간</td><td>20분</td></tr>
<tr><td>활동 목표</td><td colspan="5">1. 소리를 듣고 자신의 느낌을 악기와 몸으로 표현하고 말한다.
2. 노래를 듣고 분위기와 가사를 이해한다.</td></tr>
<tr><td>누리과정 관련 요소</td><td colspan="5">• 의사소통 〉 말하기 〉 낱말과 문장으로 말하기 〉 정확한 발음으로 말한다.
• 예술경험 〉 아름다움 찾아보기 〉 음악적 요소 탐색하기 〉 다양한 소리, 악기 등으로 음의 고저, 강약, 리듬 등을 탐색한다.</td></tr>
<tr><td>활동 자료</td><td colspan="5">'겨울바람(작사·작곡 백순진)' 노래 음원, 가사판, 가사에 맞는 영상과 이미지, 풍선 악기</td></tr>
<tr><td>활동 전개</td><td colspan="3">활동 내용</td><td colspan="2">활동 자료 및 유의점</td></tr>
<tr><td>도입
(5분)</td><td colspan="3">1. 바람 소리를 들으며 바람을 표현해 본다.
(교실 창문을 열어 바람을 실제로 느낄 수 있게 한다.)
(겨울 이미지가 담긴 영상을 준비하고 바람 소리를 직접 들려준다.)
(교사가 먼저 바람 소리를 들으면서 느낌을 표정, 몸으로 표현한다.)
(노래를 들려주기 전에 교사가 풍선 악기를 나눠 준다.)
('겨울바람' 음[멜로디]만 들려준다.)

T : 자~ 음악을 듣고 느낀 걸 악기와 몸으로 마음대로 표현해 보자!
(교사와 유아가 같이 악기와 몸으로 느낌을 표현한다.)</td><td colspan="2">자료
풍선 악기,
겨울 이미지
</td></tr>
</table>

<table>
<tr><th>활동 전개</th><th>활동 내용</th><th>활동 자료 및 유의점</th></tr>
<tr><td>전개
(10분)</td><td>1. 표현한 바람에 대해 이야기 나누며 노래를 들려준다.
T : 너희가 이렇게 이렇게 (악기로 표현한 동작을 따라하면서) 표현하더라. 어떤 느낌을 그렇게 표현한 거예요?
C : 추워서요. / 추워서 덜덜 떠는 거요.
T : (융통성 있게 반응한다.) 또 이렇게도 하던데 이건 왜 그렇게 표현한 거예요?
C : 바람에 흔들리는 거요. / 눈 오는 것 때문예요.
T : 또 다르게 표현해 본 친구 있어요?
(유아가 자유롭게 표현할 수 있도록 한다.)
T : 아, 노래가 그렇게 들렸구나~ 이 노래에 가사가 있대. 노래를 듣고 느꼈던 기분이 가사와 비슷한지 다른지 생각해 보면서 들어 볼까?
(가사가 포함된 '겨울바람' 노래를 들려준다.)
T : 노래에서 뭐라고 하고 있어요?
C : 손이 시리고 꽁꽁꽁 얼고 있대요.
T : 그랬구나. 이 노래에서는 바람 때문에 손이 시리고, 발이 시리고, 추운 감정을 말하고 있어요. 이렇게 추운 노래를 들으면 어떤 계절이 떠올라요?
C : 겨울이요!
T : 맞아요. '겨울바람'이라는 노래예요. 겨울을 생각하면서 노래를 한 번 더 들어 볼까요?
('겨울바람' 노래를 다시 들려준다.)</td><td>**유의점**
노래를 들려줄 때, 영상 이미지를 보여 준다.
노래를 들을 때에는 가사에 집중할 수 있도록 악기를 한곳에 모아 둔다.</td></tr>
<tr><td>마무리
(5분)</td><td>1. 노래를 부르며 활동을 마무리한다.
(노래 가사판을 보여 준다.)
T : 손이 시리고 발이 꽁꽁 어는 느낌을 생각하면서 같이 한번 노래를 불러 보도록 해요.
(다 같이 노래를 부른다.)
T : 풍선 악기는 음률 영역에 노래 테이프와 같이 놔둘 거예요. 더 불러 보고 싶은 친구들은 자유 놀이 시간에 가서 마음껏 연주하고 노래해요. 다음 시간에는 '겨울바람' 노래에 맞춰 다른 악기들을 직접 연주해 보는 시간을 갖도록 해요.</td><td></td></tr>
<tr><td>평가 및
유의점</td><td>– 바람의 소리를 듣고 악기와 몸으로 표현하는가?
– 노래를 듣고 가사를 이해할 수 있는가?</td><td></td></tr>
<tr><td>확장 활동</td><td>– '겨울바람' 노래에 맞춰 풍선 악기와 다른 악기들을 직접 연주해 본다.</td><td></td></tr>
</table>

생각 나누기

1) 유아 인원수

: 대집단도 가능함

2) 활동 목표

: 활동 목표가 너무 광범위함. 구체적인 목표 설정과 그에 맞는 학습 내용으로 다시 구성하기

3) 악기

: 겨울바람의 소리를 악기로 대체할 수 없으므로 제외하기

: 악기 연주하기

(유아들이 연주하고 싶은 악기를 직접 선택하도록 하며, 상황에 맞는 적절한 악기를 고르도록 교사가 유도할 수 있음)

예) 꽁~ 소리 나는 악기가 뭐가 있을까?

이 악기 소리는 어떨까~ 한번 연주해 볼까?

4) 도입

: 겨울바람을 직접 느껴 보았던 경험을 이야기하기

(이때 '겨울바람' 노래에 나오는 노랫말을 넣어서 '발이 꽁꽁꽁 겨울바람 때문에~' 등으로 말하는 것이 좋음)

: 도입은 생략해도 되고 길어져도 됨

(도입, 전개, 마무리는 활동 구성의 일반적 방법이며, 상황에 따라 융통성 있게 변화를 주어도 무방함)

5) 전개

: 겨울바람이 어디서 오는지에 대해 동화책 등을 이용하여 과학적으로 바람이 어디서 오는지 알려 주는 흐름으로 진행하기
(음악과 과학 등 통합적인 교육안이 만들어질 수 있음)

: 공감대 형성하기
예) 차가운 겨울바람에 우리 뺨, 얼굴도 꽁꽁 어는데 이 겨울바람이 어디서 오는지 알려 주는 노래가 있대. 어디서 불어오는지 궁금하다. 너희도 궁금하지?

6) 유아 중심 활동

: 유아가 직접 자료를 찾아와서 다음 회기에 수업을 이어 갈 수 있음

7) 계획안 전체 흐름

(1) 겨울바람 때문에 있었던 경험을 이야기 나누기
(2) 노래 소개하기
(3) 교사가 노래 불러 주기
(4) 겨울바람이 어디서 오는지 알아보기
(책을 이용해 읽어 주면서 마지막에 잘 정리해 설명할 것)
(5) 다 같이 노래 부르기
(5)-1 부분 노래 부르기 : '꽁'을 유아가 부르게 하기
(5)-2 아이들이 부를 수 있는 부분을 늘려 가기
(6) 악기 연주하기

활동 소감 :: 이야기 나누기

계획안을 짤 때 배운 것들을 최대한 이용하고 그것대로 하려고 노력했지만 많이 부족했고 틀린 방향으로 갔다는 것을 느꼈다. 노래를 정하는 것부터 많은 고민이 있었지만, 노래를 고르고 나서 이 노래를 가지고 유아들에게 어떻게 재미있게 교육적으로 다가갈 수 있을지 고민이 많았고 동기들끼리 머리를 맞대고 생각한 끝에 제일 최선이라고 생각되었던 아이디어를 가지고 계획안을 썼는데 교수님의 피드백을 받고 나서 아직 많이 부족하고 더 고민하고 생각했어야 했다고 느꼈다. 그리고 이렇게 할 것이라는 흐름만 대강 써 놓지 않고 교사의 발문 하나하나에도 신경을 많이 써야겠구나라는 생각이 들어 반성하게 되었다.

〈예비교사 A-a-u〉

특수교육에서 모의 수업을 해 봤기 때문에 이번 유아교육 모의 수업 또한 자신이 있었다. 하지만 유아교육과 특수교육은 작은 것 하나부터 큰 틀까지 차이점이 많았다. 그래서 낯설기도 하고 어렵다는 생각이 앞섰다. 교수님께서 수업하시면서 지도 방법을 구체적으로 알려 주셨고, 이것이 정확한 음악 지도의 방법이라고 생각했다. 하지만 그건 고정 관념이었다는 것을 느꼈다. 생각 나누기 후 수업 내용은 완전히 바뀌었다. 모든 수업에 있어서 학습 목표는 정확하고 구체적이어야 한다는 것을 다시 한번 깨달았다. 완벽한 학습 목표가 있으면 그 수업 또한 완벽해진다는 것을 몸소 깨달은 시간이었다.

〈예비교사 A-a-v〉

생각한 것보다 훨씬 세세하고 하나하나 신경을 써서 했어야 했는데, 피드백 이후에 다 바뀐 내용을 보니 우리가 생각하지 못한 내용까지 다양하게 나와서 훨씬 폭넓은 교수 방법을 알 수 있었다.

〈예비교사 A-a-w〉

지난 1년 반 동안 3번 정도의 모의 수업을 계획하고 진행했기 때문에, 나름대로 명확한 기준을 세우고 계획안을 작성했다. 하지만 생각 나누기를 하고 나니 그동안 내가 세워 왔던 계획안 작성 기준이 모호했다는 점을 알았고, 정확한 활동 목표 또한 제대로 세운 적이 없음을 알고 조금 창피했다. 가장 크게 느낀 점은 아이들의 발달 상태에 대한 정확한 지식 없이는 제대로 된 계획안을 세울 수 없다는 것이다. 우리 조는 만 3세를 대상으로 계획안을 진행했는데, 우리가 하고자 하는 수업의 진행을 위해서는 대상 선정이 적합하지 않았음을 제대로 느꼈다. 피드백을 중심으로 계획안을 수정하면서 만 5세에 맞는 적합한 수업은 어떤 식으로 진행해야 하는지 다시 한번 깊게 생각해 봐야겠다.

〈예비교사 A-a-x〉

활동② 겨울바람 묘사 음악 :: 겨울

1. 대상 연령 : 만 5세
2. 집단 크기 : 대집단
3. 활동 영역 : 음률 영역
4. 활동 목표

1. 여름, 겨울 계절풍의 차이점에 대해 알고, 겨울엔 시베리아 기단에 의한 계절풍이 불어옴을 안다.
2. '주고받기, 부분 노래 방법'을 통해 '겨울바람' 노래를 부른다.
3. 노랫말을 리듬 악기로 대체하여 연주한다.

5. 교육과정 관련 요소

- 의사소통 〉 듣기 〉 이야기를 듣고 이해하기 〉 다른 사람의 이야기를 듣고 이해한다.
- 예술경험 〉 아름다움 찾아보기 〉 음악적 요소 탐색하기 〉 다양한 소리 악기 등으로 음악의 쉼표, 높낮이, 리듬 등을 탐색한다.

6. 활동 자료

'겨울바람' 노래 음원, 바람 그림, 트라이앵글, 톤 블록

7. 활동 내용 및 방법

1. 겨울 날씨가 얼마나 추운지, 추워서 어떻게 하였는지에 대하여 이야기 나눈다.

- 유치원에 오는데 너무 추웠지? 털모자도 쓰고 목도리도 하고 또 뭘 하고 왔어?
- 그랬구나~ 추워서 따뜻한 수면 양말도 신고, 털장갑도 끼고, 내복도 입고 왔구나. 그런 거 쓰고 와서 따뜻했어?
- 그런데 겨울엔 왜 이렇게 추울까?
- 그래~ 바람이 더 세차져서 추웠지. 그럼 이렇게 차갑고 쌩쌩 부는 바람이 도대체 어디서 불어오는 걸까?

- 아~ 지붕에서 왔을까? 일본에서 왔을까? 어떻게 하면 알 수 있지? 그럼 선생님과 한번 찾아볼까?

2. 차가운 겨울바람이 어디에서 왔는지 이야기 나눈다.
- 그래~ 겨울바람 때문에 뺨, 얼굴, 귀, 손이 꽁꽁 얼고 콧물도 나오고 입김도 나왔구나. 그런데 우리를 이렇게 꽁꽁 춥게 만드는 겨울바람이 어디에서 왔을까?
- 그래 그런 곳에서도 올 수 있겠구나. 바람이 어디서 왔는지 한번 알아볼까?
(집에서 알아 오기 / 모의 수업이므로 활동을 지속해서 한다.)
- 우리의 귀, 얼굴, 손을 시리게 하는 겨울바람은 어디서 온대?

3. 교사와 유아가 함께 알아본 후 겨울바람에 대한 노래가 있다는 것을 소개한다.
- 모두 겨울바람이 어디서 오는지 알려 줘서 고마워~ 근데, 우리처럼 이 겨울바람이 어디서 오는지 궁금해서 생겨난 노래가 있대. 무슨 노랜지 궁금하지? 들어 볼까?
(교사가 '겨울바람' 노래를 불러 준다.)

4. '겨울바람' 노래를 유아와 함께 부른다.
- 차가운 겨울바람 때문에 선생님의 손과 볼이 꽁꽁 얼어 버렸어요. 이 노래에서도 겨울바람 때문에 손과 발이 꽁꽁 얼었대요. 우리의 손과 발이 어떻게 얼었다고요?
- 꽁꽁 얼었죠. 그럼 이제 우리가 노래를 불러 볼 건데, 선생님이 먼저 부르면 친구들이 '꽁!' 부분을 불러 주어요!
4-1. 교사가 한 소절을 부르면, 유아는 '꽁' 부분을 부른다. (유아가 '꽁' 부분만 부르게 한다.)
 - 이번에는 다 같이 노래를 불러 보도록 해요!
4-2. 교사가 한마디씩 앞서서 노랫말을 전달하며, 유아는 이를 토대로 전체를 노래한다.
4-3. '꽁'이 들어가는 후렴 부분만 지도할 수 있다.

5. 노랫말 중 '꽁'을 강조하며 악기 연주를 한다.
- 우리가 입으로 꽁꽁꽁 소리를 내 봤잖아. 그럼 '꽁' 소리가 나는 악기는 뭐가 있을까?
- 그럼 이 악기들로 '꽁' 소리를 대신하면서 다시 한번 노래를 불러 보자.
('꽁'에 맞춰 트라이앵글과 톤 블록 등의 악기로 2~3회 정도 연주한다.)

6. 바람 그림 자료를 활용하여 겨울바람에 대하여 다시 이야기 나눈다.
(노래 부르기 활동을 끝낸 후 바로 바람 그림을 꺼내며 이야기를 시작한다.)
(교사가 겨울바람 이야기를 구성하여 들려준다.)
- 바람이가 어디 어디를 여행했대?
- 그렇구나~ 바람이는 러시아 시베리아 기단에서 태어났대. 그리고 산도 넘고 바다도 건너서 여기까지 여행을 온 거래. 그 바람이가 우리를 춥게 하는 거야. 그 바람 때문에 우리 손이 꽁꽁꽁! 시린 거래.

8. 평가

- 겨울바람에 대해 자신의 생각을 말할 수 있는가?
- '겨울바람' 노래를 리듬 악기를 사용하여 즐겁게 연주하는가?

9. 유의점

- 유아가 생각한 악기와 교사가 생각한 악기 모두로 연주해 볼 수 있는 기회를 준다.
- 경험을 통해 가사를 이해할 수 있도록 지도한다.

10. 확장 활동

- 겨울바람을 경험한 이야기를 나눈다.

6 아름다운 선율

활동① 아름다운 선율 :: 세계 여러 나라

<table>
<tr><td>연령</td><td>만 5세</td><td>생활 주제</td><td colspan="3">세계 여러 나라</td></tr>
<tr><td>주제</td><td>세계 여러 나라 사람들의 생활</td><td>소주제</td><td colspan="3">세계 여러 나라 사람들의 생활에 관심 가지기</td></tr>
<tr><td>활동명</td><td>꽃의 왈츠</td><td>집단 형태</td><td>대집단</td><td>소요 시간</td><td>20분</td></tr>
<tr><td>활동 목표</td><td colspan="5">1. 발레 음악을 듣고 즐기며 생각과 느낌을 나눈다.
2. 음악의 빠르기를 느낄 수 있다.
3. 즐겁게 춤추며 음악을 감상한다.</td></tr>
<tr><td>누리과정 관련 요소</td><td colspan="5">• 예술경험 〉 아름다움 찾아보기 〉 음악적 요소 탐색하기
• 예술경험 〉 예술적 표현하기 〉 움직임과 춤으로 표현하기</td></tr>
<tr><td>활동 자료</td><td colspan="5">차이콥스키(Chaikovskii)의 호두까기 인형 중 '꽃의 왈츠' 음원, 발레 영상</td></tr>
<tr><td>활동 전개</td><td colspan="3">활동 내용</td><td colspan="2">활동 자료 및 유의점</td></tr>
<tr><td>도입</td><td colspan="3">1. 클라라의 이야기를 소개시켜 주며 노래를 들어 본다.
T : 얘들아 너희 어제 어떤 꿈을 꿨니?
C : 엄마 아빠 꿈이요. / 안 꿨어요.
T : 그런 꿈을 꿨구나. 클라라라는 한 소녀도 꿈을 꿨대. 꿈을 꾸기 전날 밤 클라라는 호두까기 인형을 선물로 받았는데, 그 인형이 꿈에 나와 쥐들로부터 위험에 처한 클라라를 구해주었지. 호두까기 인형은 멋진 왕자님이 되어서 클라라와 춤을 추게 돼. 클라라와 왕자님이 춤을 출 때 나왔던 노래가 있는데, 우리 함께 노래를 들어 보자.
('꽃의 왈츠' 음악을 들려 준다.)</td><td colspan="2"></td></tr>
</table>

활동 전개	활동 내용	활동 자료 및 유의점
전개	1. 짝꿍과 춤을 추기 위해 짝을 지어 본다. T : 얘들아, 노래를 들으니 어때? C : 좋아요. / 멋있어요. / 춤추고 싶어요. T : 그렇구나. 클라라와 호두까기 왕자님처럼 우리도 노래에 맞춰 멋지게 춤을 춰 볼까? C : 네! T : 우리 옆 친구들과 짝을 지어 볼까? 모두 짝을 지었니? C : 네! 2. 짝꿍과 함께 느리게 춤을 춰 본다. T : 선생님이 노래 두 부분을 들려줄 건데 노래의 빠르기가 달라. 너희들이 그 느낌을 살려 멋지게 춤을 춰 보자. C : 네! T : (느린 부분 들려주기) 방금 노래의 빠르기가 어땠어? C : 느려요. T : 그러면 ㅇㅇ이와 △△이가 느린 노래에 맞춰 앞으로 나와서 춤을 춰 볼까? (춤을 춘다.) T : 느린 느낌을 잘 살려서 표현했구나, 고마워! 3. 빠르게 춤을 춰 본다. T : 그럼 이번에는 빠른 느낌의 노래를 들어 보자. (이어서 빠른 노래를 들려준다.) T : 이번 노래는 아까보다 빠르지? 느낌이 어땠어? C : 신나요! T : 이번 부분을 나와서 춤춰 보고 싶은 사람이 있으면 해 보자! T : 우리 마지막으로 다 같이 일어나서 클라라와 왕자님이 되어 춤춰 보자! (모두 다 함께 음악에 맞추어 춤을 춰 본다.) (다시 노래를 듣는다.)	**자료** '꽃의 왈츠' 음원 (느린 부분, 빠른 부분)

활동 전개	활동 내용	활동 자료 및 유의점
마무리	1. 활동에 대해 이야기 나눈 후 후속 활동을 소개한다. T : 얘들아 재밌었니? 노래에 맞춰 춤을 춰 보았는데 이 노래에 맞춰 춤을 춘 발레 공연이 있어. 발레리나들은 어떻게 표현하는지 보자. (영상을 보여 준다.) T : 얘들아, 영상으로 발레 공연을 보니 직접 보러 가고 싶지? 우리 다음 시간에는 호두까기 인형 발레 공연을 보러 갈 거야. 그곳에서는 어떻게 춤을 추는지 잘 감상해 보도록 하자.	**자료** 발레 영상
평가 및 유의점	– 곡의 빠르기에 맞춰 춤으로 잘 표현하는가? – 친구와 협동하며 즐겁게 활동에 참여하는가? – 음악을 듣고 자신의 느낌을 말하는가?	
확장 활동	– '호두까기 인형' 발레 공연을 보러 간다.	

생각 나누기

1) 활동 목표

: 목표가 막연하고 구체적이지 않음, 구체적인 활동 목표 설정하기

(활동 목표에서 활동 내용을 유추할 수 있어야 함)

예) 빠르기를 느낄 수 있다. (막연한 내용)

→ 빠를 때와 느릴 때의 이미지를 그리고 나눈다. (구체적 내용)

: 목표 활동이 춤을 추는 활동이었지만 주제인 음악 감상과 맞지 않아 생략함

(활동 목표와 활동 내용의 일치가 중요함)

2) 활동 내용

: 1차로 낸 활동 계획안 전체 내용 변경하기

– 부적절한 도입임, 유아들의 흥미를 끌 수 있는 도입 필요함
– 좀 더 깊이 있는 활동 계획안 작성할 것, 유아 대상 수업이더라도 깊이 있는 수업이 가능함
– 음악 감상 수업이기보다 춤을 추는 활동이 주가 되어 내용 전체가 목표와 일치하지 않음

3) 도입

: 인형으로 아이들의 흥미 끌기
: 나라와 기후의 특성을 관련지어 호두까기 설명하기
: 호두까기 인형에 대해 설명하기
: 차이콥스키로 이어서 설명하면서 노래를 들려주기

4) 전개

: 느린 부분과 빠른 부분을 나눠서 노래 들려주기
: 음악 감상 과정 중에 아름다운 악기 소리를 찾아보고 왜 해당 악기가 사용되었는지 내용 이해하기
(악기에 대해 배울 수 있고 각 악기의 소리를 알고 느낄 수 있음)
: 차이콥스키 발레 영상 보기
(듣기만 하는 것이 아니라 시각적인 감상이 더해질 때 더욱더 깊이 있게 느낄 수 있으며 발레 음악을 보다 잘 이해할 수 있음)

5) 마무리

: 차이콥스키의 어린 시절과 성장 배경을 설명함으로써 차이콥스키가 세계적인 음악가가 되기까지의 과정을 이해하도록 하며, 아이들이 소중한 꿈을 갖도록 격려하기

활동 소감 :: 이야기 나누기

유아가 어디에서, 교사의 어떤 말이나 수업 방식에서 흥미를 느끼는지에 대해서 많은 고민을 하게 되었고, 많은 정보를 알려 주어야 한다는 부담감도 생기기 시작했다.

〈예비교사 A-a-y〉

차이콥스키의 성장 배경뿐만 아니라 러시아에 호두가 많이 나는지, 왜 차이콥스키가 발레에 관심을 가졌는지, 러시아 의상이 두꺼운지 얇은지 러시아의 기후도 설명해 주면 유아가 음악을 더 집중해서 들을 수 있을 것이라는 생각을 했다. 또 처음 도입 부분이 뜬금없다고 생각되었고 이후 도입에서 아이들을 집중시키기 위해서 호두까기 인형을 먼저 보여 주는 게 나을 것 같다고 느꼈다. 유아는 생각보다 능동적이고 많은 생각을 할 수 있고 또 이해할 수 있는 존재라는 것을 알게 되었다.

〈예비교사 A-a-z〉

'꽃의 왈츠' 음악에 대한 많은 정보를 찾아보고 이 음악에 대해 우리도 충분히 느끼는 시간을 가졌다. 또한 작곡가에 대해서도 성장 배경부터 이 음악이 탄생한 배경까지 충분히 숙지하였다. 이 많은 내용들을 이해시키는 것 또한 교사의 재능이고, 음악 감상이라는 시간이 교사가 충분히 빠져들어 유아와 함께할 수 있는 시간이 된다면 유아는 많은 것을 얻어 갈 것이라는 생각이 들었다.

그만큼 우리의 역할이 크고 우리가 준비해야 할 많은 것들이 머릿속에 스쳐 지나갔다. 교사는 하루아침에 만들어지는 것이 아닌 수많은 노력이 필요하다는 것을 깨닫게 되는 시간이었다.

〈예비교사 A-b-a〉

활동② 아름다운 선율 :: 세계 여러 나라

1. 대상 연령 : 만 5세
2. 집단 크기 : 대집단
3. 활동 영역 : 음률 영역
4. 활동 목표

1. 발레 음악을 듣고 즐기며 생각과 느낌을 나눈다.
2. 곡의 빠르기를 느낄 수 있다.
3. 춤을 추며 곡을 느낀다.

5. 교육과정 관련 요소

- 예술경험 〉 아름다움 찾아보기 〉 음악적 요소 탐색하기
- 예술경험 〉 예술적 표현하기 〉 움직임과 춤으로 표현하기

6. 활동 자료

호두까기 인형, 차이콥스키의 호두까기 인형 중 '꽃의 왈츠' 음원(앞부분, 뒷부분), 차이콥스키 사진, 발레 공연 영상

7. 활동 내용 및 방법

1. 호두까기 인형을 소개시켜 준다.
- 얘들아 여기 봐! 멋진 인형이지?
- 이 인형이 무슨 인형인지 아는 사람?

- 이건 유럽에서 온 호두까기 인형인데 독일의 어느 공방에서 처음 만들어졌대. 이 인형의 턱으로 호두도 깔 수 있어. 그래서 호두까기라고 이름을 지었나봐. 혹시 이 인형이 나오는 동화를 들어 본 적 있니?
- 옛날에 독일에 사는 어떤 아저씨는 호두까기 인형이 왕자가 되어 클라라를 구해 주는 이야기를 만들었어. 지금부터 호두까기 인형 이야기를 들려줄게 잘 들어 봐!

2. '호두까기 인형' 동화를 들려준다.

- 크리스마스 이브 날, 어린 소녀 클라라는 아버지에게 멋진 호두까기 인형을 선물로 받게 되고 그날 밤 클라라는 인형 꿈을 꾸게 돼. 그 꿈에서 나쁜 생쥐가 나타나서 클라라를 괴롭히려 할 때 호두까기 인형이 나타나서 장난감 병정들과 함께 그 생쥐를 물리쳐. 생쥐를 물리친 호두까기 인형은 멋진 왕자님으로 변하게 돼. 그리고 호두까기 인형은 클라라를 과자의 나라로 데려가지. 그 과자의 나라에서 클라라와 왕자는 파티를 열게 되는 이야기야.

- 이 이야기에 맞춰 아름다운 노래를 러시아 아저씨가 만드셨어. 지금부터 이 이야기를 생각하며 노래를 들어 보자.
  ('꽃의 왈츠' 음원을 들려 준다.)
- (음악 감상을 하고 나서) 음악을 들으니 동화 속 모습이 떠오르니?

3. 노래의 앞부분을 듣고 느낀 점을 이야기한다.
- 노래의 앞부분과 뒷부분을 나누어 들어 볼 거야. 어떻게 다른지 한번 느껴 보자.
  (앞부분 음악을 감상한다.)
- 노래의 느낌이 어때?
- 이 노래의 앞부분에는 하프와 목관 악기들로 이루어져서 너희들이 느낀 것처럼 느리고 웅장한 느낌을 표현하고 있어. 특히 귀에 들리는 아름다운 소리가 있니?
- 아, 하프의 소리를 주의 깊게 들었구나.

4. 음악의 뒷부분을 듣고 느낀 점을 이야기한다.
- 뒷부분에서는 어떤 악기들로 연주하는지 들어 보자.
- (음악 감상을 한 후) 앞부분과는 조금 다른 느낌이지? 어떤 느낌이 들었어?
- 방금 들은 뒷부분은 바이올린, 비올라와 같은 현악기가 함께 연주되어 더욱 신나고 경쾌한 느낌을 주고 있어. 차이콥스키 아저씨는 뒤로 갈수록 클라라와 호두까기 왕자의 아름다운 모습을 신나게 표현하려 했나 봐. 아마 춤을 추는 아름다운 모습이 꽃이 피는 것 같아서 노래의 이름도 꽃의 왈츠로 짓지 않았을까?
- (사진을 보여 준다.) 이 노래의 작곡가 차이콥스키 아저씨는 탁자와 유리창과 벽을 번갈아 두드렸어. 혼자만의 연주회를 열고 있었지. '딴딴딴~!' 피아노를 세게 치는 시늉을 하던 중에 유리창이 쨍그랑~ 깨져 버렸어. 그 후에 어떻게 되었을까?

- 맞았어. 깨진 유리창에 손이 비어서 피가 철철 흐르고 있는 상태에서도 피아노 연주에 열중하였단다. 차이콥스키 아저씨는 어렸을 때 듣기만 해도 피아노로 연주할 만큼 음악 신동이었대. 근데 아버지가 피아노 치는 것을 싫어해서 아들을 법률가가 되게 했어. 그러나 음악을 너무 좋아했던 차이콥스키 아저씨는 계속 음악을 해서 나중에 발레곡으로 유명해지게 되었단다.

5. 발레 영상을 본 후 활동을 마무리한다.
- 발레 공연 영상을 보며 다시 아름다운 '꽃의 왈츠'를 감상해 보자.
  (발레 공연 영상을 본다.)
- 발레 공연을 보니 어때?
- 러시아는 발레로 유명한 나라야. 멋진 발레 공연으로 특히 잘 알려진 게 이 호두까기 인형 공연인데, 차이콥스키 아저씨의 노래 중에 '꽃의 왈츠'가 가장 인정을 받았어. 우리도 아저씨처럼 포기하지 않고 한 가지 일에 열심히 최선을 다한다면 인정받는 멋진 사람이 될 수 있겠지?

8. 평가

- 서로 다른 부분의 음악을 감상하며 자신의 생각을 이야기할 수 있는가?
- 음악을 감상하며 곡의 빠르기를 알 수 있는가?

9. 유의점

- '꽃의 왈츠' 음악을 감상하기 전 동화책을 직접 보여 준다.
- 동화를 들려줄 때 끊임 없이 상호 작용을 한다.

10. 확장 활동

- 발레 공연 영상을 보며 노래를 듣고 느낌을 표현해 본다.

활동③ • 아름다운 선율 :: 세계 여러 나라

1. 대상 연령 : 만 5세
2. 집단 크기 : 대집단
3. 활동 영역 : 음률 영역
4. 활동 목표

1. '꽃의 왈츠'를 듣고 동화 내용을 이야기한다.
2. 차이콥스키의 성장 과정을 알고 '꽃의 왈츠'를 작곡하게 된 배경을 안다.
3. 다양한 현악기의 종류를 알고 소리를 감상한다.

5. 교육과정 관련 요소

- 예술경험 〉 아름다움 찾아보기 〉 음악적 요소 탐색하기
- 예술경험 〉 예술적 표현하기 〉 움직임과 춤으로 표현하기

6. 활동 자료

호두까기 인형, 차이콥스키의 호두까기 인형 중 '꽃의 왈츠' 음원(앞부분, 뒷부분), 차이콥스키 사진, 하프 영상, 발레 공연 영상

7. 활동 내용 및 방법

1. 호두까기 인형을 소개한다.
(호두까기 인형이 나와 자신을 소개한다.)
– 안녕? 내가 누구게?
맞아 나는 호두를 까는 호두까기 인형이야. 독일 공방에서 처음 만들어졌어.

- 옛날에 독일에 사는 어떤 아저씨는 호두까기 인형이 왕자가 되어 클라라를 구해 주는 이야기를 만드셨지. 지금부터 호두까기 인형 이야기를 들려줄게. 잘 들어 봐.

2. '호두까기 인형' 동화를 들려준다.

- 크리스마스 이브 날이었어. 어린 소녀 클라라는 아버지에게 멋진 호두까기 인형을 선물로 받게 되었어. 그날 밤 클라라는 이 인형에 대한 꿈을 꾸게 되는데 그 꿈에서 누가 나타났게?
- 맞아! 쥐가 나타나서 막 클라라를 괴롭히는 거야. 클라라는 어땠을까?
- 그때, 호두까기 인형이 장난감 병정들과 함께 나타나 그 생쥐를 물리치게 되었대.
- 생쥐를 물리친 호두까기 인형은 멋진 왕자님으로 변하게 돼. 그리고 사탕 요정들이 호두까기 왕자와 클라라를 과자의 나라로 초대하게 되지. 우와! 파티에 초대되면 얼마나 좋을까?
- 이 얘기를 차이콥스키 아저씨가 아름다운 노래로 만들었는데, 우리 다 같이 들어 보자!

3. 음악을 감상하며 상상을 해 본다.

- 사탕 요정들이 클라라와 왕자님을 과자 나라로 초대하는 중이래.
  ('꽃의 왈츠' 음원을 들려 준다.)
- (노래를 감상하면서) 우와~! 여기 우리가 좋아하는 과자들이 눈앞에 펼쳐져 있네.
  앞으로 행복한 일이 일어날 거 같아. (하프 소리 나올 때) 노래의 느낌이 어때?
- 정말 아름답지? 이런 아름다운 노래에 클라라와 왕자님이 얼마나 아름답게 춤췄는지 알아?
  (뒷부분 음악을 감상한다.)
- 어떤 춤을 췄을까? 어떤 옷을 입고 어떤 표정을 지었을까? 춤을 추면서 둘은 어떤 대화를 나눴을까?
- 방금 들은 노래에는 바이올린과 바이올린보다 조금 더 큰 비올라 같은 줄이 있는 악기로 연주되는데 이 악기들이 어울려 더욱 신나고 경쾌한 느낌을 주고 있단다. 둘이 춤을 추는 모습이 꽃이 피는 것처럼 아름답지 않니? 그래서 노래의 이름도 꽃의 왈츠로 짓지 않았을까?

4. 하프 영상을 보며 하프의 특성에 대해 알아본다.

- 영상 속의 하프는 사람들이 만들어 낸 악기 중 가장 오래된 악기래. 처음엔 활처럼 생겼었대. 지금도 활처럼 생겼지? 하프는 47개의 줄로 되어 있고, 페달을 밟으면서 손으로 줄을 뜯는 악기야. 하프의 아름다운 소리는 클라라와 왕자님의 사랑을 꽃이 피는 것처럼 아름답게 표현한 것 같아. (사진 보여 주기) 이 아저씨는 누굴까?
- 우리 그럼 차이콥스키 아저씨를 다 같이 불러 보자!

5. 작곡가의 성장 배경에 대해 이야기를 들어 본다.
(차이콥스키 아저씨가 등장한다.)
- 친구들 안녕? 나는 차이콥스키라고 해. 어렸을 때부터 어머니가 피아노를 치며 노래를 불러 주셨어. 7살 때부터 피아노를 치기 시작했어. 너희들은 몇 살이야?
- 나도 너희 나이일 때 피아노를 쳤어. 나는 이상하게 음악을 한 번 들으면 피아노를 칠 수 있게 되더라고. 그래서 사람들이 음악 신동이라고 불렀어.
- 근데 우리 아버지는 내가 피아노 치는 것보다 법을 공부하기를 원하셔서 검사, 판사, 변호사가 되기를 원하셨어. 그러나 나는 음악을 너무 좋아해서 피아노 치는 걸 게을리하지 않았어.
- 7, 9, 11살 이렇게 나이가 많아질수록 나를 아는 사람들이 많아졌어. 어느 날, 나는 발레하는 우리 조카들을 보고 발레 음악을 만들면 참 좋겠다고 생각했어. (딱!) 이렇게 해서 꽃의 왈츠가 완성되었어. 우리 그 발레 영상을 한번 볼래?
(발레 공연 영상을 보여 준다.)
- 발레 공연을 보니 어때?
- 우리 다음 시간에는 발레 공연을 직접 보러 가자.

8. 평가

- 음악을 들으며 동화 내용과 연결 지어 생각할 수 있는가?
- 다양한 현악기의 소리와 그 특성에 대해 아는가?

9. 유의점

- 음악을 작게 틀어 놓고 교사는 이야기하듯 발문한다.
- 작곡가와 대화하듯이 유아들에게 이야기한다.

10. 확장 활동

- 발레 공연을 보러 간다.

7 움직이는 도레미파솔

활동① 움직이는 도레미파솔 :: 환경과 생활

<table>
<tr><td>연령</td><td>만 5세</td><td>생활 주제</td><td colspan="3">환경과 생활</td></tr>
<tr><td>주제</td><td>소리와 우리 생활</td><td>소주제</td><td colspan="3">음계 익히기</td></tr>
<tr><td>활동명</td><td>음계 놀이</td><td>집단 형태</td><td>대집단</td><td>소요 시간</td><td>25분</td></tr>
<tr><td>활동 목표</td><td colspan="5">1. 계이름을 정확히 안다.
2. 오선에서의 음계를 신체로 표현한다.
3. 친구들과 협동하여 노래를 신체로 표현한다.</td></tr>
<tr><td>누리과정 관련 요소</td><td colspan="5">• 예술경험 〉 예술적 표현하기 〉 움직임과 춤으로 표현하기
• 예술경험 〉 아름다움 찾아보기 〉 음악적 요소 탐색하기
• 신체운동건강 〉 신체 활동에 참여하기 〉 자발적으로 신체 활동에 참여하기</td></tr>
<tr><td>활동 자료</td><td colspan="5">'도레미송'(작곡 R. 로저스) 음원, 오선, 높은음자리표, 색깔 스티커</td></tr>
<tr><td>활동 전개</td><td colspan="3">활동 내용</td><td colspan="2">활동 자료 및 유의점</td></tr>
<tr><td>도입
(5분)</td><td colspan="3">▶전시 학습 상기 및 몸 음계로 동기 유발

1. '도레미송'으로 주의 집중을 한다.
T : (교사가 도레미송을 부르며 몸 음계하기)
C : (교사를 보고 따라하기)
T : 우와~ 친구들이 몸 음계를 잘 기억하고 있구나.
T : ('도'와 '미'를 몸 음계로 보여 주며) '도'와 '미' 중에 어떤 음이 더 높이 있어?
C : '미'요!
T : 응~ 그럼 이번엔 '미'와 '솔' 중에 어떤 음이 더 위에 있니?
C : '솔'이요.</td><td colspan="2"></td></tr>
</table>

활동 전개	활동 내용	활동 자료 및 유의점
전개1 (5분)	▶오선 음계 알기 1. 오선 위에 있는 음표에 대해 알아본다. T : 우리가 앞서 배워 봤던 몸 음계를 다섯 개의 선 위에도 표현할 수 있어. (바닥에 있는 선들을 가르키며) 이 다섯 개의 선을 오선이라고 해! T : 오선의 줄과 칸에 음을 표시할 수 있어! T : 그렇다면 오선에 있는 동그라미 중 가장 아래에 있는 동그라미는 무슨 음일까? C : '도'요! T : 그래~ 동그라미 중 세 번째에 있는 동그라미는 무슨 음일까? C : '미'요! T : 응~ 이렇게 (몸 음계하며) 도레미파솔라시도처럼 (오선을 걸으며) 오선에도 음계를 표현할 수 있어.	
전개2 (12분)	▶'도레미송'으로 신체 활동하기 2. '도레미송'을 부르며 유아가 음표가 되어 활동해 본다. T : 이번엔 우리가 직접 오선 속으로 들어가서 음계가 되어 볼까? C : 네~! T : 선생님이 도레미송에 맞춰 친구들의 이름을 불러 줄 거야! 그럼 그 친구는 해당하는 음으로 쏭! 이동해 보도록 할까? (도레미송에 맞춰 노래를 부르고 유아들은 이동한다.) 예) 도에 예림 정화 지혜~! T : 'ㅇ' 자리에는 누가 있었지? C : ㅇㅇ, ㅇㅇ, ㅇㅇ 이요. T : 저번에 배웠던 '저 들 밖에 한 밤 중에(The First Noel)' 라는 노래를 기억하니? C : 네!	

활동 전개	활동 내용	활동 자료 및 유의점
전개2 (12분)	3. 노래를 들으며 몸으로 신체 표현을 해 본다. T : 이번엔 '저 들 밖에 한 밤 중에(The First Noel)' 노래에 맞춰 점프를 해 볼거야. 그런데 그냥 막 뛰는 것이 아니라 (악보를 보여 주며) 악보에 맞춰서 자기가 서 있는 음에 차례가 되면 점프해 보자~! C : 네~! (음악에 맞춰서 점프한다.) T : 우와~ 친구들의 멋있는 점프가 모여 최고의 노래가 만들어진 것 같아! 다음에는 무슨 동작으로 노래를 표현해 볼까? C : 앉아 봐요! / 자기가 좋아하는 포즈해요! T : 그러면 이번에는 자기가 좋아하는 포즈로 노래를 표현해 보자. (유아들이 서로 좋아하는 포즈로 노래를 표현한다.)	
마무리 (3분)	▶활동 정리 및 차시 예고 1. 활동에 대한 이야기를 나눈 후 다음 시간 활동으로 넘어간다. T : 우리가 음계가 되어서 노래를 불러 보니 어땠어? C : 재미있었어요! / 신났어요! / 뛰어서 힘들었어요! T : 그랬구나~ 선생님도 우리 친구들이 노래로 표현하는 모습을 보며 함께 즐거운 시간이었어! T : 어? 그런데 무슨 소리가 들리지 않니? ('숲속 작은 집' 동요가 점점 커지며 들린다. 다음 활동으로 넘어간다.)	
평가 및 유의점	– 오선 위의 계이름의 위치를 정확히 인식하는가? – 친구와 협동하여 활동에 즐겁게 참여하는가?	
확장 활동	– '숲속 작은 집' 노래를 부른다.	

생각 나누기

1) 활동 목표

: 정확하고 구체적으로 수정하기

2) 교구

: 매력적으로 이끌 수 있는 활동 요소 찾아보기

3) 도입

: 몸 음계 살려 표현하기

4) 전개1

: 오선의 첫째 줄에 색깔 스티커 붙이기, 음표를 붙여서 피아노 소리 내기

5) 전개2

: 피아노 건반에도 같은 색의 스티커를 붙여서 유아들이 볼 수 있도록 하기

: 오선에 표시한 색깔과 같은 스티커가 붙어 있는 피아노 건반 연주하며 소리 탐색하기

: 그다음 둘째 줄에 색깔 스티커를 붙여서 솔을 표시하기

: 미, 솔을 붙인 후 도, 레를 붙여 표시하기

: 신체를 이용해서 뛰어 보는 활동으로 전개하기

활동② ● 움직이는 도레미파솔 :: 환경과 생활

1. 대상 연령 : 만 5세
2. 집단 크기 : 대집단
3. 활동 영역 : 음률 영역
4. 활동 목표

1. 여러 소리의 위치를 나타내는 자리를 만든다.
2. '도레미파솔'의 위치에 따른 피아노 소리를 찾을 수 있다.
3. '나비야' 노래에 맞춰 즐겁게 이동 활동을 한다.

5. 교육과정 관련 요소

- 예술경험 〉 예술적 표현하기 〉 움직임과 춤으로 표현하기
- 예술경험 〉 아름다움 찾아보기 〉 음악적 요소 탐색하기
- 신체운동건강 〉 신체 활동에 참여하기 〉 자발적으로 신체 활동에 참여하기

6. 활동 자료

'도레미송'(작곡 R. 로저스)과 '나비야'(독일 민요) 노래 음원, 별 스티커, 피아노

7. 활동 내용 및 방법

(도입)

▶전시 학습 상기 및 몸 음계로 동기 유발

1. '도레미송'을 부르며 주의 집중을 한다.

– (교사가 도레미송을 부르며 몸 음계하기)
– 우와~ 친구들이 몸 음계를 잘 기억하고 있구나.
– ('도'와 '미'를 몸 음계로 보여 주며) '도'와 '미' 중에 어떤 음이 더 높이 있어?
– 응~ 그럼 이번엔 '미'와 '솔' 중에 어떤 음이 더 위에 있니?

(전개1)

▶ 활동1 : 오선 음계 알기

1. 오선의 위치에 따라 음표에 맞는 스티커를 붙인다.
(피아노에 '도레미파솔' 별 색깔이 다른 스티커를 미리 붙여 놓는다.)
– 우리가 딴 따딴 딴딴딴(도레미송) 소리를 표시해 볼 건데~!
– (테이프 한 줄을 붙인다.) 이 하나의 줄에 노란색 동그라미 하나가 붙으면 ('미' 누르기) 이런 소리가 난데~ 어? 여기에 같은 색의 동그라미가 있었네~!
– (테이프 한 줄을 더 붙인다.) 두 번째 줄에 동그라미 하나가 붙으면 어떤 소리가 날까? ('솔' 누르기) 이 소리가 나는 거래~!
– (도레미송에 도입 음을 부르며) 남은 '따다(도레)'는 어디에 표현하면 될까?
– ('도', '레' 자리를 가리키며) 응~ 여기하고 여기래~!
– (도레미송 도입을 피아노로 쳐 주고 음계 자리를 가리키며) 도레미도 미도미~ ('파' 자리를 가리키며) 어? 이 자리는 비어 있네? 여기는 무슨 음일까?
– 어~ 그래~ ('파'를 눌러 주며) 파는 이런 소리가 난대~!

(전개2)

▶ 활동2 : '도레미송'으로 신체 활동하기

2. 저번 시간에 배웠던 '나비야' 노래로 동그라미 음계에서 신체 표현을 한다.
– 이번엔 우리가 직접 오선 속으로 들어가서 음계가 되어 볼까?
– (악보 보여 주며) 저번에 배웠던 '나비야' 노래에 맞춰 동그라미 위를 콩콩 점프해 보자~!
– 우와~ 친구들의 멋있는 점프가 모여 최고의 '나비야'가 만들어진 것 같아~!

(마무리)

▶ 활동 정리 및 차시 예고

1. 활동에 대해 이야기 나눈 후 다음 활동에 대해 소개한다.
– 우리가 음계가 되어서 노래를 불러 보니 어땠어?
– 그렇구나~ 선생님도 우리 친구들이 노래로 표현하는 모습을 보고 함께 즐거운 시간이었어.
('도레미송'의 뒷부분이 점점 커지며 들린다. 다음 활동으로 넘어간다.)
– 어? 그런데 오늘 우리가 들어 보지 못한 소리들이 들려! 다음 시간에는 이 소리를 찾아보도록 하자!

8. 평가

– '도레미파솔'의 오선 위의 위치를 아는가?
– '나비야' 노래에 맞춰 신체적으로 표현할 수 있는가?

9. 유의점

- 활동을 할 때 유아들이 서로 부딪치지 않도록 적절한 공간을 활용한다.
- 피아노에 '도레미파솔'까지 색깔이 다른 스티커를 미리 붙여 준다.

10. 확장 활동

- 새로운 소리를 찾아 탐색하며 배워 본다.

생각 나누기

1) 활동명

: 조금 더 창의적인 놀이가 되도록 수정하기

2) 전개

: 흐름을 조금 더 부드럽게 풀기 (유아들의 생각 흐름을 쫓아가며 전개하기)

: 음계의 자리를 배운 후 이어서 피아노 소리를 들으며 음을 감상하기

: 회기별로 나눠 과정을 살리기 (도~솔까지의 과정 풀기 + 신체를 이용하여 도레미송 연주하기)

: '나비야' 곡이 아닌, 기존에 배웠던 '도레미송'에 '미' 음계까지만 포함하기

3) 유아 위치

: 자리를 설명할 때 첫째 줄, 둘째 줄 명칭 정확히 사용하기

4) 교사 역할

: 유아들이 소리를 구별할 수 있도록 음을 반복해서 들려주기

5) 피아노 표시

: 피아노에도 색깔 스티커 표시하기

: 유아들이 직접 건반을 눌러볼 수 있는 기회를 제공하기
(유아들이 직접 피아노를 연주하며 여러 가지 가락을 구성할 수 있도록 기회 제공하기)

: '솔' 소리를 배웠을 때, '미'와 '솔' 소리를 비교해서 들려주기

6) 교사 발문

: 오선이라는 명칭 설명을 빼고, '이 줄 위에'라는 언어로 들어가며 자연스럽게 연결하기
예) 이 줄 위에 노란색 동그라미가 이렇게 붙어 있으면 ~라고 약속을 했대!

7) 교사 복장

: 활동할 때 밝은 색 옷을 입는 등 교사가 함께 즐기는 모습 보여 주기

8) 교사 위치

: 벽에 붙어 있는 피아노를 앞으로 끌어내고, 주교사가 직접 연주하기
(유아들의 눈높이가 낮으므로 유아들은 의자 위에 앉도록 한다.)

9) 마무리

: 신체를 이용하여 '도레미송'을 연주할 때 형성 평가하기

: 교사 마무리 멘트는 다음 회기 활동으로 연계되도록 수정하기
예) 우리가 지금까지 어떻게 했지? (도레미송을 불러 준다.) 파솔라라솔파라 ~ 어? 우리가 모르는 음이 나왔네? '라' 음은 어디지? 궁금하다! 우리가 다음 시간에 계속해서 알아보자!

활동 소감 :: 이야기 나누기

음계 활동 모의 수업을 되돌아보며…

생각 나누기 과정에서 정말 마음에 와닿았고 깨닫게 된 내용은 음악은 음악 자체로 충분히 탐색하고 느꼈을 때 가장 재미있다는 사실이었다. 물론 음악에 맞추어서 춤을 추고 동작을 익히는 것 또한 즐거운 일이지만, 그 전에 음악의 기본 요소인 '음'에 대해 정확히 듣고, 연주해 보고, 느껴 보는 것이 더 중요하고 그렇게 해야 더욱 재미있는 교육 활동이 될 수 있다고 생각한다. 음악은 음악 그 자체로도 너무 즐거운 활동이 될 수 있다.

역시 유아교육은 교육적인 내용도 중요하지만 그 내용들을 얼마만큼 재미있게 풀어낼 수 있는가가 더 중요하다는 것을 느끼게 되었다. 아이들은 놀이 활동으로 사회생활을 경험하고, 다양한 지식들을 받아들이기 때문에 그 활동을 계획하는 교사는 당연히 즐거운 놀이 활동을 계획해야 한다고 생각한다. 또한 수업을 준비하는 과정에 있어서도 교사 자신이 즐길 수 있고 행복해야지 실제 아이들과 함께할 수업이 긍정적인 효과가 있을 것이라고 생각한다. 유아들은 아직 언어 구사 능력이 성인에 비해 많이 미숙하기 때문에 음악으로 자신의 정서를 표현하는 것이 말하는 것보다 더 효과적일 수 있다. 그런 의미에서 음악은 유아들과 떨어질 수 없는 존재라고 생각한다.

이러한 마법 같은 존재인 음악을 유아들에게 더 효과적으로 교육할 수 있게 하려면 좋은 환경, 좋은 음질의 음악 등 여러 가지 조건들이 있을 테지만 그중에서도 가장 중요한 것은 교사의 역량이라고 생각한다. 아무리 좋은 도구들이 있어도 사용하는 사람이 그것들에 대해 잘 알지 못하고 사용하지도 못한다면 아무 소용이 없을 것이다. 그런 의미에서 예비 유아교사들은 이러한 점을 항상 마음속에 새겨 두고 자신의 발전을 위해 끊임없이 노력해야 한다.

'유아는 놀면서 생각하고 배운다.'라는 말을 알기 전까진 유아들은 아무 생각 없이 그저 노는 것을 좋아해서 노는 줄로만 알았다. 그런데 유아들은 놀면서 생각하는 것을 표현하기도 하고, 또 놀면서 신체, 언어 등 다양한 발달을 이끌어 내기 때문에 유아에게 놀이는 없어서는 안 되는 중요한 것이다. 따라서 교사는 항상 이렇게 놀이의 긍정적인 효과를 생각하면서 활동을 계획해야 한다. 어떤 활동을 하든지 유아가 처음 배우는 것을 어렵지 않게 느끼려면 놀이로서 접근해야 할 것이다. 놀이를 통해 활동을 하면, 유아는 즐거움을 느끼면서 쉽게 이해할 것이고, 다른 친구와 함께 놀이를 하며 사회성도 기를 수 있다. 또한 상상력과 창의력도 키울 수 있을 것이다. 유아에게 놀이는 생활이나 마찬가지이다. 보고, 듣고, 만지는 모든 것들이 유아에게는 놀이가 된다. 유아의 성장과도 밀접한 관련이 있는 놀이를 항상 중요하게 생각하며 항상 놀이로 접근할 수 있는 교사가 되어야겠다.

〈예비교사 A-b-b〉

내가 배울 때 아이들도 배운다

수업을 구성하면서 가장 많이 했던 고민은 '이 음계를 일방적으로 가르치지 않고 어떻게 놀이처럼 풀어낼 것인가.' 하는 것이었다. 마치 공장에서 찍어 낸듯한 표준화되어 있는 수업, 결과 중심적인 사고에서 벗어나 한 가지라도 정확하게 그 과정과 원리를 풀어내는 수업이 바로 훌륭한 유아교육이라는 것을 배우게 된 것 것이다. 그래서 '나도 이 수업을 통해 배울 수 있도록 각 과정이 짜임새 있게 이어지도록 구성해 보자.'라고 생각하며 계획안을 고쳐 나갔다. 아이들의 입장에서 배움이 있는 교육은 교사도 그 교육을 통해 배울 수 있어야 하며, 수업을 구성하는 그 과정이 배워 가는 과정일 때에야 가능하다는 깨달음이 있어 귀중한 시간이었다.

"얘들아! 놀자!"

아이들은 배우는 게 노는 것이고 노는 게 배우는 것이다.

'아이들이 이 활동을 재미있어 할까?' 우선은 이 과제부터 해결해 보려고 했다. 그 활동에 푹 빠질 수 있도록 구성하고, 한 아이 한 아이가 과정 속에 살아 있을 수 있도록 구성해 갔다. 효율성만을 따졌던 수업에서 직접 몸으로 뛰어 가며 이게 더 재미있다는 것을 느껴 가며 진정한 재미를 찾아갔다. 그렇게 했을 때 비로소 살아 있는 수업이 될 수 있었다. 아이들의 눈이 반짝일 수 있는 수업, 그것이 바로 놀이 속에 몰입한 유아의 빛나는 눈빛을 이끌어 낼 수 있는 수업이었다.

놀이로 풀어낸 수업은 산만할 것이라는 생각은 전혀 맞지 않았다. 과정이 살아 있고 그 속에 유아들이 숨 쉴 수 있는 수업이기에 오히려 배움이 가득한 수업이 되었다. 물론 아직도 부족한 점이 많긴 하지만 하면 할수록 재밌고 행복했다. 교사와 유아 모두가 행복한 수업, 그것은 바로 놀이로 풀어낸 수업이었다. 유아교육은 놀이라는 말에 전적으로 동의한다. 선생님이 행복한 모습으로 "얘들아! 놀자!"라고 말할 때 기대를 가득 안고 아이들이 달려오는 모습을 꿈꿔 본다.

〈예비교사 A-b-c〉

결과, 그 이상의 과정

유아의 음악은 유아의 '삶' 그 자체임을 느꼈다. 이번 학기에 느낀 음악은 정말 무궁무진했다. 악기를 통해 삶 속의 모든 것을 표현하고, 동화 속 이야기와 음악이 만나 더욱 생생해지고, 지식 전달뿐인 수업이 음악을 통해 즐겁고 생동감 있어지는 모습을 보며 음악의 힘이 대단함을 다시 한번 체험했다.

모의 수업을 준비하는 과정 속에서도 음계에 대한 지식을 단순히 전달하기보단 지식적인 부분의 직접적 언급 없이도 함께 노래를 부르며, 피아노의 건반을 직접 눌러 보고, 직접 음표 위에서 뛰며 자연스럽게 음계에 대해 알게 되는 모습이 정말 놀라웠다.

유아교육은 놀이이다. 같은 지식이라도 내가 즐겁게 능동적으로 참여하며 배운 지식과 수동적으로 지루하게 배운 지식은 이후에 다가오는 느낌부터가 다르다. 인생의 첫걸음을 뗀 중요한 순간의 유아들과 함께할 우리는 놀이를 통해 유아 스스로 활동하고 탐색하고 발견할 수 있도록 이끌어야 한다는 것을 느꼈다.

〈예비교사 A-b-d〉

움직이는 '도레미파솔'

음악교육을 배우며 '탐색'과 '감상'의 중요성을 몸소 깨우쳤다. 사실 그 전까지는 음악에 대해 자세하게 생각해 본 적은 없었다. 음악은 동요를 부르며 개사해 보거나 율동을 만들어 보는 정도로만 생각하고, 이런 점만 중시했었다. 하지만 음악교육 시간을 통해서 소리 하나하나를 자세하게 탐색해 보고, 음악에 빠져들어 흠뻑 취해 보면서 행복을 느꼈다.

배움의 과정을 통해 탐색의 재미를 느끼게 되었다. 그 방법은 계이름 하나하나의 소리를 아이들과 함께 탐색해 보고 자리를 찾아 나가는 것이다. 나 또한 이번 수업을 준비하면서 계이름 그 하나하나의 소리를 자세하게 듣는 경험을 했다. 그리고 소리를 찾아가는 재미에 푹 빠졌다.

한 학기라는 소중한 시간을 통해 '하나하나, 차근차근' 이라는 프로그램 구성 철학을 가지게 되었다. 어쩌면 지금까지는 내가 원하는 부분으로 가기 위해서 아이들이 느낄 수 있고 생각해 보는 시간들을 전혀 생각하지 않았던 것 같다. 하지만 이번 모의 수업을 준비해 나가며 모든 수업은 단 하나의 수업으로 끝내지 않아야 한다는 것을 느꼈다. 한 번의 수업으로 끝내는 것은 교사에게는 편리하지만 아이들도 교사도 아무것도 느끼지 못한 껍질뿐인 수업이 될 것이다. 하지만 여러 시간에 걸쳐 연계해 나가며 하나하나의 과정을 느끼고 탐색하며 차근차근 활동을 진행해 나간다면 깊이 있는 수업이 될 것이다.

나에게는 배움의 과정을 풀었을 때의 행복을 느끼게 해 준 순간이었고 또한 많은 영향력을 준 행복한 시간이었다.

〈예비교사 A-b-e〉

하나 된 우리, 그 시간을 되돌아보며…

내가 생각하기에 유아에게 음악이란 '자연'이다. 인공적으로 만든 것이 아닌 '자연'처럼 본래의 모습인 것이라고 생각한다. 태내기 때부터 엄마의 목소리와 심장소리를 들으며 자연스럽게 음악을 접하게 된다. 세상으로 나오면 더 많은 소리들이 들린다. 이처럼 들으려고 듣는 것이 아닌 자연스럽게 듣는 것, 즉 유아에게 음악이란 자연스럽게 다가가야 되는 것이다. 가르치는 것이 아닌 '본래의 음악을 느끼는 활동'이라고 생각한다.

결국 음악은 '일상생활 속에서 자연스럽게 접하고 느끼는 것'이라고 생각했다. 하지만 이 과정을 통해 음악은 놀이와 유사하다는 생각이 들었고, 놀이를 통해 활동을 풀면 더 효과적이고, 즐겁게 즐길 수 있다는 생각을 하게 되었다.

유아들이 음악교육을 놀이처럼 '삶' 속에서 자연스럽게 느끼고, 즐거워할 때 교육적 효과도 따라올 것이다. 나는 이러한 부분에 중점을 두며 친구들에게 의견을 제시하였고, 모두의 의견들이 모아져 놀이를 통한 음계 활동이 만들어질 수 있었다. 이 모든 과정이 유아에게 즐겁고, 자연스럽게 접할 수 있는 활동이 되었다.

또한 유아들이 악보 위에서 직접 뛰어 보고, 교사를 보고 쉽게 따라 하는 등 흥미롭고 즐거운 수업이 될 수 있도록 계속 수정해 나갔다. 이렇게 수정하는 과정을 통해 유아에게 가장 중요한 매체는 교사라는 것을 다시 한번 느낄 수 있었다.

〈예비교사 A-b-f〉

활동③ • 움직이는 도레미파솔 :: 환경과 생활

1. 대상 연령 : 만 5세
2. 집단 크기 : 대집단
3. 활동 영역 : 음률 영역
4. 활동 목표

1. 여러 소리의 위치를 나타내는 자리를 만든다.
2. '도레미파솔'의 위치에 따른 피아노 소리를 찾고 듣는다.
3. '도레미파솔' 음계를 이용한 다양한 가락을 만든다.
4. '도레미송'에 맞춰 이동 활동을 한다.

5. 교육과정 관련 요소

- 예술경험 〉 예술적 표현하기 〉 움직임과 춤으로 표현하기
- 예술경험 〉 아름다움 찾아보기 〉 음악적 요소 탐색하기
- 신체운동건강 〉 신체 활동에 참여하기 〉 자발적으로 신체 활동에 참여하기

6. 활동 자료

색깔 스티커, 피아노

7. 활동 내용 및 방법

(도입)

▶전시 학습 상기 및 몸 음계 활동으로 동기 유발

1. '도레미송'으로 주의 집중을 한다.

– (교사가 '도레미송'을 부르며 몸 음계 활동하기)

도는 하얀 도화지/레는 둥근 레코드
미는 파란 미나리/파는 예쁜 파랑새
솔은 작은 솔방울/라는 라디오구요
시는 졸졸 시냇물/다 함께 부르자

- 우와~ 친구들이 몸 음계 활동을 잘 기억하고 있구나.
- ('도'와 '미'를 몸 음계로 보여 주며) '도'와 '미' 중에 어떤 음이 더 높이 있어?
- 응~ 그럼 이번엔 '미'와 '솔' 중에 어떤 음이 더 위에 있니?
- 그래~ 도와 미 중에는 미가 더 높이 있고 미와 솔 중에는 솔이 더 높이 있어!

(전개1)

▶활동1 : '도레미파솔' 음계 알기

1. 오선 줄 위의 음계의 위치에 따라 소리가 다름을 알아본다.
(피아노에 '도레미파솔' 각각의 위치에 색깔이 다른 스티커를 미리 붙여 놓는다.)
- 우리가 딴 따딴 딴딴딴(도레미송) 소리를 표시해 볼 건데!
- (테이프 한 줄을 붙인다.) 이 줄에 노란색 동그라미 하나를 이렇게 붙였어~ 어? 피아노에도 같은 색이 붙어 있었네? ('미' 누르기) 노란색 동그라미는 이런 소리가 나는 자리라고 약속을 했대!
- (테이프 한 줄을 더 붙인다.) 선생님이 그 위에 줄 하나를 더 붙일 거야. (줄을 가리키며) 그러니까 첫째 줄, 둘째 줄이 생겼어. 이 두 번째 줄에 파란색 동그라미를 붙이니까 이런 소리가 나네?
- 어? 그럼 첫째 줄의 노란색 동그라미는 어떤 소리가 났었지? (피아노를 치며) 이런 소리가 났었지? 그럼 파란색 동그라미는 (피아노를 치며) 이런 소리가 났어. (솔, 미를 치며)
- 그럼 노란색 동그라미와 파란색 동그라미를 이어서 치면 이런 소리가 나네?
- 맞아~ 반대로 파란색, 노란색을 치니까 음이 또 달라졌어~!
- 선생님은 이렇게 쳐 봤는데, 또 다른 방법으로 피아노를 쳐 보고 싶은 친구 있어?
- ㅇㅇ 친구가 쳐 보자! (유아가 피아노를 친다.) 파란색, 노란색, 파란색은 이런 소리가 나는구나!
(위 활동 몇 번 반복)

2. 색깔 음표를 활용해 다양한 소리를 만들어 본다.
- 이 동그라미가 요렇게 줄에만 붙어 있는 것이 아니라 줄 밑에도 소리를 낼 수 있는 자리가 있대! 여기에다 주황색 동그라미를 붙여 볼게.
- 노란색 동그라미랑 파란색 동그라미보다 (미와 솔을 친다.) 더 낮은 자리에 있는 주황색 동그라미는 어떤 소리가 나는지 들어 보자. (레를 친다.)
- (미와 솔을 치며) 노란색 동그라미와 파란색 동그라미보다 주황색 동그라미가 더 낮은 소리가 나네? 더 낮은 자리에 있어서 그럴까?

- 그럼 이번에는 노란색, 파란색 동그라미에 주황색 동그라미도 넣어서 피아노로 쳐 볼까?
- 선생님은 (예시를 들며) 이렇게 쳐 봤는데 너희는 어떻게 치고 싶어? 누가 나와서 쳐 볼까?
- 우와~ 잘했어! 어? 그런데 주황색, 파란색 동그라미 사이에 빈자리가 있네? 여기는 어떤 소리가 날지 초록색 동그라미를 붙여 볼게!
- 초록색 동그라미는 어떤 소리가 날까?
- ㅇㅇ이가 나와서 친구들에게 들려줄 수 있겠니?
- 고마워~ ㅇㅇ이가 들려준 초록색 동그라미는 이런 소리가 났어. (파를 친다.)
- 그런데 주황색 동그라미보다 더 낮은 소리가 나는 동그라미가 있대~ (도를 친다.) 이번에는 빨간색 동그라미로 붙여 볼 거야.
- 그런데 이 빨간색 동그라미는 줄이랑 떨어져 있어서 이렇게 짧은 줄을 만들어 주기로 약속을 했대!
- 그럼 빨간색 동그라미를 붙여 주고 싶은 친구?
- ㅇㅇ 친구가 붙여 주세요!
- ㅇㅇ아 고마워~ 이렇게 빨간색, 주황색, 노란색, 초록색, 파란색 동그라미 자리를 피아노로 치면 이런 소리가 난대~! (도레미파솔 연주)

(전개2)

▶활동2 : '도레미송'으로 신체 활동하기

3. 색 음표를 '도레미송'에 맞추어 표현한다.

- 이번엔 우리가 직접 이 위에서 피아노 반주에 맞춰서 도레미송을 같이 연주해 볼 거야.
- 그 전에 여기서 소리를 내려면 피아노 건반을 눌러 주는 것처럼 동그라미를 눌러 줘야 한대.
- 그래서 선생님은 사뿐사뿐 동그라미를 눌러 주면 좋을 것 같다고 생각했어! 선생님이 먼저 연주해 볼게!
- 우리는 어떤 방법으로 눌러 주면 좋을까?
- 그럼 ㅇㅇ 친구가 말한 도레미송을 연주해 보자!
- ㅇㅇ아, 해 보니까 어땠어?
- 어떤 점이 힘들었니?
- 피아노가 너무 빨랐구나? 그럼 이번에는 피아노를 천천히 치면서 도레미송을 연습해 보자!

(마무리)

▶활동 정리 및 차시 예고

1. 활동에 대해 이야기 나눈 후 후속 활동에 대해 소개한다.

- 우리가 직접 동그라미가 되어서 도레미송을 연주해 봤는데 어땠어?
- 그럼 우리가 지금까지 한 활동을 생각해 보면서 다시 한번 도레미송을 불러 보자~! (도레미송을 부른다.)

- 어? 그런데 우리가 오늘 들어 보지 못한 딴따단다(뒷 부분) 소리가 있네?
- 다음 시간에는 이 소리를 찾아보자.
- 이제 간식을 먹을 시간인데~ 그 전에 손을 씻고 먹어야겠지?
- 손 씻는 곳까지 앞줄 친구들부터 도레미송에 맞춰 콩콩 뛰며가 보자~

▶ **회차 나누기**
- 1회차 : '도레미송'으로 몸 음계 활동 익히기
- 2회차 : 본 수업 전개1
- 3회차 : 본 수업 전개2
- 4회차 : 나머지 음계 배우기 (라, 시)
- 5회차 : 계이름 익히기
- 6회차 : 높은음자리표, 내림표, 올림표, 도돌이표 배우기
- 7회차 : 음계를 이용한 신체 활동을 통해 오선을 이해하기

8. 평가

- 오선 줄 위치에 따라 서로 다른 소리가 나는지 아는가?
- '도레미파솔' 동그라미를 이용해 다양한 소리를 만드는 것에 즐겁게 참여하는가?
- '도레미송' 노래를 들으며 다양하게 신체 표현을 하는가?

9. 유의점

- 활동을 할 때 유아들이 서로 부딪치지 않도록 적절한 공간을 준비한다.
- 피아노 '도레미파솔' 건반 위에 색깔이 다른 스티커를 미리 붙여 준다.

10. 확장 활동

- '도레미송' 노래에 있는 뒷부분의 소리를 찾아본다.

8 솔-미 소리

활동① • 솔-미 소리 :: 동식물과 자연

<table>
<tr><td>연령</td><td>만 5세</td><td>생활 주제</td><td colspan="3">동식물과 자연</td></tr>
<tr><td>주제</td><td>동식물과 우리 생활</td><td>소주제</td><td colspan="3">동물과 함께하는 즐거움 느끼기</td></tr>
<tr><td>활동 명</td><td>음의 높낮이</td><td>집단 형태</td><td>대집단</td><td>소요 시간</td><td>25분</td></tr>
<tr><td>활동 목표</td><td colspan="5">1. 계이름에 따른 음의 높낮이를 알 수 있다.
2. 음의 높이에 따라 손뼉을 칠 수 있다.</td></tr>
<tr><td>누리과정
관련 요소</td><td colspan="5">• 예술경험 〉 아름다움 찾아보기 〉 음악적 요소 탐색하기
• 예술경험 〉 예술적 표현하기 〉 음악으로 표현하기</td></tr>
<tr><td>활동 자료</td><td colspan="5">새소리(뻐꾸기 소리) 음원, 피아노, 피아노 건반 스티커, 융판, 바닥 매체(오선지)</td></tr>
<tr><td>활동 전개</td><td colspan="3">활동 내용</td><td colspan="2">활동 자료 및 유의점</td></tr>
<tr><td>도입
(3분)</td><td colspan="3">T : 뻐꾸기 소리가 어떻게 들리는지 말해 볼까?
(뻐꾸기 소리를 들려준다.)
C : 뻐꾹뻐꾹이요! / 삐꾹삐꾹이요! / 히꾹히꾹이요! / 꺼꾹꺼꾹이요!
(소리를 적어 융판에 붙인다.)
(단어는 유아들이 말하는 내용에 따라 바뀔 수 있다.)
T : 그래 여러 가지 소리로 들리는구나. 선생님은 (솔미 솔미 피아노를 친다.) 이렇게 들렸는데 (솔미 솔미) 이 소리에 너희들이 말한 걸 넣어서 불러 볼까?
T : 먼저 (솔미 솔미 동시에) 뻐꾹뻐꾹!
C : (솔미 솔미 동시에) 뻐꾹뻐꾹!
T : (솔미 솔미 동시에) 삐꾹삐꾹!
C : (솔미 솔미 동시에) 삐꾹삐꾹!
T : (솔미 솔미 동시에) 히꾹히꾹!
C : (솔미 솔미 동시에) 히꾹히꾹!
T : (솔미 솔미 동시에) 꺼꾹꺼꾹!
C : (솔미 솔미 동시에) 꺼꾹꺼국!
T : 어때요? 어떤 소리가 가장 어울리는 것 같아요?
C : 뻐꾹뻐꾹이요!</td><td colspan="2"></td></tr>
</table>

활동 전개	활동 내용	활동 자료 및 유의점
전개1 (8분)	T : (피아노로 솔미 솔미, 미솔 미솔 치면서) 삐꾹삐꾹, 삐꾹삐꾹, 삐꾹(솔미), 삐꾹(미솔) 어때요? 삐꾹(솔미), 삐꾹(미솔)~ (한 번 더 들려준다.) 두 개의 소리가 똑같은 것 같아요, 다른 것 같아요? C : 다른 것 같아요! T : 소리가 다르게 들리지? 삐꾹(솔미)은 (위에서 아래로 손짓) 내려가는 소리 같지 않아요? (교사가 손뼉을 치면서) 이 삐꾹(솔미)은 머리에서 한 번, 배에서 한 번 손뼉을 치기로 하자. 이번에는 삐꾹(미솔)은 (아래에서 위로 손짓) 올라가는 소리 같지 않아요? (교사가 손뼉을 치면서) 이 삐꾹(미솔)은 배에서 한 번, 머리에서 한 번 손뼉을 치기로 하자. T : 삐꾹(솔미, 머리에서 박수, 배에서 박수) C : 삐꾹(솔미, 머리에서 박수, 배에서 박수) T : 삐꾹(미솔, 배에서 박수, 머리에서 박수) C : 삐꾹(미솔, 배에서 박수, 머리에서 박수) T : 이번에는 피아노 소리에 맞춰서 손뼉을 쳐 보자. C : (손유희 + 솔미 솔미) 삐꾹삐꾹! (손유희 + 미솔 미솔) 삐꾹삐꾹! T : 삐꾹말고 어떻게 해 볼 수 있을까? C : 삐삐꾹 이렇게 해 봐요. (유아의 대답에 따라 음이 다름) T : 삐삐꾹으로도 할 수 있겠구나. ㅇㅇ아 손뼉은 어떻게 칠까? C : 이렇게요! T : 그렇게 다 같이 손뼉을 한번 쳐 보자. (유아의 손뼉을 따라서 친다.) C : 삐삐꾹 (유아의 손뼉에 따라 다름) T : 또 어떻게 할 수 있을까? C : 삐꾹 삐삐꾹 이렇게요! T : 그럼 ㅁㅁ이가 말한 걸 손뼉으로 치려면 어떻게 하는 게 좋을까? C : 이렇게요 (동작을 한다.) 삐꾹 삐삐꾹! T : 그럼 우리 다 같이 한번 해 볼까? C : 삐꾹 삐삐꾹!	

활동 전개	활동 내용	활동 자료 및 유의점
전개2 (10분)	T : 지금까지 여러 가지 삐꾹 소리를 들어 봤지? 그 소리들을 눈에 보이게 표현할 수 있대. 여기 줄이 몇 개 있지? C : 다섯 줄이요. T : 다섯 줄로 되어 있지? 줄이 다섯 줄이라서 이름이 오선이래. (손으로 5를 보여 준다.) (높은음자리표를 붙이며) 이건 '높은음자리표'라고 해. 지금 피아노에 붙어 있는 빨간색은 이 자리고, 노란색은 여기야! (오선 위에 피아노에 표시한 건반과 같은 색깔의 음표를 붙인다.) 여기는 솔, 여기는 미라고 부르기로 약속했대. 또 도라는 친구도 있대. ('도' 음을 세 번 이상 들려준다.) 아까 들었던 소리가 진짜로 나는지 들어 보자. '도'를 해 볼 친구? C : 저요! T : 그래, ㅇㅇ이가 해 보자! '미'를 해 볼 친구는? C : 저요! T : 그래 ㅁㅁ이가 하자! '솔'을 해 볼 친구는? C : 저요! T : 좋아요. △△이가 '솔'을 해 보자. C : 네. T : 도미솔 친구들이 그 자리에서 콩콩 뛰면 소리가 난대요. '도' 친구가 뛰어 볼까? C : (콩콩콩 뛰는 것에 맞추어 피아노를 친다.) T : '미' 친구도 한번 해 보자. C : 콩 콩 콩콩콩(미 미 미미미) T : '솔' 친구도 해 볼까? C : 콩콩 콩콩(솔솔 솔솔) T : 이번에는 삐꾹 삐꾹(솔미 솔미) 이렇게 (교사가 시범을 보인다.) 왔다 갔다 하면서 소리를 내어 볼까? 누가 내어 볼래? C : 저요! T : ㅇㅇ이가 나와서 해 보자. C : 삐꾹 삐꾹(솔미 솔미) 움직인다. T : 우리 ㅇㅇ이가 움직일 때 친구들과 선생님은 손뼉을 쳐 보자. 아까처럼 솔 (머리 앞에서 박수), 미 (배 앞에서 박수) 해 보자. C : 네! T : 이번에는 삐삐꾹 이렇게 해 보자! (솔솔미를 들려주고 오선에 있는 유아를 보면서 이야기한다.) 어떻게 움직이면 될까?	

활동 전개	활동 내용	활동 자료 및 유의점
전개2 (10분)	C : 이렇게요? T : (앉아 있는 유아를 보면서) 그럼 우리 친구들은 어떻게 하지? C : 솔솔미 (손뼉을 치며) 이렇게 해요! T : (솔미도 들려주고 오선지에 있는 유아를 보면서) 이번에는 어떻게 할까? C : (솔미도 왔다 갔다 한다.) 이렇게 해요! T : (앉아 있는 유아들을 보고 도를 들려주며) 도는 어떻게 할까요? C : 바닥을 쳐요. / 발을 굴러요. T : 바닥을 한 번 쳐 볼까? (유아의 대답에 따라서 동작은 달라진다.) C : (바닥을 손으로 친다.) T : 그럼 이제 솔미도를 같이 쳐 볼까? C : 솔 (머리 앞에서 박수), 미 (배 앞에서 박수), 도 (바닥을 쿵) T : ㅇㅇ이가 움직일 때 같이 손으로 해 보자. C : 네. (유아의 움직임에 맞춰 피아노를 쳐 주고, 다른 유아들은 그 소리에 맞춰 손유희를 한다.) T : 이제 자리로 돌아가기로 해요.	
마무리 (4분)	T : 그럼 우리 이번에는 소리를 한꺼번에 내 볼까? (도미솔 화음을 피아노로 쳐 준다.) 이렇게 음을 동시에 치는 걸 화음이라고 하는데, 방금 우리가 친 '도미솔'은 으뜸화음이라고 하는 거야. 으뜸화음은 가장 최고의 화음이라는 거야. 이번에 도, 미, 솔은 누가 해 볼까? C : 저요! / 저요 저요! T : 어떻게 해야 으뜸화음이 될까요? C : 동시에 뛰어요! T : 그러면 동시에 뛰어 보자 하나, 둘, 셋 (움직임에 맞춰 피아노를 친다.) 다음 시간에는 으뜸화음 도, 미, 솔이 들어간 동요를 불러 보기로 해요. C : 네! T : 이 오선지는 음악 영역에 둘게요. 자유롭게 활동해 보도록 해요. C : 네!	

활동 전개	활동 내용	활동 자료 및 유의점
평가 및 유의점	– 계이름에 따른 음의 높낮이에 관심을 가지는가? – 음의 높이에 따라 손뼉을 치는 것에 흥미를 가지는가?	
확장 활동	– 으뜸화음 위주의 동요를 부른다.	

생각 나누기

1) 도입

: 수수께끼 수정하기

2) 전개

: 음의 높낮이는 솔–미 음정부터 접근하기

: 음계는 솔미에서 미솔 미미솔 솔솔미 부분까지 하기

: 처음부터 계이름을 알려 주지 않고 적절한 상황에서 알려 주기

: 솔미 부분에서 뻐꾸기 소리로 시작하기

: 뻐꾸기 소리와 손기호(hand sign) 함께해 보기

3) 활동 자료

: 뻐꾸기 새 소리를 들려주며 활동하기

: 오선지 위 음계 표지판에서 직접 뛰어 보기

4) 교사 발문

: 교사 발문은 정확하고 구체적이어야 함

5) 교사 위치

: 교사가 피아노 앞에 앉아 바라고 기대했던 수업하기

활동 소감 :: 이야기 나누기

우리가 생각했던 것처럼 완벽한 계획안이 나오질 않았다. 우리는 나름 열심히 고민해서 완성을 했는데, 결국 좌절했다. 역시 우리의 힘으로는 계획안을 완성하기는 무리가 있었나 보다. 교수님과 함께 생각 나누기 후 우리는 또 다른 계획안을 완성시킬 수 있었다. 하나의 주제로 다양한 수업 방법이 있을 수 있다는 사실을 알게 되었다.

〈예비교사 A-b-g〉

활동② 솔-미 소리 :: 동식물과 자연

1. 대상 연령 : 만 5세
2. 집단 크기 : 대집단
3. 활동 영역 : 음률 영역
4. 활동 목표

1. 계이름에 따른 음의 높낮이를 알 수 있다.
2. 음의 높이에 따라 손뼉을 칠 수 있다.

5. 교육과정 관련 요소

- 예술경험 〉 아름다움 찾아보기 〉 음악적 요소 탐색하기
- 예술경험 〉 예술적 표현하기 〉 음악으로 표현하기

6. 활동 자료

뻐꾸기 소리 음원, 피아노, 오선지, 음계 카드, 색깔 스티커

7. 활동 내용 및 방법

1. 새소리를 들려주고 이야기를 나눈다.

(뻐꾸기 소리를 들려준다.)

- (교사는 지켜보고 있다가) 무슨 소리지?
- 그렇지, 뻐꾸기 소리지! 뻐꾸기는 어떤 소리를 냈어?
- 뻐꾸기가 다 뻐꾹뻐꾹 한다고 우리가 동화책에서 봤는데, 또 잘 들어 봐~ 뻐꾹뻐꾹 이렇게 들리지 않고 다른 소리로 들을 수도 있을 걸?

(계속해서 소리를 들려준다. 아이들은 들으면서 계속 소리를 내고, 다른 소리를 표현하려고 애쓴다.)

- 그럼 삐꾹 소리를 내면서 악기로도 소리를 내 볼까? 어느 악기로 소리를 내 볼래?
  (아동 한 명이 나와서 소리를 계속 내면서 악기를 연주하고, 다른 아동이 나와서 소리를 내면서 다른 악기를 연주한다.)
  (계속 녹음된 뻐꾸기 소리를 들려준다.)

2. 뻐꾸기 소리를 피아노에 맞춰서 불러 본다.

- 이 소리를 선생님이 피아노로도 내 볼게. (피아노로 솔미 솔미 솔미) 뻐꾸기가 이렇게 소리를 낸대. 그럼 너희들이 뻐꾸기 소리로 음음~ (허밍으로) 이렇게 소리를 내 볼까?
- ㅇㅇ이는 히꾹 이렇게 했네? 또 어떻게 소리 낼 수 있어? (선생님은 계속 솔미를 칠 것)
  (피아노에 맞추어 여러 가지 의성어로 소리를 내 본다.)
- (삐꾹 하면서 선생님이 그대로 삐꾹 [고개를 왔다 갔다 하는]-헤드 사인) 이렇게 소리를 냈는데 너희들은 한번 손으로 삐꾹 소리를 내어 보자.
  (손뼉을 삐꾹 하면서 위에서 치고 아래에서 치고 히꾹 하면서 위에서 치고 아래에서 친다.)

3. 피아노에 음계를 표시한다.

- 바닥을 봐봐! 이 소리들을 눈에 보이게 표현할 수 있는 오선지가 있어. 줄이 몇 개가 있어?
- 다섯 줄로 되어 있지? 줄을 다른 말로 '선'이라고 표현하거든 그래서 이름이 오선이래.
- (높은음자리표를 오선에 붙이면서) 이거는 자리를 알려 주는 '높은음자리표'야! 우리가 지금 들었던 (피아노로 솔미 치면서) 뻐꾸기 소리는 어떤 자리에 있는 소리인가 하면 (오선지에 '삐' 하면서 솔에 노란색 스티커를 붙이고 '꾹' 하면서 미에 주황색 색깔 스티커를 붙인다.) 이 자리에서 나는 소리였어. 지금 우리가 삐꾹 이렇게 소리를 내었는데 피아노에는 어디에 이 소리를 붙일 수 있냐면, 여기 주황색 스티커는 피아노에서 이 자리래. (오선지에 붙인 스티커 색깔과 동일해야 함) 여기 노란색 스티커는 이 자리래. 이 오선에서 두 번째 줄에 있는 노란색 동그라미는 피아노에서 이 자리구나. (피아노에서 솔을 치면서) 이게 '솔'이래. 오선에서 첫 번째 줄에 있는 주황색 동그라미는 '미'라고 하고 피아노에서 이 자리래. (피아노에서 미를 쳐 준다.) 다시 들어 봐. (피아노로 솔미 솔미 쳐 준다.)

4. 음계에 맞춰 오선지 위에서 활동을 한다.

- 그럼 우리가 '삐꾹삐꾹'이라고 피아노 소리에 맞춰서 소리를 내는 동안 '삐꾹삐꾹' (피아노로 '솔미 솔미' 쳐 주며) 오선지 위에서 소리에 맞게 옮겨 다니면서 뛰어 볼까?
- ㅇㅇ이가 나와서 한번 뛰어 보자!
  (교사는 피아노로 '솔미 솔미' 치면서 유아들과 '삐꾹삐꾹' 소리를 내고 ㅇㅇ이는 소리에 맞춰 오선 위를 옮겨 다닌다.)
- 또 해 볼 친구 있어?
- 이번에는 ㅁㅁ이가 나와서 해 보자.
  (교사는 피아노로 '솔미 솔미' 치면서 유아들과 '삐꾹삐꾹' 소리를 내고 ㅁㅁ이는 소리에 맞추어 오선 위를 옮겨 다닌다.)

- 이번에는 우리 다른 소리로도 해 볼까? 이번에는 어떤 소리가 날까? 잘 들어 봐. (교사는 피아노를 '미솔 미솔' 쳐 준다.) 지금 들은 소리는 피아노에서 이 부분이야. (주황색 스티커를 가리키며 '미' 소리를 낸다. 노란색 스티커를 가리키며 '솔' 소리를 낸다.)
  ('솔미 솔미'와 동일한 방식으로 '미솔 미솔' 음으로 활동한다. 이후 '솔미솔', '미솔미', '미미솔' 음으로 활동을 한다. 유아는 1~2명씩 활동한다.)

5. 음계 카드를 보고 피아노 소리를 내는 활동을 한다.
- 우리가 오선을 보고 소리를 내어 보고 오선지 위를 뛰어다녀 보았지? 이번에는 (음계 카드 솔미를 보여 주며) 이 카드를 보고 소리를 내어 볼 친구?
- 이번에는 이 카드대로 오선지 위에서 뛰어 볼 친구?
- 우리 '나비야' 노래 알지? 한번 불러 볼까?
- 어? 우리가 방금 배웠던 음이 있었네? (교사가 허밍으로 노래를 불러 준다.)
- 아! 저 카드 소리가 '나비야'와 똑같은 소리였구나. (교사가 피아노로 솔미, 솔미도를 치며 삐꾹, 삐삐꾹 소리를 낸다.) 어? 마지막 소리는 어느 자리지?

8. 평가

- 계이름에 대해 관심을 가지는가?
- 음의 높낮이에 따라 손뼉을 치며 표현하는가?

9. 유의점

- 악기를 미리 준비해 둔다.
- 오선지 위에서 유아들이 안전하게 활동할 수 있도록 지도한다.

10. 확장 활동

- '나비야' 노래를 부르며 음계를 찾아보는 활동을 한다.
- '나비야' 노래를 오선지 위에서 표현해 본다.

생각 나누기

1) 활동 목표

: 구체적인 목표 설정하기

2) 활동 자료

: 오선지에서 뛰는 활동에 필요한 음계 카드 만들기
(세로 8cm, 가로 17cm, 바닥 색깔은 흰색, 선과 높은음자리표는 검은색, 코팅도 해야 함)

: 뻐꾸기 매체는 매력적인 뻐꾸기 소리를 선택하며, 울림 소리를 듣도록 할 것

3) 활동 내용

: 도입, 전개, 마무리 틀에 얽매이지 말고 전개1, 전개2로만 구성하기

: 활동 사이사이의 연결을 더 자연스럽고 명확하게 하기

4) 도입

: 뻐꾸기 소리를 들려주겠다는 안내 없이 바로 뻐꾸기 소리를 들려주며 시작하기

5) 교사 역할

: 소리를 들려줄 때 교사가 고개를 갸우뚱 움직이며 흥미 끌기

: 오선에 대해 설명하고, 피아노와 오선지에 빨간색과 노란색 스티커를 이용해 '솔미' 위치 알려 주기

6) 교사 발문

: 전형적인 삐꾸기 소리를 내는 것에서 벗어나 생각하도록 발문하기

: 여러 가지 삐꾸기 소리가 나오면 유아에게 어떤 피드백을 제공할지에 대하여 구체적으로 생각하기

7) 전개

: 삐꾸기 소리를 목소리로, 악기로 표현한 뒤에 피아노 '솔미' 소리에 맞추어 소리 내기

: 삐꾹 소리를 목소리가 아닌 손뼉으로 소리를 내 보게 하고, 삐꾹, 히꾹 소리를 내며 위에서 아래로 손뼉 치기

: 다시 삐꾸기 소리를 피아노 소리와 맞추어 내 보고, 오선지에서 솔미부터 솔솔미까지 뛰어다니기

8) 마무리

: 으뜸화음 동요 '나비야'를 부르고, 음계 카드를 만들 때 이 동요에 나오는 솔미미도 포함시키기

9) 확장 활동

: 소리의 높낮이와 함께 소리의 길이까지 함께 활동하기

활동③ 솔-미 소리 :: 동식물과 자연

1. 대상 연령 : 만 5세
2. 집단 크기 : 대집단
3. 활동 영역 : 음률 영역
4. 활동 목표

1. 뻐꾸기 소리를 듣고 의성어를 만든다.
2. 뻐꾸기 소리를 내며 손기호 활동을 한다.
3. 오선에 있는 '솔'과 '미'의 위치를 안다.
4. '솔'과 '미'의 소리를 듣고 솔과 미의 계이름을 말한다.
5. '나비야' 노래를 부르며 '솔'과 '미'의 소리를 인식한다.

5. 교육과정 관련 요소

- 예술경험 〉 예술적 표현하기 〉 움직임과 춤으로 표현하기
- 예술경험 〉 아름다움 찾아보기 〉 음악적 요소 탐색하기
- 의사소통 〉 말하기 〉 낱말과 문장으로 말하기

6. 활동 자료

뻐꾸기 그림, 뻐꾸기 소리 음원, 말풍선, 높은음자리표, 음계 카드 4개, 융판

7. 활동 내용 및 방법

1. 뻐꾸기 소리를 듣고 자유롭게 이야기한다.
- (속삭이듯) 어떤 새가 찾아왔을까?
- 그렇지, 뻐꾸기는 어떤 소리를 냈어?
- 뻐꾸기가 뻐꾹뻐꾹 한다고 우리가 책에서 봤는데, 또 잘 들어 봐~ 뻐꾹뻐꾹 이렇게 들리지 않고 또 다른 소리로도 들리는지.
  (뻐꾸기 소리를 계속해서 들려준다.)
- '나는 뻐꾸기 소리가 이렇게 들렸어!'라고 친구들에게 이야기할 친구 있나요?

- 와~ ㅇㅇ이는 히꾹~ 이라고 들렸대. (융판에 글씨를 써서 붙인다.) 다 같이 히꾹~ (유아의 억양을 그대로) 소리를 내 보자.
- 또 '나는 다른 소리를 들었어요!'라고 이야기해 줄 친구?
- 와! ㅁㅁ이는 삐꾹~ 으로 들렸대. (융판에 글씨를 써서 붙인다.) 다 같이 삐꾹~ (유아의 억양을 그대로) 소리를 내 보자.
- 다른 소리를 들은 친구가 또 있을까?
- △△이는 끼꾹~ 으로 들렸대. (융판에 글씨를 써서 붙인다.) 다 같이 끼꾹~ (유아의 억양을 그대로) 소리를 내 보자.
- 또 '나는 다른 소리를 들었어요!'라고 말해 줄 친구 있을까?
- ◇◇이는 삑삑~ 으로 들렸대. (융판에 글씨를 써서 붙인다.) 다 같이 삑삑~ (유아의 억양을 그대로) 소리를 내 보자!
- 마지막으로 나는 다른 소리를 들었다는 친구 있을까?
- ☆☆이는 꼬꾹~ 으로 들렸대. (융판에 글씨를 써서 붙인다.) 우리 다 같이 꼬꾹~ (유아의 억양을 그대로) 소리를 내 보자!

2. 뻐꾸기 소리를 악기로 표현해 본다.
- 그럼 이번에는 친구들이 들은 뻐꾸기 소리를 여기 있는 악기로 소리를 내어 보자.
- 나와서 해 보고 싶은 친구?
- ㅇㅇ이가 나와서 하고 싶은 악기를 골라서 뻐꾸기 소리를 내 보자.
- 아~ (유아와 똑같이) 칙칙 이렇게~ ㅇㅇ이가 이렇게 소리를 내어 주었어. 잘했어! 이제 자리에 들어가고, 또 다른 악기로 뻐꾸기 소리를 내 보고 싶은 친구 있어요?
- ㅁㅁ이가 나와서 악기를 골라서 소리를 내 보자.
- 아~ (유아와 똑같이) 땡땡 이렇게~ ㅁㅁ이는 이렇게 뻐꾸기 소리를 표현했네. 이제 자리에 들어가고, 혹시 또 다른 악기로 다른 뻐꾸기 소리를 내 보고 싶은 친구가 있을까?
- △△이가 나와서 뻐꾸기 소리를 악기로 표현해 보자!
- 아~ (유아와 똑같이) 드륵드륵 이렇게~ △△이는 이렇게 악기로 표현해 주었어. 잘해 주어서 고마워. 이제 자리에 들어가도록 하자.

3. 피아노에 맞춰 뻐꾸기 소리를 내어 본다.
- 우리 여러 가지 악기로 뻐꾸기 소리를 내 보았지. 이 소리를 피아노로 치면 (솔미 솔미 솔미 친다.) 이렇게 소리가 난대~!
- 음흥음흥 (솔미 치면서 허밍으로) 이렇게 소리 내 보자.
- 음흥 (피아노를 치면서) 이 소리에 친구들이 들은 뻐꾸기 소리를 내 보자. 선생님이 먼저 할게. 친구들은 선생님을 따라 해 보자. 뻐꾹뻐꾹 (솔미 솔미)~!
  (교사는 뻐꾸기 소리를 낼 때마다 헤드 사인을 한다.)
- 히꾹히꾹 (솔미 솔미)
  삐꾹삐꾹 (솔미 솔미)
  끼꾹끼꾹 (솔미 솔미)
  삑삑삑삑 (솔미 솔미)
  꼬꾹꼬꾹 (솔미 솔미)

4. 손기호를 만들어 본다.

- 선생님은 피아노를 쳐서 고개로 삐꾹 (고개를 움직이면서) 이렇게 했는데, 친구들은 손을 움직이면서 삐꾸기 소리를 내 볼까?
- 와~ (같은 위치에서 손뼉을 두 번 친다.) 삐꾹 이렇게~ 다 같이 해 보자.
- 또 다르게 해 볼 친구가 있을까?
- 아~ (손을 위에서 아래로 내린다.) 삐꾹 이렇게~ 다 같이 한번 해 보자.
- 또 다르게 할 친구?
- (얼굴에서 박수, 가슴에서 박수) 삐꾹 이렇게~ 다 같이 해 보자!
- 손으로 이렇게 해 봤는데, 바닥을 봐~ 소리의 자리를 표시해서 소리 내는 다섯 줄이 있대. (높은음자리표를 붙이며) 앞에는 어떻게 소리 내는지 알려 주는 높은음자리표가 있대.
- 우리가 들은 삐꾸기 소리는 (솔미 치면서) (솔-빨간색 음표, 미-노란색 음표를 붙이며) 여기에 있을 때 소리가 나는 거래. 삐꾹 삐꾹 삐꾹 (피아노를 친다.) 우리가 이렇게 소리 내는 동안 누가 저 위에서 뛰어다녀 볼까?
- ㅇㅇ이가 뛰어 보자. ㅇㅇ이가 뛸 때, 우리가 손으로 했던 여러 가지를 하면서 삐꾹 소리를 내어 보자!
- ㅇㅇ아, 잘해 주어서 고마워. 이제 자리에 들어가도록 하고, 이번에는 다시 해 보는데 삐~~~꾹 (솔~~~미) 이렇게 해 보자. 누가 뛰어 볼래?
- ㅁㅁ 이가 해 보자.
- ㅁㅁ아 잘해 주었어. 이제 자리에 들어가고, 이번에는 삐~~~꾹 (솔~~~미), 삐~~~꾹 (솔~~~미) 이렇게 해 보는 건 어떨까? 누가 한번 뛰어 볼래?
- △△이가 한번 해 보자.
- △△이가 아주 잘해 주었어. 이제 자리에 들어가도록 하자.

5. 음계 카드를 사용해 계이름을 부르며 뛴다.

- 우리가 지금까지 했던 삐꾹 소리가 (음계 카드를 보여 주며) 계이름으로 부르면 '솔미'였어. 계이름으로 부르면서 뛰어 볼 친구?
- 그래 ㅇㅇ이가 나와서 해 보자. 앉아 있는 친구들은 '솔미'로 같이 불러요.
- 우와~ ㅇㅇ이 아주 잘해 주었어. 이번에는 선생님이 다르게 소리를 들려줄게. (미솔 음계 카드를 보여 주며) 이건 '미솔'이야. (미솔을 친다.) 오선에서 어떻게 움직일 수 있을까?
- ㅁㅁ이가 음계 카드를 보고 움직여 보자!
- ㅁㅁ이가 아주 잘해 주었어. 이제 자리에 들어가도록 하고 또 한 명 더 누가 해 볼까?
- 그래 △△이가 나와서 해 보자. (미솔을 치며) 오선에서 어떻게 움직여야 이 소리가 날까?
- △△아, 너무 잘해 주었어. 또 잘 들어 봐~ (솔미 친다.) 이러면 어떻게 움직여야 할까?
- △△아, 잘해 주었어. 이제 자리에 들어가도록 하자! (솔미 솔미 친다.) 솔미~ (미솔 미솔 친다) 미솔~ 선생님이 둘 중에 하나를 칠건데, 어떤 건지 맞춰 봐. (솔미 솔미 친다.) 어떻게 움직이지? 누가 나와서 뛰어 볼까?
- ◇◇이가 해 보자.
- 와! 어쩜 이렇게 잘 알고 뛰어 다니지? (솔미미 음계 카드를 보여 주며) 이건 '솔미미'야. (피아노로 치면서) 솔미미는 오선에서 어떻게 움직이지? 누가 나와서 뛰어 볼까?

- ☆☆이가 나와서 해 보자.
- ☆☆아, 너무 잘해 주었어! 이제 자리에 들어가도록 하고, (미미솔 음계 카드를 보여 주며) 이거는 미미솔 (피아노를 치며) 미미솔은 오선에서 어떻게 움직일까? 해 보고 싶은 친구?
- 그래, ○○이가 나와서 한번 해 보자.
- 와! ○○아, 정말 잘했어. 또 잘 들어 봐~ (솔미미 솔미미 미미솔 미미솔 피아노를 친다.) 어떻게 오선에서 움직일까?
- 우와, 어려웠을 텐데 ○○이가 잘 뛰는구나. 이제 자리에 들어가 보도록 하자!

6. '나비야' 노래에서 동일한 계이름을 찾아본다.
- 선생님이 '나비야' 노래를 부를 건데, 우리가 했던 것 중에 나오는 게 있다? 잘 들어 봐~! (멜로디를 피아노로 치면서 노래를 부른다.)
- 어디에 있는 것 같니?
- 다시 한번 들어 봐. (솔미미 파레레) 나비야~ 나비야~!
- 그렇지! 친구들 아주 잘 생각했어요!
- 누가 한번 나비야 (솔미미) 부분을 피아노로 쳐 볼까?
- ㅁㅁ이가 나와서 피아노 쳐 보자.
- 와~ 나비야 (솔미미) 피아노 연주를 잘 하는구나. 그럼 우리 이제 다 같이 나비야 동요를 불러 보자! (피아노 반주를 하며 노래를 부른다.)

8. 평가

- 뻐꾸기 소리를 듣고 의성어를 만들 수 있는가?
- 뻐꾸기 소리를 내며 손기호로 표현하는가?
- '솔'과 '미'의 소리를 듣고 솔과 미의 계이름에 관심을 가지는가?

9. 유의점

- 다양한 소리를 낼 수 있도록 지도한다.

10. 확장 활동

- 솔과 미 외의 계이름을 배운다.

3장

악기 탐색과 악기 연주

1 자연의 소리를 찾아서
2 묘사 음악 연주
3 듀오! 악기 탐색
4 캐스터네츠 춤

1 자연의 소리를 찾아서

활동① 자연의 소리를 찾아서 :: 동식물과 자연

<table>
<tr><td>연령</td><td>만 4세</td><td>생활 주제</td><td colspan="3">동식물과 자연</td></tr>
<tr><td>주제</td><td>자연의 소리</td><td>소주제</td><td colspan="3">자연의 소리 표현해 보기</td></tr>
<tr><td>활동 명</td><td>아름다운 자연의 소리를 찾아서</td><td>집단 형태</td><td>대집단</td><td>소요 시간</td><td>20분</td></tr>
<tr><td>활동 목표</td><td colspan="5">1. 우리 주변에 있는 자연의 소리에 관심을 갖는다.
2. 다양한 리듬 악기의 소리를 탐색한다.
3. 리듬 악기로 자연의 소리를 표현한다.</td></tr>
<tr><td>누리과정 관련 요소</td><td colspan="5">• 자연탐구 〉 과학적 탐구하기 〉 자연환경 알아보기
• 자연탐구 〉 탐구하는 태도 기르기 〉 호기심을 유지하고 확장하기
• 예술경험 〉 예술적 표현하기 〉 음악으로 표현하기</td></tr>
<tr><td>활동 자료</td><td colspan="5">자연의 소리(매미, 바람, 새소리, 천둥소리, 빗소리 등) 음원, 마라카스, 물건 악기, 융판</td></tr>
<tr><td>활동 전개</td><td colspan="3">활동 내용</td><td colspan="2">활동 자료 및 유의점</td></tr>
<tr><td>도입
(7분)</td><td colspan="3">T : 선생님이 수수께끼를 낼게. 우리 같이 생각해 볼까?
C : 네!
T : 이 친구는 나무에 붙어 살아요.
C : 나무늘보, 코알라, 매미 등등 모르겠어요.
T : 이 친구는 여름에 만날 수 있어요.
C : 매미, 장수풍뎅이, 사슴벌레 등등 모르겠어요.
T : 그럼 선생님이 이 친구의 울음소리를 들려줄게.
(매미 소리를 들려준다.)
C : 매미다! 매미요!
T : 맞아. 이 친구는 매미라는 이름을 가진 친구야. 이 친구가 어디에 산다고 했지?
C : 나무요!
T : 나무는 어디에 제일 많이 모여 있을까?
C : 숲이요! 산이요!
T : 우리는 숲과 산 같은 자연 속에서 매미 소리처럼 아름다운 자연의 소리들을 많이 찾을 수 있어. 선생님이 자연의 소리를 들려줄 거야. 어떤 소리가 들리는지 함께 찾아보자.
(자연의 소리를 들려준다.)</td><td colspan="2">자료
매미 소리 등
자연의 소리</td></tr>
</table>

활동 전개	활동 내용	활동 자료 및 유의점
전개 (10분)	T : 선생님은 기분 좋은 산들바람 소리가 들렸어. 친구들은 어떤 소리를 들었어? C : 천둥소리요, 새소리요, 바람 소리요, 나뭇잎 소리요, 시냇물 소리요. T : 선생님이 친구들이 말한 다양한 소리를 표현하기 위해 악기들을 가져왔어. 먼저 선생님이 들었던 산들바람 소리를 악기로 한번 표현해 볼게. (마라카스를 연주한다.) 또 어떻게 표현할 수 있을까? 표현하고 싶은 친구는 손을 들어 보자. C : 저요, 저 할래요. (손을 든다.) T : ㅇㅇ이 나와서 해 보자. C : (자신이 생각한 소리들을 표현한다.) T : 무슨 소리를 표현한 거야? C : 새소리요, 물소리요, 빗소리요! T : 그렇게도 표현할 수 있구나, 또 하고 싶은 친구? C : 저요, 저도 하고 싶어요. T : △△이 나와서 해 보자. C : (자신이 생각한 소리들을 표현한다.) T : 무슨 소리를 표현한 거야? C : 나뭇잎 소리요, 구름 소리요! T : 우리 지금까지 다양한 악기들로 자연의 소리들을 표현해 보았어. 그런데 악기가 아닌 우리 주변에 있는 물건들로도 멋진 소리를 낼 수 있다고 해. 선생님이 친구들이 간식 시간에 먹고 버린 비닐봉지와 음료수 통을 가져가 멋진 악기로 만들어 왔어. 어떤 소리가 들리는지 생각하며 악기의 소리를 들어 보도록 하자. C : 네. (만들어 온 악기의 소리를 들려준다.) T : 선생님은 이 악기의 소리를 듣고 빗소리가 떠올랐어. (악기를 연주해 준다.) 보슬보슬 내리는 작은 빗방울, 크게 휘몰아치는 폭풍우, 어때? 쏟아지는 빗소리가 들려? C : 네, 멋있어요. T : 이번에는 친구들이 생각한 소리를 여기 있는 악기들로 표현해 보자. C : 네.	자료 마라카스 자료 다양한 물건으로 만들어 온 악기

활동 전개	활동 내용	활동 자료 및 유의점
전개 (10분)	T : 표현해 보고 싶은 친구는 손을 들어 보자. C : 저요, 제가 할래요. T : ㅁㅁ이가 나와서 해 보도록 하자. ㅁㅁ이는 어떤 소리를 표현하고 싶어? C : 예쁜 새소리요, 시원한 시냇물 소리요. (악기로 표현한다.) T : 정말 멋지다. 또 다른 친구? C : 저는 돌 던지는 소리요. 다람쥐 소리요! T : 그래 ◇◇이가 나와서 해 보도록 하자. C : (악기로 표현한다.)	
마무리 (3분)	T : 지금까지 다양한 악기와 물건으로 자연에서 들을 수 있는 소리들을 표현해 보았어. 이렇게 우리 주변에서 쉽게 볼 수 있는 물건들을 재활용하면 다양한 악기로 사용할 수 있다는 것을 알게 되었지? 다음 시간에는 집에서 쓰지 않거나 버려진 물건들을 재활용해 악기를 만들어 보도록 하자! 오늘 사용한 악기들은 음률 영역에 가져다 놓을 테니 해 보고 싶은 친구들은 맛있는 점심을 먹고 자유선택 활동 시간에 가서 해 보도록 하자. C : 네!	
평가 및 유의점	– 우리 주변에 있는 자연의 소리에 관심을 가지는가? – 다양한 리듬 악기의 소리에 흥미를 가지는가? – 리듬 악기로 자연의 소리를 표현하는가?	
확장 활동	– 버려진 물건을 재활용해 악기를 만들어 본다.	

생각 나누기

1) 교사 발문

: 교사가 말로 다 설명하지 말고 유아들이 생각하고 직접 말할 수 있도록 발문 수정하기

예) 이 친구는 매미라는 이름을 가진 친구야, 이 친구가 어디에 산다고 했지?

→ 매미는 어디에 살아?

나무는 어디에 제일 많이 모여 있을까?

→ 나무가 많으면 뭐가 되지?

선생님은 산들바람 소리가 들렸어. 친구들은 어떤 소리를 들었어?

→ 친구들은 어떤 소리를 들었는지 말해 보자!

2) 정확한 자료

: 오해의 소지가 없도록 정확한 정보 전달하기

예) 우리는 숲과 산 같은 자연 속에서 매미 소리처럼 아름다운 자연의 소리들을 많이 찾을 수 있어.

(길거리나 아파트 창에 붙어 있는 매미들을 자주 볼 수 있으므로 본 내용은 옳은 내용이 아님)

3) 영상 자료

: '자연의 소리'를 들려주는 부분은 새, 바람, 물, 나뭇잎 소리 등등이 들어가는 동영상으로 보여 주기

: 두 번째는 보지 않고 소리만 들려줌으로써 상상할 수 있도록 할 것

: 소리를 들려주며 자연스럽게 대화 이어 가기

예) 새소리, 바람 소리, 이건 폭포 소리다! 이런 소리들을 어디서 들어 본 적이 있어?

: 아이들이 의성어를 표현하면 질문을 통해 스토리텔링으로 이어 가기
예) 그 소리를 악기로 표현할 수 있어?, 그때 뭘 하고 있었다고?

4) 활동 자료

: 재활용품으로 만든 악기를 사용한다면 유아들이 사전에 직접 만든 악기라는 가정 아래 활동하기
: 그림자 막 뒤로 가서 영상을 끄고 소리만 들려주는데, 처음엔 두 가지 소리의 악기만 들려주고 '지금 얘들아 어떤 소리가 났어?'라고 질문하기
: 배경 음악으로 잔잔한 분위기의 클래식 음악 틀어 주기

5) 교사 위치

: 책상을 연결해 놓고 아이들은 책상을 등지고 앉도록 하여 악기를 연주하기

활동 소감 :: 이야기 나누기

생각 나누기를 통하여 우리가 배울 게 아직 많다는 것에 즐거움을 느꼈다. 아직 모르는 것이 많기 때문에 틀리는 것도 많지만 만약 안 해 봤으면 그게 틀린 것인지도 모를 것이다. 시도해 보고 교수님께 이야기를 듣고 무엇이 잘못되었는지 알아 가면서 계속해서 배워야 하는 것이 우리가 해야 할 일이라는 것도 깨달았다. 교수님께서 수업 시간에 피드백을 해 주시면서 배울 것이 많다는 것은 좋은 일이라고 항상 말씀하셨는데 그게 무슨 말인지 이제 알 것 같다. 친구들이랑 피드백 받은 것을 다시 TC에 반영해 고쳐 나가면서 했던 말이 "우리는 왜 이렇게 생각을 못할까?", "우리는 왜 이렇게 잘못 생각했을까?"라는 말이었다. 처음에 TC를 만들었을 때는 괜찮다고 생각했는데 그게 아니었다. 내가 아는 범위에서만 TC

를 짜다 보니 만들고 나면 괜찮은 것 같고 잘 짠 거 같은데 교수님과 생각 나누기를 하면 우리가 생각하고 있던 세상을 조금 더 확장하면서 더 다양한 생각이 나고 더 많은 아이디어들이 떠오르게 된다. 이런 점에서 피드백이 중요하다는 것을 깨달았다. 이제 피드백이 한 번 밖에 남지 않았다. 나는 처음에 발표 수업 때 피드백을 들으면 안 좋은 줄 알았다. 그만큼 틀린 게 많기 때문이다. 그런데 그게 당연한 거였다. 발표 수업을 처음 하는데 어떻게 많이 해 본 사람처럼 할 수 있을까? 그건 뱁새가 황새를 따라가려고 하는 것과 같은 맥락인 것이다. 처음 받은 피드백이니까 아직 시간은 많다. 더 열심히 생각하고 더 많이 고민해서 더 좋은 티TC를 자서 교수님이 칭찬해 주실 때까지 고민하고 또 고민해야겠다.

〈예비교사 A-b-h〉

사실 우리 조는 처음에 노래 동화를 하고 싶어 했다. 하지만 가위바위보에서 져서 악기 연주를 하게 되었는데, 주제를 정하는 것과 어떤 활동들을 할까에 대해 많은 고민을 했었다. 이제 곧 여름이기도 하고 여름과 관련된 자연을 주제로 하면 어떨까라는 이야기를 조원들과 하다가 결국 주제를 자연생활로 정하였고 자연의 소리를 악기 연주로 표현하는 것을 주요 활동으로 정했다.

〈예비교사 A-b-i〉

활동② 자연의 소리를 찾아서 :: 동식물과 자연

1. 대상 연령 : 만 4세
2. 집단 크기 : 대집단
3. 활동 영역 : 음률 영역
4. 활동 목표

1. 우리 주변에 있는 자연의 소리에 귀 기울여 본다.
2. 다양한 리듬 악기의 소리를 탐색해 본다.
3. 리듬 악기로 자연의 소리를 표현해 본다.

5. 교육과정 관련 요소

- 자연탐구 〉 과학적 탐구하기 〉 자연환경 알아보기
- 자연탐구 〉 탐구하는 태도 기르기 〉 호기심을 유지하고 확장하기
- 예술경험 〉 예술적 표현하기 〉 음악으로 표현하기

6. 활동 자료

자연의 소리(매미, 바람 등) 음원, 마라카스, 책상

7. 활동 내용 및 방법

– (수수께끼를 낸다.) 나는 나무에 붙어 살아.
– 나는 여름에만 만날 수 있어.
– 내 소리를 들려줄게, 잘 들어 봐! (맴맴~ 교사가 직접 매미 소리를 낸다.)

– 이 소리를 어디서 들어 봤어?
– 그래 맞아, 매미 친구가 자연의 소리를 들려줬지?
– 이 소리처럼 친구들 주변에는 아름다운 자연의 소리들이 있어~ 자연의 소리를 준비했는데, 어떤 소리가 들리는지 귀 기울여 들어 보자!
– 이번에는 눈을 감고 한 번 더 들어 보자!

- (소리를 들으며) 아 이건 새소리 같은데? 물소리도 들리네? 음, 이건 바람 소리다.
- 이런 소리를 어디에서 들어 본 적 있어?
- 그때 어떤 소리가 들렸다고?
- 그 소리를 우리 악기로 한번 표현해 볼까?
- 그때 무엇을 하고 있었어?
- 선생님도 보고 싶은데? 너희들은 또 어떤 소리가 들렸어?
- 그 소리가 어떻게 들렸는지 악기로도 표현해 볼 수 있어? 선생님은 바람 소리를 이렇게~ 표현해 볼게! (마라카스를 흔들어 바람 소리를 연주한다.)

- 친구들 이번엔 뒤를 돌아 앉아 주세요. (책상 두 개를 놓고 아이들은 책상에 등을 대고 앉고 교사는 반대편에 앉는다. 이때 잔잔한 음악을 튼다.)
- (악기가 보이지 않게 숨기고 두 가지 소리만 들려준다.) 어떤 소리가 들려?
- 우리 집중해서 다시 들어 보도록 하자!
- (다시 한번 두 가지 소리를 들려준다.) 친구들은 이 소리를 듣고 어떤 것들이 떠올랐어?

- 그럼 그 느낌을 악기로 한번 표현해 볼까?
- 악기로 표현해 보니까 어떤 느낌이 들었어?
- 정말 멋진 느낌인데? 이렇게 우리가 들었던 소리들과 우리의 느낌, 경험을 여러 가지 악기를 통해 소리로 나타낼 수 있어요. 다음 시간에는 우리의 경험을 통해 들었던 아름다운 소리들을 그림으로 표현해 보도록 해요. 자, 이제 모두 손 씻고 맛있는 점심을 먹자~!

8. 평가

- 우리 주변에 있는 자연의 소리에 관심이 있는가?
- 다양한 리듬 악기의 소리에 흥미를 가지는가?
- 리듬 악기로 자연의 소리를 표현하는가?

9. 유의점

- 유아들이 표현할 수 있도록 먼저 기회를 제공해 준다.
- 다양한 악기를 준비해 둔다.

10. 확장 활동

- 경험 했던 소리를 그림으로 표현해 본다.

생각 나누기

1) 도입

: 교사가 매미 분장을 하고 수수께끼를 하려고 했는데, 이때 교사가 매미 분장을 할 필요는 없음

2) 마무리

: 유아들이 경험한 내용을 이야기하는 것을 매우 즐길 것이므로, 좀 더 구체적으로 접근할 것

: 의성어를 더 많이 표현할 수 있도록 하기

예) T : 그때 어떤 소리가 들렸어?

C : 물소리요! 바람 소리요!

T : 물소리는 어떻게 들렸는데? 바람 소리는 어떻게 들렸는데?

C : 바스락, 푸드득, 슈우웅, 휘이익~ 이요!

3) 교사 역할

: 선생님이 시범을 보이면 그것이 하나의 틀이 되어 모방 행동만 발생할 수 있으므로 시범은 보이지 않는 것이 좋음

예) 그럼 소리가 어떻게 들렸는지 악기로 표현해 볼 수 있어? 선생님은 이렇게 표현해 볼게!

→ 어떤 소리가 났을까? 악기로 먼저 소리 내 줄래?

: 아이들과 대화할 땐 편하게, 궁금한 마음을 담아서, 진정성 있게 표현할 것

4) 교사 발문

: 그 소리를 표현해 볼 수 있을까? → 그 소리를 악기로 들려줘!

: 또 다른 소리 들어 본 친구? → 또 어떤 소리를 들었을까?

: 그럼 소리가 어떻게 들렸는지 악기로도 표현해 볼 수 있어?
→ 그 소리를 악기로 들려줄 수 있니?
: 이번엔 뒤를 돌아 앉아 주세요.
→ 자 이번엔 소리를 들려줄 텐데 보지 말고 소리만 들었으면 좋겠어.

5) 배경 음악

: 잔잔한 음악보다 베토벤의 '운명' 교향곡을 들려주고, 작곡할 당시 베토벤이 경험한 이야기를 들려준 후 상황을 떠올리며 악기를 연주해 보도록 할 것

활동 소감 :: 이야기 나누기

유아가 어떻게 해야 더 많은 경험을 회상할 수 있는지, 그리고 그 경험을 통하여 악기로 자연의 소리를 다양한 특징(빠르기, 강약, 연주 방법 등)을 살려 표현할 수 있을지 생각하였다. 또 유아가 악기를 연주하고 나서 어떤 느낌, 어떤 소리인지 물어보는 과정을 통해 다 같이 그 소리를 감상하고 떠올릴 수 있는 자극이 될 수 있다는 것을 알게 되었다. 그리고 회상을 하지 못하여 만약 유아가 얘기를 하지 않는 경우에는 어떻게 경험을 떠올릴 수 있고 스토리텔링을 할 수 있을지도 생각하였다. 〈예비교사 A-b-h〉

아이들은 생각이 다양하기 때문에 무조건 정해 주기보다는 자신이 말한 방법으로 하면 더 흥미를 가지고 재미있게 수업에 참여할 수 있겠다는 생각이 들었다. 왜 TC를 짤 때는 생각이 안 나고 교수님이 말씀해 주시고 나면 기억이 나는지 모르겠다. 생각한 것보다 더 많은 피드백을 받았지만 그 피드백이 절대 헛되지 않았다.
〈예비교사 A-b-i〉

생각 나누기를 하고 나서 그에 맞게 계획안을 수정하는데 확실히 전보단 훨씬 부드럽고 자연스러운 수업이 진행되는 것 같았다. 그런데 이상하게도 우리끼리 모여서 이야기를 하다 보면 우리가 경험이 다 별로 없는 사람들이다 보니 어딘지 모르게 원점으로 돌아가는 느낌이 드는 것이다. 또 어딘가 부자연스럽고 어떤 면은 억지스럽게 느껴지고 또 교사 주도로 바뀌어 가는 듯한 느낌이 들었다. 또 그런 찝찝한 마음을 안고 2차 생각 나누기를 하러 갔다. 교수님은 우리가 2차 수정안에서 클래식을 넣은 것을 보고 베토벤의 '운명' 교향곡을 넣는 것이 어떻겠냐고 말씀해 주셨다. 그리고 베토벤이 곡을 만들 당시 있었던 사례들을 이야기해 주며 '너희가 ~라면 어떻게 연주할 것 같아?'라고 물어보고 그것을 악기 연주로 연결하면 좋을 것 같다고 말씀해 주셨다. 나 스스로도 그냥 클래식을 들려주기보다 그 이야기와 접목시켜 감정 이입하고 그걸 악기 연주로 연결하면 아이들도 표현할 때 훨씬 편안함을 느낄 수 있을 것 같았다. 그래서 우리는 주제인 '동식물과 자연'에 맞게 곡을 림스키 코르사코프(Rimsky Korsakov)의 '왕벌의 비행'을 준비했고 작곡가가 이 곡을 지을 당시의 이야기를 꺼내어 감정 이입을 할 수 있도록 수정하였다. 그리고 나니 훨씬 다채로운 수업으로 변해 감을 느낄 수 있었다. 그리고 맥락에 맞도록 초반에 매미가 등장하는 것을 벌로 수정하여 자연의 소리를 들려주는 것과 클래식을 들려주는 것이 자연스레 연결되도록 하였다.

우리가 현재 완성한 계획안이 완벽하다고 볼 순 없지만 열심히 준비했다. 모든 건 과정이다. 〈예비교사 A-b-j〉

수업은 교사를 위한 수업이 아닌 아이들을 위한 수업이라는 것이 떠올랐다. 알고 있던 것이지만 항상 TC를 짜면서 우리는 아이들을 위한 TC가 아닌 교사의 욕심과 교사 위주인 내용이 많지 않았나 싶다. 이 마음을 다시는 잊지 않도록 다짐하는 시간이었던 것 같다. 우리는 '표현해 줄래?'라는 말을 많이 사용하였는데 교수님께선 계속 표현이라는 단어를 바꾸셨다. 앞으로는 아이들의 생각이 열릴 수 있도록 맥락과 상황에 따른 발문을 이어 나가고 싶다. 〈예비교사 A-b-k〉

이번에는 뒷부분을 많이 수정하였다. 교수님께서 예시를 들어주셨는데 잔잔한 음악을 배경으로 들려주기보다 슈베르트(Schubert)의 '마왕'이라는 곡을 통해 마왕이라는 곡이 탄생한 배경에 대해 이야기를 들려주고, 그 이야기에 맞춰 악기로 표현해 보는 것이었다. 잔잔한 음악을 깔고 악기 소리를 들려준 다음 유추해 내는 것도 좋았지만 우리 수업이 이야기 나누기에 중점을 두고 있기 때문에 자연스럽게 이어져 나가는 것이 더 중요하다고 생각되었다.

우리 생활 주제가 동식물과 자연이기 때문에 관련성 있는 곡을 찾다가 비발디(Vivaldi)의 사계 중 '여름'이라는 곡과 림스키 코르사코프의 '왕벌의 비행'이라는 곡을 발견하게 되었다. 여름보다는 왕벌의 비행이라는 곡으로 선택하고 왕벌의 비행이 만들어진 배경에 대해 찾아보았다. 배를 타고 가던 중 벌떼가 저 멀리서부터 점점 가까이 다가오며 나는 모습과 소리들을 묘사하며 만들어진 곡이라고 하였다. 이 이야기를 가지고 아이들이 악기로 다양하게 표현한다면 재미있는 수업이 되겠다는 생각이 들었다.

저번 TC 때 나왔던 보지 않고 듣는 방법은 상상력을 증진시킬 수 있는 방법이기 때문에 다양한 대답을 유도할 수 있도록 살려 두었다. 또 아이들이 의성어를 생각하지 못하면 표현할 수 있도록 대답을 유도하는 것도 필요하다는 생각이 들었다. 모의 수업에서 가장 중요시해야 할 점은 의성어를 생동감 있게 나타내고 아이들이 오감을 느끼도록 안내하여야 한다는 것이었다.

〈예비교사 A-b-I〉

활동③ 자연의 소리를 찾아서 :: 동식물과 자연

1. 대상 연령 : 만 4세
2. 집단 크기 : 대집단
3. 활동 영역 : 음률 영역
4. 활동 목표

1. 주변에 있는 자연의 소리에 관심을 갖는다.
2. 리듬 악기를 이용하여 즐겁게 자연의 소리를 표현할 수 있다.
3. 자신의 경험과 느낌을 이야기하고 리듬 악기로 연주한다.

5. 교육과정 관련 요소

- 의사소통 〉 말하기 〉 느낌, 생각, 경험 말하기
- 자연탐구 〉 탐구하는 태도 기르기 〉 호기심을 유지하고 확장하기
- 예술경험 〉 예술적 표현하기 〉 음악으로 표현하기

6. 활동 자료

림스키 코르사코프의 '왕벌의 비행' 음원, 자연의 소리(벌, 바람, 물) 음원, 벌 사진, 리듬 악기

7. 활동 내용 및 방법

(도입)
- 나는 곤충이야.
- 나는 날개가 있어.
  (벌의 소리를 들려준다.)
- 우리 누가 찾아왔는지 하나, 둘, 셋! 하고 불러 볼까?
- 하나, 둘, 셋!
- (유아에게 벌 사진을 보여 준다.) 안녕 나는 벌이야. 너희는 내 목소리를 어디에서 들었어? 우리 주변에는 내 목소리 같이 아름다운 자연의 소리들이 많이 있어~ 내가 자연의 소리를 준비했는데 어떤 소리가 들리는지 잘 들어 봐.

(전개)
- 방금 벌 친구가 들려준 소리 중에 어떤 소리를 들었어?
- 바람 소리도 들렸고 물소리도 들렸구나.
- 어디에서 이런 소리를 들어 봤어?
- 그때 뭘 하고 있었는데?
- 혹시 그때 소리가 어떻게 들렸어?
- 소리가 어떻게 들렸는지 먼저 악기로 소리 내 줄래?
- 아~ 바로 그 소리였구나! 우리 악기 연주해 준 친구들에게 박수 쳐 주자.
- (연주해 준 유아에게) 악기는 제자리에 두고 자리에 가서 앉자.
- 자연의 소리를 들으니 마음이 어땠어?
- 그 마음을 악기로 소리 내 줄래?
- 와, 왜 그 악기를 사용했어? 그랬구나.
- (박수를 친다.) 악기 정리하고 자리로 돌아가자.
- ㅇㅇ이가 아까 신기한 기분이 들었다고 말했는데, 어떤 악기로 연주하면 좋을 거 같아?
- 그럼 악기로 한 번 들려줄래?
- (교사가 먼저 박수를 쳐서 유아의 박수를 유도한다.) 자~ 악기 정리하고 자리로 돌아가자.
- (벌의 소리가 들리고 벌이 다시 등장한다.) 윙윙윙~ 친구들 이번엔 내가 음악을 하나 들려줄 텐데 보지 않고 소리만 들었으면 좋겠어. 어떤 방법이 있지?
- 와~ 정말 좋은 방법이다! 그럼 보지 않고 듣는 거야!
  (림스키 코르사코프의 '왕벌의 비행'을 들려준다.)
- (고개를 끄덕이며) 자유선택 활동 시간에 틀어 줬었지~ 이 곡은 림스키 코르사코프라는 작곡가 아저씨가 배를 타고 있다가 멀리서 벌떼가 날아오는 모습을 보고 만들었대. 너희가 벌이라면 어떻게 날아왔을까?
- 그렇구나! 벌이 날아오는 소리를 악기로 어떻게 연주할 수 있을까? (아이들이 나와서 표현할 수 있도록 유도한다.)
- 왜 그렇게 악기를 연주했어?
- ㅇㅇ이는, △△이는 그렇게 생각했구나. 또 벌이 어떻게 날아갈 수 있을까?
- ㅇㅇ이와 △△이야. 그것을 악기로 연주해 줄래?
- (박수를 유도한다.) 자, 악기 정리하고 자리로 돌아가자.

(마무리)
- 마지막으로 '왕벌의 비행'을 다시 들려줄게. 우리 이 음악을 들으면서 느껴지는 것을 악기로 연주해 볼까? (교사가 손을 들어 악기를 선택하도록 유도한다.)
- 악기가 없는 친구들은 일어서서 손뼉이나 무릎을 치거나 발을 굴러도 좋아! (림스키 코르사코프의 '왕벌의 비행'을 다시 들려준다.)
- 벌떼가 온 것 같다~ 자연의 소리를 듣고 우리의 경험과 느낌을 여러 가지 악기로 표현해 보았어. 자유선택 활동 시간에 자유롭게 악기 연주를 하며 이야기 나누도록 하자. 이제 점심 시간이야. 모두 손 씻고 맛있는 점심을 먹자!

8. 평가

- 우리 주변에 있는 자연의 소리에 관심이 있는가?
- 다양한 리듬 악기의 소리에 흥미를 가지는가?
- 리듬 악기로 자연의 소리를 표현하는가?

9. 유의점

- 활동 전에 왕벌의 생태에 대하여 알아본다.
- 왕벌과 다른 곤충의 생김새를 비교하고 생김새에 따라 다른 특징을 이해한다.

10. 확장 활동

- 다양한 자연의 소리를 여러 악기로 표현해 본다.

2 묘사 음악 연주

활동① 묘사 음악 연주 :: 환경과 생활

<table>
<tr><td>연령</td><td>만 5세</td><td>생활 주제</td><td colspan="3">환경과 생활</td></tr>
<tr><td>주제</td><td>돌 · 흙과 우리생활</td><td>소주제</td><td colspan="3">돌 · 흙 탐색하기</td></tr>
<tr><td>활동명</td><td>악기 활동</td><td>집단 형태</td><td>대·소집단</td><td>소요 시간</td><td>20분</td></tr>
<tr><td>활동 목표</td><td colspan="5">1. 바위 소리의 변화를 악기로 표현할 수 있다.
2. 악기의 사용법을 익힌다.</td></tr>
<tr><td>누리과정 관련 요소</td><td colspan="5">• 예술경험 〉 예술적 표현하기 〉 음악으로 표현하기 〉 악기로 자신의 생각과 느낌을 표현한다.
• 예술경험 〉 예술적 표현하기 〉 음악으로 표현하기 〉 리듬 악기를 연주해 본다.</td></tr>
<tr><td>활동 자료</td><td colspan="5">'돌과 물'(작사 윤석중·작곡 전석환) 노래 음원, 악기(큰북, 소고, 귀로, 마라카스), 사진(바위, 돌덩이, 돌멩이, 자갈돌, 모래알), 융판</td></tr>
<tr><td>활동 전개</td><td colspan="3">활동 내용</td><td colspan="2">활동 자료 및 유의점</td></tr>
<tr><td>도입
(5분)</td><td colspan="3">1. 노랫말에 관련된 이야기를 들려준다.
T : 얘들아, 오늘은 선생님이 커다란 바위에 대한 이야기를 들려줄게.
C : 네.
T : 이 이야기는 큰 바위의 여행에 대한 이야기야. (융판에 큰 바윗돌 사진을 붙이며) 깊은 산속에 큰 바위가 하나가 있었는데 산 아래 세상이 너무나 궁금했어. 그래서 산 아래로 여행을 떠나기로 했단다. 이 큰 바위는 땅속에 깊이 박혀 있던 몸뚱이를 빼내면서 돌덩이가 되었어. (융판에 돌덩이 사진을 붙인다.) 그리고 이 돌덩이는 울창한 숲을 지나면서 돌멩이가 되었어. (돌멩이 사진을 붙인다.) 신나게 내려오던 돌멩이는 세찬 물살이 치는 계곡을 만나게 되었는데 이 물살과 함께 내려오면서 동글동글 자갈돌이 되었어. 더~ 더~ 아래로 내려오던 자갈돌은 햇살에 눈부시게 빛나는 고운 모래알이 되었단다.
C : 아 그렇구나!
T : 이렇게 선생님이 해 준 이야기처럼 커다란 바위가 점점 작아져서 모래알이 되는 이야기를 담은 노래가 있어. 우리 같이 들어 볼까?
C : 네.</td><td colspan="2"></td></tr>
</table>

활동 전개	활동 내용	활동 자료 및 유의점
전개 (10분)	1. 음악을 들어 본 후 노랫말에 대해 이야기 나눈다. (교사는 손유희를 하며 '돌과 물' 노래를 부른다.) T : 바윗돌 깨뜨려 돌덩이/돌덩이 깨뜨려 돌멩이 돌멩이 깨뜨려 자갈돌/자갈돌 깨뜨려 모래알 랄라랄 랄라 랄랄라/랄라랄 랄라 랄랄라 T : 얘들아, 노래 잘 들었지? 방금 들은 노래에서 커다란 바윗돌이 어떻게 변해 갔지? C : 점점 작아졌어요. 돌덩이가 되고 돌멩이가 되었어요. 자갈돌이 모래알이 되었어요. T : 그래, 맞아. 잘 기억하고 있구나. 커다란 바윗돌이 갈라져서 돌덩이가 되고, 돌덩이는 또 깨져서 돌멩이가 되고, 돌멩이가 자갈돌이 되고 또 그 자갈돌이 깨져서 모래알이 된 거야. C : 쿠궁쿵, 쾅쾅, 엄청 큰 소리요. T : 그래, 맞아. 쿠궁쿵, 쾅쾅, 쿵하면서 엄청 큰 소리가 날 거야. 2. 크기가 다른 돌의 소리를 악기로 표현한다. T : 이번에는 크기가 다른 돌들이 부딪치는 소리를 악기로 표현해 볼 거야. 선생님이 4가지 악기를 준비했는데 어떤 악기가 어울릴지 한번 맞춰 볼래? C : 네! (큰북, 소고, 귀로, 마라카스를 순서대로 놓는다. 소고, 귀로, 마라카스는 매트가 깔려진 바닥 위에 놓는다.) T : 선생님이 악기 소리를 순서대로 들려줄게. 어떤 소리가 나는지 잘 들어 보도록 해요. C : 네! T : (큰북을 가리키며) 이건 큰북이라고 하는 악기야. 이런 막대기로 치면 이런 소리가 난단다. 그 옆에 있는 이 악기는 우리나라 전통 악기인 소고란다. 채를 이렇게 아래 위로 움직이면 이런 소리가 나. 마지막으로 이것은 마라카스라고 하는 악기야. 이렇게 흔들면 이런 소리가 난단다. T : 제일 먼저, 바윗돌이 깨져서 돌덩이가 되는 소리는 이 중에 어떤 악기로 표현하는 게 좋을까? C : 큰북이요! T : 그래 맞아, 가장 큰 소리가 나는 큰북이 어울릴 것 같구나.	

<table>
<tr><th>활동 전개</th><th>활동 내용</th><th>활동 자료 및 유의점</th></tr>
<tr><td>전개
(10분)</td><td>T : 그다음 돌덩이가 돌멩이로 부서지는 것은 어떤 악기로 나타낼 수 있을까?
C : 소고요!
T : 그래 맞아, 소고가 어울릴 것 같네.
T : 그럼 이제 돌멩이들이 자갈돌이 되는 소리는?
C : 귀로요!
T : 그렇구나, 정말 다다다닥 소리가 자갈들이 서로 부딪치는 소리 같네.
T : 그럼 자갈돌이 깨져서 모래알이 되는 소리는 어떻게 낼 수 있을까?
C : 마라카스요!
T : 그래 맞아. 마라카스의 소리와 모래알의 소리를 들으니 어떤 것 같아?
C : 비슷해요, 진짜 모래 소리 같아요.
T : 그렇구나, 정말 비슷한 소리 같지? 그럼 이번에는 노래를 부르면서 선생님이 악기 연주를 해 볼게. 큰 바윗돌 소리가 점점 작아져서 모래알 소리가 되는 과정을 잘 지켜보도록 해요.
C : 네.

3. 노래를 부르며 이야기한 악기를 순서대로 연주한다.
(교사는 노래를 부르면서 큰북, 소고, 귀로, 마라카스 순서로 악기를 연주한다.)
T : 친구들 잘 들었지? 악기 소리가 점점 어떻게 변해 갔지?
C : 큰 소리에서 점점 작은 소리로 변했어요.
T : 그렇지, 아주 유심히 잘 들었구나. 그럼 이번에는 하고 싶은 친구들이 나와서 해 보자. 해 보고 싶은 친구 손 들어 볼까?
C : 저요, 저요!
T : 그래, 우리 친구들이 나와서 해 보자. 아까 우리가 정한 순서대로 악기를 연주하면 된단다. 나머지 친구들은 함께 가사를 보며 불러 보도록 해요.
C : 네.
(앞에 나온 아이들은 악기를 연주하고, 앉아 있는 아이들은 함께 노래를 부른다.)</td><td></td></tr>
</table>

활동 전개	활동 내용	활동 자료 및 유의점
마무리 (3분)	1. 활동에 대해 이야기하며 마무리한다. T : 앞에 나와 악기를 연주한 우리 친구들에게 박수 쳐 주자. 그리고 노래를 부른 친구들한테도 박수를 쳐 주자. C : (박수를 친다.) T : 여러분~ 오늘 어떤 것을 했죠? C : 바윗돌 소리, 모래 소리를 악기로 연주했어요. T : 그래 맞아. 오늘 우리는 큰북, 소고, 귀로, 마라카스 이 4가지 악기로 커다란 바윗돌 소리에서 작은 모래알 소리까지 표현해 보았어. 이렇게 악기에서는 다양한 소리가 날 수 있단다. 선생님이 이 악기들과 음악 테이프를 음률 영역에 둘게. 간식을 먹고 자유 시간에 친구들과 함께 악기를 가지고 놀아 보아요.	
평가 및 유의점	– 바위 소리의 변화를 악기로 표현하는 것에 즐겁게 참여하는가? – 악기의 사용법에 대해 관심을 가지는가?	
확장 활동	– 음률 영역에서 악기를 가지고 소리를 표현해 본다.	

생각 나누기

1) 교사 발문

: '오늘은', '선생님이' 등의 발문은 이야기의 자연스러운 흐름을 방해하는 요인이므로 가급적 언급하지 않기

: 유아의 행동에 대해 형성 평가하기

: 유아가 보지 못한 악기를 들었을 때 '이런 소리가 나는구나!'라며 소개하기

2) 전개

: 유아가 원하는 악기 6개를 사용하여 소리를 표현하는 것으로 수정하기

: 노래를 소개하며 교사가 노래를 불러 주기

: 유아 한 명이 나와서 노래 전곡을 부르고 악기 연주하기로 수정하기

활동② ● 묘사 음악 연주 :: 환경과 생활

1. 대상 연령 : 만 5세
2. 집단 크기 : 대집단
3. 활동 영역 : 음률 영역
4. 활동 목표

1. 리듬 악기 소리를 다른 소리와 연관 지어 생각해 본다.
2. 다양한 리듬 악기의 소리를 탐색한다.
3. 리듬 악기 연주 활동에 즐거움을 느낀다.
4. 노래에 맞추어 리듬 악기를 연주해 본다.
5. 자유롭게 리듬 악기를 연주할 수 있다.

5. 교육과정 관련 요소

- 예술경험 〉 예술적 표현하기 〉 음악으로 표현하기 〉 리듬 악기로 자신의 생각과 느낌을 표현한다.
- 예술경험 〉 아름다움 찾아보기 〉 음악적 요소 탐색하기 〉 다양한 소리, 악기 등으로 강약, 박자, 리듬 등을 탐색한다.
- 예술경험 〉 예술적 표현하기 〉 음악으로 표현하기 〉 리듬 악기를 연주해 본다.

6. 활동 자료

'돌과 물' 노래 음원, 큰북, 마라카스, 소고, 귀로, 트라이앵글, 캐스터네츠, 융판

7. 활동 내용 및 방법

1. 노랫말을 이야기로 구성하여 들려준다.
- 이야기를 들려줄게. 이 이야기는 큰 바위가 여행한 이야기야.

- 깊은 산속에 큰 바위가 하나가 있었는데 산 아래 세상이 너무나 궁금했어. 그래서 산 아래로 여행을 떠나기로 했단다. 이 큰 바위는 땅속에 깊이 박혀 있던 커~다란 몸을 빼내면서 돌덩이가 되었어. 그리고 이 돌덩이는 울창한 숲을 지나면서 돌멩이가 되었어. 신나게 내려오던 돌멩이는 세찬 물살이 치는 계곡을 만나게 되었는데 이 물살과 함께 내려오면서 동글동글 자갈돌이 되었고, 더 아래로 내려오면서 자갈돌은 햇살에 눈부시게 빛나는 고운 모래알이 되었어.

2. 바위의 소리를 상상해 보며 악기를 선정해 표현한다.

- 너희들 커다란 바위가 깨지는 소리를 들어 본 적 있니?
- 그럼 우리 바위가 깨져서 돌덩이가 될 때 어떤 소리가 나는지 생각해 볼까? 어떤 소리가 날 것 같은지 한번 눈감고 10초 동안 생각해 보자. 내 앞에 지금 우리 교실만한 커다란 바위 두 개가 쿵하고 부딪쳤다고 상상해 보는 거야. (10초 후) 자 어떤 소리가 들렸어요?
- 맞아, 우지직 하는 소리도 나고 시끄러운 소리도 날 것 같아. 여기 앞에 6가지 악기가 있어. 이 악기들 중에서 커다란 바위가 깨지는 소리를 찾아볼 친구 손들어 볼까?
- 그래, ㅇㅇ이가 나와서 찾아보자.
  (유아가 앞에 나와서 악기를 소리 내 본다.)
- 진짜 커다란 바위가 부서지는 줄 알았네. 선생님이 깜짝 놀랐어.
- ㅇㅇ이는 왜 커다란 바위가 깨지는 소리가 큰북 소리랑 같다고 생각을 했어?
- 아~ ㅇㅇ이는 커다란 바위가 깨지는 소리가 큰북 소리랑 같다는 생각을 했대! 잘했어요.
- 그럼 이번에는 바윗돌보다는 작은 돌덩이가 깨져서 돌멩이가 될 때 어떤 소리가 날지 상상해 볼까? 아까처럼 상상해 보는 거야. 자 내 앞에 얼굴 만한 돌덩이가 있어요. 그 두 돌덩이가 쾅 부딪쳤어요. 자, 어떤 소리가 날까?
- 맞아, 깡깡 하는 소리도 날 수 있을 것 같아. 그럼 그 소리랑 비슷한 소리가 나는 악기는 무엇이 있을지 찾아보자. 누가 해 볼래?
- 그래, 이번에는 ◇◇이가 나와서 찾아보자.
  (유아가 앞에 나와서 악기를 소리 내 본다.)
- 아~ ◇◇이는 소고를 칠 때 둥둥 하는 소리가 돌멩이가 깨지는 소리 같다고 생각을 했구나! 잘했어요.
- 우리 ◇◇이가 방금 연주해 본 악기는 처음 보는 악기지? 이 악기는 소고라고 한대. 다 같이 따라 해 볼까? 소! 고!
- 손잡이가 달린 작은 북을 소고라고 한대. (소고의 북면을 가리키며) 이 부분을 소고의 북면이라고 해! (소고의 북채를 보여 주며) 그리고 이걸 북채라고 한단다. 소고는 이 북채를 가지고 북면을 쳐서 연주하는 거야.
- 그럼 주먹 만한 돌멩이가 깨져서 동전만한 자갈돌이 될 때는 어떤 소리가 날까?
- 그런 소리도 날 수 있겠구나! 악기들 중에서 돌멩이가 깨지는 소리를 찾아볼 친구 손들어 볼까?

- 그래, ㅁㅁ이가 나와서 찾아보자.
  (유아가 앞에 나와서 악기를 소리 내 본다.)
- 아~ ㅁㅁ이는 캐스터네츠 소리가 돌멩이가 부서지는 소리 같았대! 그럴 수도 있겠다. 아까 커다란 바윗돌이랑은 또 다른 소리가 나는구나!
- 마지막으로 자갈돌이 조그만 모래알이 될 때 어떤 소리가 나는지 찾아볼까? 어떤 소리가 날 것 같아?
- 그렇구나~ 이 악기들 중에서 모래알 소리를 찾아보자. 과연 어떻게 소리를 낼 수 있을까? 이번엔 누가 찾아볼래?
- 우와~ 정말 아주 작은 모래알들이 서로 부딪치는 소리 같네. 꼭 모래 놀이를 할 때 들리는 소리 같다.
- 그럴까? 모래가 들어 있을까? 친구들은 이 안에 무엇이 들어 있을 것 같니?
- 아! 그런 것들이 들어 있을 것 같구나. 선생님도 무엇이 들어 있는지는 정확하게는 잘 모르겠지만 이 속에는 분명 너희가 말한 것처럼 작은 알갱이 같은 것들이 들어 있을 거야. 그리고 이 악기의 이름은 마라카스라고 한대. 다 같이 따라 해 볼까? 마라카스!
- 마라카스는 (마라카스를 앞뒤로 흔들며) 이렇게 흔들어서 소리를 내는 악기야. 음악에 맞춰서 박자를 다르게 해서 다양하게 리듬을 만들어 칠 수 있어.
- 이러한 이야기가 있는 노래가 있대. 우리 들어 보자.
  (노래를 들려준다.)
- 잘 들어 봤니? 선생님이 또 한 번 불러 줄 텐데 어떻게 하면 여기 있는 악기로 그 이야기를 실감나게 할 수 있을지 생각하면서 들어 보자.
  (노래를 듣는다.)

3. 다양한 악기를 사용해 노래 전곡을 연주하며 소리로 표현한다.
- 자 그럼, 커다란 바위가 점점 작아져서 모래알이 된 전체 이야기를 여기 있는 악기로 실감나게 꾸며 줄 친구 있나요?
- ㅇㅇ이 나와서 해 보자.
- (유아가 앞에 나오면) 우리 ㅇㅇ이가 멋지게 악기로 소리를 내는 동안 다 같이 노래를 불러 주자.
- 잘했어. 우와 정말 바위가 점점 작아지는 것 같았어. 대단한 걸? 그럼 '나는 다른 소리가 날 것 같아요.'라는 친구 있어요?
- 우와 그래? 그럼 이번에는 △△이가 나와서 여기에 있는 악기들로 소리를 내 보자. 우리 이번에도 같이 노래 불러 주는 거야!
- 아~ △△이는 또 이런 소리가 날 것 같다고 생각했네? 우와 그럴 수도 있겠다. 그치? 정말 잘했어요.
- 우리 앞에 나온 친구들 다들 잘했어~ 우리 이 친구들에게 박수 쳐 주자.

4. 활동에 대해 이야기 후 후속 활동을 알려 준다.
- 우리가 무엇을 했지?
- 응 그래, 바위 이야기를 들었지.
- 그래 맞아, 커다란 바윗돌에서 아주 작은 모래알로 변하는 소리를 여기 있는 이 악기들로 소리 내 보았어. 어땠니?
- 선생님도 정말 재미있었어. 다들 재미있었다니 선생님도 기분이 좋은걸? 우리 그럼 다음 시간에는 또 어떤 소리들을 악기로 소리 내 볼지 차차 생각해 보자.

8. 평가

- 리듬 악기로 연주할 때 즐겁게 참여하는가?
- 리듬 악기의 소리를 바윗돌이 변화하는 과정의 소리에 연관 지어서 생각하는가?

9. 유의점

- 바윗돌의 변화를 상상할 수 있도록 교사는 이야기를 해 준다.
- 악기를 자유롭게 선정하며 처음 접하는 악기에 대해서는 소개를 해 준다.

10. 확장 활동

- 더 다양한 악기로 소리를 표현한다.
- 커다란 바윗돌에서 모래알로 변하는 과정을 몸으로 표현해 본다.

생각 나누기

1) 활동 자료

: 소고의 북면, 북채에 대해 소개하기

: 다양한 크기의 돌 모양에 대한 실제 사진을 제시하기

2) 도입

: 유아가 사진을 보며 커다란 바위라고 느낄 수 있는 사진 찾기

: 아이들이 예측해서 상호 작용을 할 수 있도록 발문하기

3) 전개

: '맞아', '틀려' 사용한 부분 적절한 말로 수정하기

4) 교사 발문

: '커다란 바위에서 어떤 소리가 나니?'라고 물으며 형성 평가하기

: 유아들이 부담스럽지 않게 '이쁘게', '멋지게'라는 말 수정하기

: '한 가지 악기로도 다른 소리를 만들 수 있는 거란다.'라고 알려 주기

활동③ 묘사 음악 연주 :: 환경과 생활

1. 대상 연령 : 만 5세

2. 집단 크기 : 대집단

3. 활동 영역 : 음률 영역

4. 활동 목표

1. 특정한 소리를 악기로 표현할 수 있다.
2. 여러 가지 악기의 다양한 소리를 탐색해 본다.
3. 노래 부르며 즐겁게 리듬 악기 연주를 한다.
4. 노래에 맞추어 리듬 악기를 연주해 본다.

5. 교육과정 관련 요소

- 예술경험 〉 예술적 표현하기 〉 음악으로 표현하기 〉 리듬 악기로 자신의 생각과 느낌을 표현한다.
- 예술경험 〉 아름다움 찾아보기 〉 음악적 요소 탐색하기 〉 다양한 소리, 악기 등으로 강약, 박자, 리듬 등을 탐색한다.
- 예술경험 〉 예술적 표현하기 〉 음악으로 표현하기 〉 리듬 악기를 연주해 본다.

6. 활동 자료

'돌과 물' 노래 음원, 큰북, 소고, 귀로, 마라카스, 캐스터네츠, 트라이앵글, PPT 자료(큰 바위 사진, '돌과 물' 노래 가사), 실물 자료(돌멩이, 자갈돌, 모래알)

7. 활동 내용 및 방법

1. 사진을 보며 바위에 대해 이야기를 나눈다.
- 얘들아 저기 좀 봐. 우와 바위가 정말 크다. 그렇지?
- (조그마한 모래알을 들며) 얘들아 요것 좀 봐. 이건 무엇일까?
- 모래알! 저렇게 큰 바위가 이렇게 작은 모래알이 될 수 있을까?

- 오랜 시간이 지나면 저렇게 큰 바위도 이렇게 작은 모래알이 될 수 있대. 우지직 하고 지진이 나서 갈라지기도 하고, 또 갈라진 바위가 떼굴떼굴 구르면서 깎이기도 하고, 바람이 불어서 점점 깎여서 이렇게 조그마한 모래알이 될 수도 있대. 어때? 신기하지?

2. 바위의 소리를 상상해 보며 맞는 악기를 선정해 표현한다.

- 그럼 우리 처음에 커다란 바위가 깨져서 돌덩이가 될 때 어떤 소리가 나는지 생각해 볼까? 내 앞에 지금 우리 교실만한 커다란 바위 두 개가 쿵하고 부딪쳤다고 상상해 보는 거야. (10초 후) 자 어떤 소리가 들렸어요?
- 그럼, 여기 앞에 6가지 악기 중에서 커다란 바위가 깨지는 소리를 어떤 소리로 들려줄 수 있을까? 누가 들려줘 볼래?
- 그래, ㅇㅇ이가 나와서 찾아보자.
  (유아가 앞에 나와서 큰북을 소리 내 본다.)
- 진짜 커다란 바위가 부서지는 줄 알았네. 선생님이 깜짝 놀랐어.
- 그럼 이번에는 바윗돌보다는 작은 돌덩이가 깨져서 돌멩이가 될 때 어떤 소리가 날까?
- 깡깡 하는 소리도 날 수 있을 것 같아. 그럼 그 소리랑 비슷한 소리가 나는 악기는 무엇이 있을지 찾아보자. 누가 해 볼래?
- 그래, 이번에는 ㅁㅁ이가 나와서 찾아보자.
  (유아가 앞에 나와서 소고를 소리 내 본다.)
- 아~ ㅁㅁ이는 소고를 칠 때 나는 소리가 돌멩이가 깨지는 소리 같다고 생각을 했구나! 잘했어~!
- 우리 ㅁㅁ이가 방금 연주해 본 악기 처음 보는 악기지? 이 악기는 소고라고 한대. 다 같이 따라 해 볼까? 소! 고!
- 손잡이가 달린 작은 북을 소고라고 한대. (소고의 북면을 가리키며) 이 부분을 소고의 북면이라고 해! (소고의 북채를 보여 주며) 그리고 이걸 북채라고 한단다. 소고는 이 북채를 가지고 북면을 쳐서 연주하는 거야.
- (실물을 제시하며) 자, 이번에는 요렇게 주먹만 한 돌멩이가 깨져서 요만한 자갈돌이 될 때는 어떤 소리가 날까?
- 그런 소리도 날 수 있겠구나! 악기들 중에서 돌멩이가 깨지는 소리를 찾아볼 친구 손들어 볼까?
- 그래, ◇◇이가 나와서 찾아보자.
  (유아가 앞에 나와서 캐스터네츠를 소리 내 본다.)
- 와! 정말 커다란 바위 소리랑은 다른 소리가 나네? ㅇㅇ이는 캐스터네츠 소리가 돌멩이가 부서지는 소리 같았구나!
- 마지막으로 자갈돌이 조그만 모래알이 될 때 어떤 소리가 나는지 찾아볼까? 어떤 소리가 날 것 같아?
- 그렇구나~ 이 악기들 중에서 모래알 소리를 찾아보자. 과연 어떻게 소리를 낼 수 있을까? 이번엔 누가 찾아볼래?
- △△이가 나와 보자.
  (유아가 앞에 나와서 마라카스를 소리 내 본다.)

- 우와 정말 아주 작은 모래알들이 서로 부딪치는 소리 같네. 꼭 모래 놀이를 할 때 들리는 소리 같다. 이 마라카스 안에 무엇이 들어 있을 것 같니?
- 그럴까? (아이들이 말하는 것들을 적절하게 수용하며) 모래가 들어 있을까? 콩? 유리 조각? 그래~ 그런 것들이 들어 있을 것 같구나~ 여기엔 잘 말린 씨앗이 들어 있대~ 그리고 이 악기의 이름은 마라카스라고 한대. 다 같이 따라 해 볼까? 마라카스!
- 마라카스는 (마라카스를 앞뒤로 흔들며) 이렇게 흔들어서 재미있는 소리를 만들어 낼 수 있어.
- 이러한 이야기가 있는 노래가 있대. 우리 들어 보자.
  (노래를 들려준다.)
- 선생님이 다시 한번 불러 줄 텐데, 노래를 들으면서 어떻게 하면 여기 있는 악기로 바윗돌이 깨지고 깨져서 자갈돌이 되는 이야기를 악기들로 재미있게 표현할 수 있을지 생각하면서 들어 보자.
  (노래를 듣는다.)
- 자 이제 그럼 '커~ 다란 바위가 점점 작아져서 모래알이 된 이야기를 여기 있는 악기로 들려주고 싶어요!'라는 친구? 누가 들려줄래?

3. 노래에 맞춰 여러 가지 악기로 다양한 소리를 표현해 본다.
- ㅇㅇ이 나와서 해 보자.
- 우리 ㅇㅇ이가 악기로 이야기를 만들어서 들려주는 동안 우리는 노래를 불러 주자.
  (유아가 앞에 나오면 다 같이 '돌과 물' 노래를 불러 준다.)
- 우와 멋지다! 우와 정말 바위가 점점 작아지는 것 같았어. 대단한 걸? 그럼 '나는 다른 소리가 날 것 같아요.'라는 친구 있니?
- 우와 그래? 그럼 이번에는 △△이가 나와서 여기에 있는 악기들로 소리를 내 보자. 우리 이번에도 같이 노래 불러 주는 거야~!
- 아~ △△이는 또 이런 소리가 날 것 같다고 생각했네? 우와 그럴 수도 있겠다. 그치? 정말 잘했어요.
- 앞에 나온 친구들 다들 잘했어~ 우리 이 친구들에게 박수 쳐 주자.

4. 활동에 대해 이야기한 후 마무리한다.
- 이번에는 선생님이 이야기를 들려줄게~ (악기를 고르는 행동을 취하며) 어떤 악기로 들려줄 거냐 하면 선생님은 한 가지 악기로만 들려줄 거야~ 선생님이 이야기를 들려주는 동안 너희들은 노래를 불러 줘~!
- 이렇게 여러 악기로 이 음악을 만들어서 들려줄 수 있지만 한 가지 악기로도 다른 소리를 만들어 줄 수 있는 거라구. 어떤 악기로 또 만들어 줄 수 있을까?
- 그래~ 소고, 캐스터네츠 모두 다 음악을 만들어서 들려줄 수 있다구. 만져 본 악기와 음악을 모두 음률 영역에 둘 거야. 친구들처럼 여러 가지 악기를 사용해 보기도 하고 선생님처럼 한 가지 악기를 사용해 보면서 자유롭게 재미있는 음악을 만들어 보도록 하렴~!

8. 평가

- 바윗돌의 변화 과정을 악기로 표현하는가?
- 노래에 맞추어 리듬 악기를 연주하는 것에 흥미를 가지며 참여하는가?

9. 유의점

- 유아들이 이해하기 쉽도록 사진 자료를 준비한다.
- 교사는 한 가지 악기를 들려줄 때 강약을 조절하며 연주한다.

10. 확장 활동

- 더 다양한 악기로 소리를 표현한다.
- 커다란 바윗돌에서 모래알로 변하는 과정을 몸으로 표현해 본다.

활동 소감 :: 이야기 나누기

누군가를 가르치는 일이 얼마나 많은 생각을 하여야 하며 정성과 시간을 쏟아야 하는 것인지를 피부로 느낄 수 있었던 시간이었고 그만큼 나에게도 많은 깨달음을 주었던 감사한 시간이었다.

〈예비교사 전○○〉

처음 악기 연주라는 주제를 가지고 음악교육 TC를 짤 때, '악기 연주? 어떻게 하면 기존의 악기 연주의 틀에서 벗어나서 색다르게 접근할 수 있을까?'라는 고민을 했던 것 같다. 그러다 아이들과 소리를 탐색해 보면서 '아이들이 소리에 관심을 가지고 연주해 보면 더 의미 있는 수업이 되지 않을까?'라는 생각이 들었다. 그리고 피드백을 통해 형성 평가의 중요성을 다시 한번 느꼈다.

〈예비교사 장○○〉

교사의 언행이 유아의 자존감에 큰 영향을 미친다는 것을 깨달은 시간이었다. 계획안을 짜며 우리가 염두에 둔 것은 '어떻게 하면 유아의 자존감을 높여 줄 수 있을까?'라는 것이었다. 자존감을 높일 수 있는 방법으로 아이들에게 자율적으로 선택할 수 있는 기회를 부여해 주는 것을 택했다. 그리고 그 선택을 존중하며 칭찬해 주는 것도 포함하였다.

수많은 상황에서 아이들의 삶을 존중하는 교사라면 어떻게 대처해야 할까를 깊이 생각해 보며 현장에 한 발짝 더 다가갈 수 있었다. 앞으로 여러 상황 속에서 내가 아이들을 위한 교사라면 어떻게 해야 하는가를 자주 생각해 봐야겠다.

〈예비교사 남○○〉

3 듀오! 악기 탐색

활동① ● 우드 블록과 탬버린 탐색 :: 생활 도구

연령	만 4세	생활 주제	생활 도구		
주제	다양한 생활 도구	소주제	주변에 있는 생활 도구 알아보기		
활동명	우드 블록과 탬버린 탐색	집단 형태	소집단	소요 시간	20분
활동 목표	1. 우드 블록과 탬버린의 사용법에 대해 알 수 있다. 2. 노래에 맞춰 악기를 연주함으로써 리듬감과 박자감을 키울 수 있다. 3. 직접 악기를 다루고 연주해 보는 활동을 통해 눈과 손의 협응력, 소근육을 발달시킬 수 있다.				
누리과정 관련 요소	• 예술경험 〉 예술적 표현하기 〉 음악으로 표현하기 • 예술경험 〉 예술적 표현하기 〉 움직임과 춤으로 표현하기				
활동 자료	리듬 악기(우드 블록, 탬버린), 사진(우드 블록 그림자), '비행기'(작사 윤석중·미국 민요)와 '눈꽃송이'(작사 서덕출·작곡 박재훈) 노래 음원				

활동 전개	활동 내용	활동 자료 및 유의점
도입	1. 악기를 소개하고 탐색한다. T : (우드 블록 그림자를 보여 주며) 우리 이 악기를 어디서 봤더라? C : 책이요. / 나무요. / 유치원에 있어요. T : 그렇지. 책에서도 보고 우리 유치원에서도 봤죠. 그럼 이 악기 이름이 'ㅇㅇ다.'라고 말해 줄 친구 있어요? C : 저요! T : 우리 ㅇㅇ이가 말해 볼까요? C : 우드 블록이요! T : 그래요. 이 악기는 우드 블록이에요. 나무로 만든 우드 블록은 왼쪽과 오른쪽으로 나누어서 치는데 (막대기를 보여 주며) 바로 이 막대기를 이용해서 연주하는 거예요. (악기를 치며) 어떤 소리가 나지요? C : 맑은 소리. / 똥똥 하는 소리요. T : 맑은 소리도 나고 똥똥 하는 소리도 나지요. 그런데 (우드 블록 왼쪽과 오른쪽을 번갈아 쳐 보며) 왼쪽 소리하고 오른쪽 소리하고 어떤 것 같아요?	

활동 전개	활동 내용	활동 자료 및 유의점
도입	C : 달라요. / 왼쪽이 더 큰 소리가 나요. / 오른쪽이 더 높은 소리가 나요. T : 그렇지. 소리의 차이를 잘 듣고 말해 주었어요. 우드 블록은 양쪽 소리가 달라요. 옆에 구멍이 있죠? 거기에 막대기를 넣어 보면 더 깊숙이 들어가는 쪽이 더 큰 소리가 나요. (탬버린을 보여 주지 않고 소리만 들려주며) 어? 이 소리는 어떤 악기 소리더라? C : 탬버린이요! T : (실물을 보여 주며) 탬버린이에요. 탬버린은 후프라고 하는 테의 한쪽 면에만 가죽을 대고, 그 테의 둘레에는 금속제의 작고 얇은 심벌을 자유롭게 울리도록 달아 놓은 악기예요. (악기를 치며) 어떤 소리가 나지요? C : 흔들리는 소리요. / 찰찰 하는 소리요. T : 우리 친구들 말대로 흔들리면서 찰찰 하는 소리가 나지요. 그럼 이 악기들을 좀 더 자세히 알아볼까요? C : 네!	
전개	1. 악기에 대해 이야기 나누고 악기로 연주를 한다. T : 아까 우드 블록을 어떻게 쳤더라? C : 막대기를 이용해서요! T : 그렇지. 막대기로 우드 블록을 쳤죠? 그런데 그냥 막 팔에 힘을 주고 세게 쳤나요? C : 아니요! T : 그럼 어떻게 쳤지요? C : 살살! T : 살살 치기도 했고 세게 치기도 했어요. 우리가 우드 블록을 연주할 때는 손목을 이용해서 쳐야 해요. 팔만 이용해서 치면 맑은 소리가 제대로 나오지 않기 때문에 가볍게 손목을 움직이면서 치는 거예요. 그럼 우드 블록을 어떻게 연주하면 좋을까요? C : 크게 치다가 작게 쳐요. / 손목을 이용해서 쳐요. T : 그럼 선생님이 '비행기' 노래를 들려줄 테니까 여기에 맞춰서 우리 ㅇㅇ이가 자신만의 방법으로 우드 블록을 쳐 볼까요? (ㅇㅇ이 나와서 노래에 맞춰 우드 블록을 친다.) T : 우리 ㅇㅇ이가 자신만의 방법으로 연주를 해 줬어요. 고마워요. 그럼 이번에는 △△이가 나와서 연주해 볼까요? (△△이 나와서 노래에 맞춰 우드 블록을 친다.)	

<table>
<tr><th>활동 전개</th><th>활동 내용</th><th>활동 자료 및 유의점</th></tr>
<tr><td>전개</td><td>T : 우리 △△이는 이런 방법으로 연주를 했네요. 조금 전 ○○ 친구와는 다른 방법이지요. 잘해 주었어요. 두 번째 악기 탬버린은 아까 어떻게 쳤더라?
C : 큰 동그라미 부분을 쳤어요! / 손가락으로 쳤어요!
T : 그렇지! 선생님이 연주했던 모습을 정확히 말해 주었어요. 탬버린은 손끝으로 치는 건데 우드 블록과 마찬가지로 힘을 빼고 가볍게 쳐야 좋은 소리가 나요. 그럼 탬버린은 어떻게 연주하면 좋을까?
C : 손가락으로 쳐요. / 흔들어요.
T : 그럼 선생님이 이번에도 '비행기' 노래를 들려줄 테니까 여기에 맞춰서 우리 ㅁㅁ이가 자신만의 방법으로 탬버린을 쳐 볼까요?
(ㅁㅁ이 나와서 노래에 맞춰 탬버린을 친다.)
T : 우리 ㅁㅁ이는 그런 방법으로 연주를 해 줬네요. 잘했어요. 그럼 이번에는 ◇◇이가 나와서 연주해 볼까요?
(◇◇이 나와서 노래에 맞춰 탬버린을 친다.)
T : 우리 ◇◇이는 이런 방법으로 연주를 했구나. 조금 전 ㅁㅁ 친구와는 다른 방법이지요. 고마워요. 들어가도 좋아요.

2. 악기를 연주하며 노래를 부른다.
T : 방금 우드 블록과 탬버린을 따로 연주해 보았죠?
C : 네!
T : 이번에는 동요에 맞춰서 같이 연주해 볼 거예요. 우리가 부를 동요는 어제 배운 '눈꽃송이' 노래예요. 들어 본 동요라서 어렵지는 않겠죠?
C : 네!
T : '선생님, 제가 연주해 볼게요!' 하는 친구 있어요?
C : 저요! 저요!
T : ○○이하고 ◇◇이가 나와 볼까요?
C : 아싸!
(각자 악기를 집는다.)
T : ○○이는 우드 블록을, ◇◇이는 탬버린을 동요에 맞춰서 연주해 볼게요.
(교사가 노래를 틀어 준다.)</td><td></td></tr>
</table>

활동 전개	활동 내용	활동 자료 및 유의점
전개	T : 이번에는 서로 악기를 바꿔서 해 볼까? (악기를 바꾼 후 교사는 노래를 틀어 준다.) T : 우리 ㅇㅇ이와 ◇◇이는 자신만의 방법으로 연주를 해 주었어요. 고마워요. 들어가면서 다른 친구에게 악기를 전해 주고 그 친구가 나와서 연주를 해 볼게요. (다른 친구에게 악기를 전해 주는 동안 교사는 노래를 튼다.) T : 동요에 맞춰서 연주를 잘해 주었어요. 이번에도 들어가면서 다른 친구에게 악기를 전해 주고 그 친구가 나와서 연주를 해 볼게요. (다른 친구에게 악기를 전해 주는 동안 교사는 다시 노래를 튼다.) T : △△이와 ㅁㅁ이도 악기를 제대로 연주해 주었어요. 고마워요. 들어가도 좋아요.	
마무리	1. 활동을 되돌아보고 마무리한다. T : 오늘 우리는 리듬 악기인 우드 블록과 탬버린을 알아보고 연주하는 활동을 해 보았어요. 동요에 맞추어 연주를 할 때 두 악기의 조화가 잘 이루어졌나요? C : 네. / 아니요. / 탬버린이 너무 컸어요. T : 그랬구나. 그럼 다음에는 친구의 악기 소리도 귀 기울여서 들으며 내 악기를 연주해야겠죠? C : 네! T : 오늘 배운 악기를 이용해서 다른 동요를 연주해 보는 방법도 있을까요? C : 네! T : 어떤 동요가 있죠? C : '봄비'요 / '산타 할아버지'요. T : 그렇지. 그동안 배운 동요들을 오늘 배운 악기를 이용해 다양한 방법으로 연주해 볼 수 있어요. 이제 모두들 활동한 악기를 제자리에 정리하고 다시 모이도록 할게요.	
평가 및 유의점	– 우드 블록과 탬버린의 사용법에 관심을 가지는가? – 노래에 맞춰 악기를 연주하는 것에 흥미를 가지는가?	
확장 활동	– 악기를 활용하여 다른 동요를 연주해 본다.	

생각 나누기

1) 활동 목표

: 구체적인 활동 목표 설정하기

2) 악기

: 리듬 악기가 없으면 휴지 말이나 종이로 직접 만들어 보기 (3개 정도)

: 탬버린으로 넘어가지 말고 우드 블록으로 연주 활동 해 보기

: 악기를 연주할 때 손끝으로만 치는 것이 아니라 여러 가지 방법으로 쳐 보기

3) 음악 선정

: 우드 블록과 탬버린에 적합한 동요 찾기

4) 교사 발문

: 책에서도 보고 유치원에서도 봤지요. 이게 'ㅇㅇ이다.'라고 말해 줄 친구?

→ 이게 뭘까요?

: (우드 블록을 보지 못한 것으로 가정하고) 뭐로 만들어졌을까?

: 왼쪽 소리하고 오른쪽 소리하고 어떤 것 같아요?

→ (계속 쳐 보며) 어떻게 이렇게 다른 소리가 나는 거지?

: 잘해 주었어요.

→ ㅇㅇ이가 아름다운 소리로 악기 연주를 정말 잘해 주었구나! (구체적으로 격려, 친구들이 직접 평가해 봄으로써 언어와 사고가 확장되도록 함)

: 오늘 악기를 연주하면서 어땠나요?

→ 우드 블록과 탬버린을 연주하면서 느낌이 어땠나요? (오늘 배운 악기의 이름을 직접 언급해 줌)

5) 교사 역할

: 긴 쪽을 막대기로 먼저 넣어 보고 테이프로 붙여서 눈으로 길이를 볼 수 있도록 안내하기

: 교사가 악기 연주를 직접 보여 줌으로써 좋은 모델링되기

: '이 부분에서는 어떤 악기로 연주하고 싶니?'라고 물으며 탬버린 유도하기 (탬버린이라는 대답이 나오도록 탬버린에 어울리는 동요를 선정하기)

: 우드 블록 연주와 어울리는 동요 선택하기

활동 소감 :: 이야기 나누기

수업 계획안에 자신이 있었고 나름대로 잘했다고 우리 조원들끼리 생각했었기 때문에 교수님과 생각 나누기를 하기 직전까지도 그렇게 떨리지 않았고 불안하지 않았는데, 이렇게 많은 것들을 짚어 주시고 피드백해 주실 줄 몰랐다. 앞으로 더 많이 생각하고 배워 나가야 겠다는 생각이 들었다.

〈예비교사 A-b-u〉

피드백을 받고 나니 멍해졌다. 교수님은 우리가 불안해했던 흥미로운 요소와 창의적인 수업 내용의 부재를 말씀해 주셨다. 계획안을 자세히 다시 들여다보니 무난하고 쉽게 수업을 하려는 우리의 게으름이 담겨 있는 듯했다. 아이들은 재미가 없어지면 슬퍼진다는 것을 알면서도 충분한 고민의 시간을 갖지 않고 재미없는 계획안을 구성한 것 같아 한없이 부끄러웠다.

〈예비교사 A-b-v〉

활동② ● 트라이앵글과 마라카스 탐색 :: 생활 도구

1. 대상 연령 : 만 4세
2. 집단 크기 : 대집단
3. 활동 영역 : 음률 영역
4. 활동 목표

1. 트라이앵글과 마라카스의 사용법에 대해 알 수 있다.
2. 또래와 교사 간의 상호 작용을 통해 사회성을 기를 수 있다.
3. 노래에 맞춰 악기를 연주함으로써 리듬감과 박자 능력을 키울 수 있다.
4. 직접 악기를 다루고 연주해 보는 활동을 통해 눈과 손의 협응력, 소근육을 발달시킬 수 있다.

5. 교육과정 관련 요소

- 사회관계 〉 다른 사람과 더불어 생활하기 〉 친구와 사이좋게 지내기
- 예술경험 〉 예술적 표현하기 〉 음악으로 표현하기
- 예술경험 〉 예술적 표현하기 〉 움직임과 춤으로 표현하기

6. 활동 자료

리듬 악기(트라이앵글, 마라카스), 징글벨(작곡 J. 피어폰드) 노래 음원과 가사판, 그림자 막, 쌀이 들어간 깡통, 융판, 철로 된 물건

7. 활동 내용 및 방법

1. 악기를 소개하고 탐색한다.
- (트라이앵글 그림자를 보여 주며) 이게 뭘까?
- (트라이앵글 그림자를 다른 모양으로 틀어서 보여 주며) 그럼 이건?
- 세모? 그래, 세모를 닮았지? 그래서 얘 이름은 트라이앵글이야~ 트라이앵글!
- 소리도 들어 봐. (트라이앵글을 친다.)
- 땡땡~ 종소리가 나는구나. 그럼 이건 뭘로 만들어졌을까? (한 번 더 쳐 준다.)
- 그럼 어떤 것이 이 소리와 비슷한지 ㅇㅇ이가 앞의 물건들을 모두 쳐 보면서 골라 보자.

- ㅇㅇ이는 이걸 골랐구나. 정말 비슷한지 소리를 들어 볼까? (철로 된 물건을 친다.) 어때? 비슷한 것 같아?
- 그럼 이 악기는 무엇으로 만들어진 걸까?
- 그렇지. (트라이앵글을 꺼내며) 짠~ 정말 철로 만들어졌어. 그런데 완전히 세모가 아니다. (끊어진 부분을 가리키며) 여기 좀 봐봐.
- 그래. 한쪽은 이어져 있는데, 다른 한쪽은 끊어져 있어. 왜 그럴까?
- 멋있어 보이려고? 그래 멋있어 보이기도 하지. 그런데 이곳이 끊어져 있지 않으면 소리가 멈추지 않고 계속 울린대. 그래서 이렇게 끊어 놓은 거야.
- 그런데 봐봐! (트라이앵글의 여러 면을 친다.) 소리가 어때?
- 아! 그럼 우리가 트라이앵글을 가지고 여러 소리를 낼 수 있겠다. 그렇지?
- (쌀 깡통을 흔들며) 무슨 소리지?
- 깡통 속에 쌀을 넣어 흔들었더니 찰찰, 칙칙 소리가 나네. 그런데 이런 것이 악기로도 있대. (마라카스 그림자를 보여 주며) 바로 이거야. (마라카스를 흔들며) 소리가 어떤 것 같아?
- 그래? 그럼 왜 다른지 볼까? (실물을 보여 주며) 뭐가 다르지?
- 그렇지! 겉이 무엇으로 만들어졌는지, 또 속은 무엇으로 채워져 있는지에 따라 소리가 다르다고. 그래서 이 악기의 종류도 다양해. 볼래?
- (여러 가지 융판 자료를 붙이며) 나무로 만든 것도 있고, 철로 만든 것도 있고, 코코넛으로 만든 것도 있어. 그래서 이 악기의 이름이 뭔지 궁금하지 않아?
- 이 악기 이름은 바로 (융판 자료를 붙이며) 마라카스야~!

2. 악기를 연주하며 노래를 부른다.
- 얼른 연주해 보고 싶지?
- 그런데 그 전에 마라카스와 트라이앵글을 연주할 음악을 들어 볼 거야. 어떻게 연주하면 좋을지 생각하면서 들으면 더 좋겠지?
  ('징글벨' 노래를 틀어 준다.)
- 기분이 어때?
- 크리스마스 느낌도 나고, 신나는 구나! 마라카스는 어떻게 연주하면 좋을까?
- 트라이앵글은?
- 누가 나와서 연주해 볼까?
- 그럼 ㅇㅇ이가 나와서 마라카스, △△이가 나와서 트라이앵글을 연주해 보자.
  (ㅇㅇ이와 △△이가 나와 악기를 집고 교사는 다시 노래를 틀어 준다.)
- 이번에는 악기를 서로 바꿔서 해 볼까?
  (바꿔서 연주한다.)
- ㅇㅇ이와 △△이가 한 거 잘 봤어?
- 어땠어?
- (손으로 들어가라는 제스처를 하며) 이번에는 나눠서 연주해 볼까?
- 어떻게 나눠서 연주해 보면 좋을까?

- 나눠서 연주하는 방법이 아주 많구나. 그럼 이건 어때? '흥겨워서 소리 높여 노래 부른다'까지를 마라카스로, '기쁜 노래 부르면서 빨리 달리자'까지를 트라이앵글로 쳐 보는 거야. (융판에 붙어 있는 가사판에 표시하며)
- 누가 해 볼까?
- △△이랑 ◇◇이, ○○이, ㅁㅁ이 (나오라는 제스처를 한다.)
  (유아들은 악기를 집고 교사는 노래를 틀어 준다.)
  (유아들이 연주를 한다.)
- (손으로 들어가라는 제스처를 하며) 또 어떤 방법이 있을까?
- 그럴까? 마라카스로 전체를 해 보자.
- (트라이앵글을 한 번씩 치며) 땡, 땡, 땡~ 노래 중간에 트라이앵글을 넣어 볼까?
- 어느 부분에 넣으면 좋을까?
- (융판 가사에 표시를 하며) 여기, 또 있을까?
- (융판 가사에 표시를 하며) 그럼 이 부분에서만 (트라이앵글을 치며) 효과를 넣어 보자!
- ○○이, △△이가 해 볼까?
- 연주 후에 '너도 해 봐.' 하고 다른 친구에게 악기를 전해 줘 보자.
  (건네받은 유아들은 악기를 들고 교사는 나오라는 제스처와 함께 노래를 틀어 준다.)
- (손으로 들어가라는 제스처를 하며) 이번에는 트라이앵글로 연주하다가 (융판 자료를 표시하며) '울려라, 울려, 달리자, 달려'라는 부분에서는 마라카스를 연주해 보자! 누가 나와서 해 볼까?
- ○○이와 ◇◇이가 해 보자. (나오라는 제스처를 한다.)
  (유아들은 악기를 집고 교사는 음악을 틀어 준다.)

3. 활동을 되돌아보고 마무리한다.
- (손으로 들어가라는 제스처를 하며) 여러 가지 방법으로 연주를 해 보았는데 어떤 방법이 좋았니?
- 그럼 '징글벨' 노래에 다른 악기를 넣어서 연주해 볼 수도 있을까?
- 어떤 악기가 어울릴까?
- 그렇구나! 다음에는 캐스터네츠와 차임벨로 해 보자.
- 이제 악기를 정리하자. 다음 시간에는 다른 악기로 연주해 보는 시간을 갖도록 하자.

8. 평가

- 트라이앵글과 마라카스의 사용법에 관심을 가지는가?
- 또래나 교사와 상호 작용을 하며 참여하는가?
- 직접 악기를 다루고 연주해 보는 활동에 흥미를 가지는가?

9. 유의점

- 유아들이 연주를 할 때 헷갈리지 않도록 지도한다.

10. 확장 활동

- 다양한 악기를 가지고 연주해 본다.

생각 나누기

1) 활동명

: 탐색보다는 연주라는 말로 수정하기

예) 탐색해 보아요. → 연주해 보아요.

2) 활동 자료

: 마라카스 악기로 연주하기엔 '징글벨' 동요보다는 '눈꽃송이' 동요가 보다 적합함

3) 교사 발문

: 악기를 보여 주기 전에 소리를 먼저 들려주고 궁금증 유발하기

예) 땡땡~ 종소리가 나는구나. 그럼 이건 뭘로 만들어졌을까?

: 유아의 생각을 이끌어 내기에 적절한 발문 고민하기

예) ○○이는 이걸 골랐구나. 정말 비슷한지 소리를 들어 볼까? (철로 된 물건을 친다.) 어때? 비슷한 것 같아?

: 이때 트라이앵글에 관한 책을 가져와 읽어 주고 선생님이 지식을 어떻게 무엇을 통해 배웠는지 설명해 주기
예) 소리가 멈추지 않고 계속 울린대. 그래서 이렇게 끊어 놓은 거야.
: 마라카스 악기 설명까지 하면 트라이앵글을 연주하고 싶은 마음이 큰 유아들에게 다소 지루할 수 있으니 지난 시간에 배운 것으로 가정하고 바로 넘어가기
예) 이 악기 이름은 바로 (융판 자료를 붙이며) 마라카스야!
: 느낌을 설명한 발문 삭제하기
예) 크리스마스 같아요. 신나요!

4) 교사 역할

: 마라카스를 연주할 때에는 눈이 내리는 모습으로 쳐 준다거나 하며, 유아의 노래에 대한 느낌이 더욱 효과적으로 표현될 수 있도록 교사가 한번 연주해 준다.

5) 악기

: 악기를 연주하는 부분은 트라이앵글만 2번 → 마라카스만 2번 → 교사만 1번 → 같이 1번 정도 연주해 주는 것이 효과적이다.

활동③ 트라이앵글과 마라카스 탐색 :: 생활 도구

1. 대상 연령 : 만 4세
2. 집단 크기 : 대집단
3. 활동 영역 : 음률 영역
4. 활동 목표

1. 노래 부르며 악기를 연주하도록 지휘할 수 있다.
2. 재질과 연주 방법에 따른 다양한 악기 소리를 감상한다.
3. 또래나 교사와의 상호 작용을 통해 사회성을 기를 수 있다.
4. 직접 악기를 다루고 연주해 보는 활동을 통해 눈과 손의 협응력, 소근육을 발달시킬 수 있다.

5. 교육과정 관련 요소

- 사회관계 〉 다른 사람과 더불어 생활하기 〉 친구와 사이좋게 지내기
- 예술경험 〉 예술적 표현하기 〉 음악으로 표현하기
- 예술경험 〉 예술적 표현하기 〉 움직임과 춤으로 표현하기

6. 활동 자료

리듬 악기(트라이앵글, 마라카스), '눈꽃송이' 노래 음원, 그림자 막

7. 활동 내용 및 방법

1. 악기를 소개하고 탐색한다.
- (트라이앵글 그림자를 보여 주며) 이게 뭘까?
  (생각할 시간을 주고 발표시킨다.)
- (트라이앵글 그림자를 다른 모양으로 틀어서 보여 주며) 그럼 이건?
- 세모? 그래, 세모를 닮았지? 그래서 이 악기 이름은 트라이앵글이야~ 트라이앵글!
  (소리를 들려준다.)
- 소리도 들어 봐. (트라이앵글을 친다.)
- 정말 트라이앵글인지 볼까? (트라이앵글을 보여 주며) 짠! 진짜 트라이앵글이네!

2. 트라이앵글과 일상생활에서 철의 소리를 비교해 보고, 다양하게 연주를 해 본다.

- 트라이앵글은 뭐로 만들어졌을까? (한 번 더 쳐 준다.)
- 플라스틱으로 만들어졌을까? 철로 만들어졌을까? 아님 쇠로 만들어졌을까? (시간을 두고) 트라이앵글은 철로 만들어졌대. 그럼 철로 된 것을 교실에서 한번 찾아 보자.
- 그래! 문손잡이도 철로 만들어졌고, 선생님 의자 밑부분도 철로 만들어졌어. 그럼 ㅇㅇ이가 나와서 트라이앵글 채로 문손잡이를 쳐 볼까?
  (유아가 나와서 의자 밑부분을 채로 쳐 본다.)
- (트라이앵글을 쳐 본다.) 문손잡이를 쳤을 때 소리랑 의자 밑부분을 쳤을 때 소리랑 트라이앵글 소리가 서로 어떤 것 같아?
- 똑같은 철로 만들어졌는데 왜 다를까?
- 그렇지! 똑같은 철로 만들어졌어도 모양에 따라서, 철의 양에 따라서, 또 만든 방법에 따라서 소리가 다르게 날 수 있어. (트라이앵글을 보여 주며) 트라이앵글은 무슨 모양이지?
- 그래, 세모! 그런데 완전히 세모가 아니다. (끊어진 부분을 가리키며) 여기 좀 봐. 왜 이렇게 만들었을까?
- 선생님도 궁금해서 척척박사님을 모셔 왔어. 우리 다 같이 '척척박사님~ 나와 주세요!'라고 불러 볼까?
  (척척박사가 나와서 이곳을 끊어 놓은 이유를 설명해 준다.)
- 정말 그런지 누가 나와서 해 볼까?
- ㅇㅇ이가 나와서 해 보자.
- ㅇㅇ이가 들어가면서 전해 주는 친구가 나와서 또 해 보자.

3. 노래에 맞추어 연주해 본다.

- 이번엔 '눈꽃송이'라는 노래에 맞추어 트라이앵글로 연주해 볼 거야. 어떻게 연주하면 좋을지 생각하면서 이 노래를 들어 보도록 하자.
- '선생님 제가 연주해 볼게요.'라는 친구 있어?
- 이번에는 선생님이 연주해 볼게.
- 한번 해 볼 친구?
- 우리가 지난 시간에 마라카스를 배웠지?
- 그럼 마라카스로도 연주해 보자. ㅇㅇ이가 악기장에서 마라카스를 꺼내 올래?
  (유아가 마라카스를 꺼내 온다.)
- (꺼내 온 유아에게) ㅇㅇ이가 한번 해 보자.
- (교사가 노래를 부르면서 마라카스로 눈이 내리는 모습을 표현한다.) (생각할 시간을 준다.) 어떻게 연주한 것 같아?
- 눈이 내리는 모습을 (아까 한 방법을 보여 주며) 이렇게 해 봤어. 또 어떻게 할 수 있을지 생각해 보자. (생각할 시간을 준다.) 자신이 생각한 것을 친구들에게 보여 주고 싶은 친구?
- △△이가 나와서 해 보자.
- 이번엔 트라이앵글이랑 마라카스랑 같이 연주할 거야. 선생님의 손을 보고 함께 연주해 보도록 하자. 오른손을 들면 마라카스, 왼손을 들면 트라이앵글을 치는 거야. 오른손을 들면 무슨 악기라고 했지?

- 그럼 왼손을 들면?
- 그렇지! (가운데에 앉은 유아를 지목 하며) ㅇㅇ이와 그 오른쪽 친구들은 마라카스, 그리고 ㅇㅇ이의 왼쪽 친구들은 트라이앵글을 연주해 보자.
- (오른쪽에 앉은) △△이와 (왼쪽에 앉은) ◇◇이가 나와서 친구들에게 악기를 나눠 주자. (악기를 나눠 주고 음악을 들으면서 트라이앵글과 마라카스를 연주한다.)
- ㅇㅇ이 나와 봐봐. 방금 선생님이 했던 것처럼 ㅇㅇ이가 해 보자. 악기 연주하는 방법을 어떻게 표현할 거야?
- 발을 구를 때는? (유아들을 쳐다보며)
- 마라카스를, 손뼉을 칠 때는? (유아들을 쳐다보며)
- 트라이앵글을! 그렇게 연주해 보자.

4. 활동을 되돌아보고 마무리한다.
- 한 악기만 연주했을 때랑 두 가지 악기를 같이 연주했을 때가 어떻게 달랐지?
- 그럼 트라이앵글만 했을 때, 마라카스만 했을 때는 어떻게 달랐지?
- 그런 면이 있었구나! 악기 소리가 하나만 들리니 노래가 새롭게 들렸어. 다음 시간에는 또 어떤 악기를 알아보고 싶어?
- 선생님이 점심 시간에 노래 하나를 틀어 줄 거야. 그 노래에는 어떤 악기가 어울리는지 생각해 보고, 점심 먹고 난 뒤에 얘기해 보도록 하자.

8. 평가

- 노래 부르며 지휘하는 것에 관심을 가지는가?
- 트라이앵글과 마라카스의 소리 탐색 및 연주 방법에 흥미를 가지는가?
- 또래나 교사와 상호 작용을 하며 적극적으로 활동에 참여하는가?

9. 유의점

- 유아에게 악기를 탐색하고 표현해 볼 수 있는 충분한 시간을 제공한다.
- 악기 연주에 어울리는 동요를 선정하여 감상하도록 한다.

10. 확장 활동

- 노래를 들어 보고 다양한 악기로 연주해 본다.

4 캐스터네츠 춤

활동① 캐스터네츠 춤 :: 생활 도구

<table>
<tr><td>연령</td><td colspan="2">만 4세</td><td>생활 주제</td><td colspan="3">생활 도구</td></tr>
<tr><td>주제</td><td colspan="2">다양한 생활 도구</td><td>소주제</td><td colspan="3">주변에 있는 생활 도구 알아보기</td></tr>
<tr><td>활동명</td><td colspan="2">악기 탐색</td><td>집단 형태</td><td>대집단</td><td>소요 시간</td><td>20분</td></tr>
<tr><td>활동 목표</td><td colspan="6">1. 신체 악기(손바닥)와 리듬 악기(캐스터네츠)를 탐색해 보고 연주한다.</td></tr>
<tr><td>누리과정 관련 요소</td><td colspan="6">• 예술경험 〉 아름다움 찾아보기 〉 음악적 요소 탐색하기</td></tr>
<tr><td>활동 자료</td><td colspan="6">캐스터네츠, 가림판, 동요</td></tr>
<tr><td>활동 전개</td><td colspan="4">활동 내용</td><td colspan="2">활동 자료 및 유의점</td></tr>
<tr><td>도입</td><td colspan="4">1. 악기 소리를 들려주며 호기심을 유발한다.
T : (가림판을 두고 교사가 캐스터네츠를 한 번 친다.)
(가림판을 두고 교사가 캐스터네츠를 두 번 친다.)
(가림판을 두고 교사가 캐스터네츠를 세 번 친다.)
T : 너희 이 소리를 들어 본 적 있니?
C : 문 두드릴 때요. / 엄마 구두 소리요.
(상호 작용을 한다.)
T : 다시 잘 들어 봐~!</td><td colspan="2"></td></tr>
<tr><td>전개</td><td colspan="4">1. 캐스터네츠에 관련된 이야기를 들려준다.
T : (가림판을 두고 교사가 캐스터네츠를 한 번 친다.)
(가림판을 두고 교사가 캐스터네츠를 두 번 친다.)
(가림판을 두고 교사가 캐스터네츠를 세 번 친다.)
T : (캐스터네츠 소리를 들려준다.)
T : 몸으로 이 소리를 어떻게 낼 수 있을까?
C : 이렇게요. (손뼉을 친다.)
T : 응~ (손뼉을 치며) 이렇게도 할 수 있구나. 또?
(유아들이 소리를 낸다.)
(상호 작용을 한다.)
T : 이건 우리가 흔히 알고 있는 악기의 소리야. 선생님이 이 악기에 대한 이야기 하나를 들려주려고 하는데, 들으면서 무엇일까 생각해 보자.
(캐스터네츠 이야기를 들려준다.)</td><td colspan="2"></td></tr>
</table>

활동 전개	활동 내용	활동 자료 및 유의점
전개	T : 이 이야기의 주인공인 악기가 무엇인 것 같아? C : 나무요. / 그거 그거~ 캐스터네츠요! T : 그래 맞아. 이건 바로 캐스터네츠야. 무슨 악기? C : 캐스터네츠! T : 응~ 그래, 캐스터네츠는 저기 저 스페인에서 많이 사용하고 있는 민속 악기야. 무엇으로 만든 것 같니? C : 나무요! T : 그래, 캐스터네츠는 나무로 만들어져 있어! 캐스터네츠라는 이름은 스페인에서 밤나무라고 불렸던 말에서 유래된 거래~! **2. 캐스터네츠의 소리를 표현하며 연주한다.** T : 그럼 얘들아. 우리가 볼 때는 이 악기를 어떻게 연주하는 것 같아? 한번 우리 손으로 먼저 표현해 볼까? (손을 이용하여 캐스터네츠처럼 여러 방식으로 소리를 내어 본다.) (상호 작용을 한다.) T : 이제 우리 지금까지 한 것처럼 캐스터네츠를 한번 연주해 볼까? T : 아, 우리 ◇◇이가 나와서 한번 해 볼까? C : 네! (◇◇이가 캐스터네츠를 연주한다.) T : 와~! ◇◇이에게 모두 칭찬의 박수! T : 이제 선생님이 쉽고 재미있는 동요를 하나 들려줄게! 우리 이 노래에 맞춰서 캐스터네츠를 연주해 보자. C : 네. (다 같이 연주한다.)	
마무리	**1. 활동에 대해 이야기 나누며 마무리한다.** T : 오늘 우리가 흔히 알던 캐스터네츠 이야기도 들어 보고 동요에 맞춰서 연주도 해 보고 자세히 알아보고 하니까 어땠어? C : 재밌어요. / 조금 어려웠어요.	
평가 및 유의점	- 캐스터네츠에 대한 이야기에 관심을 가지는가? - 캐스터네츠로 다양하게 표현하는가?	
확장 활동	- 동요에 맞추어 악기를 연주해 본다.	

생각 나누기

1) 유아 인원수와 대형

: 수업 인원은 20명 정도가 적당함

: 매트를 앞에 가져다 놓고 앞에 둥글게 둘러앉는 대형으로 앉기

2) 사전 설정

: 캐스터네츠 소리를 들려줄 경우, 모두 소리를 모른다는 상황을 전제로 해야 함

3) 전개

: 캐스터네츠의 밤나무 유래 설명 제외하기

: 여러 가지 방법으로 음악과 함께 연주 활동 해 보기

: 유아는 캐스터네츠, 교사는 손뼉 치기로 나누어 소리가 섞이지 않도록 이중주하기

4) 악기

: 캐스터네츠 안쪽 모양이 조가비처럼 움푹 파여 있는 형태에서 울리는 소리가 만들어지는 원리에 대하여 과학적으로 접근해 보기

: 신체 악기(손바닥)로 연결하기

: 두 가지 악기를 이용한 수업 활동도 다양하고 재미있음을 느끼도록 돕기

5) 교사 역할

: 언어의 직유, 은유를 통해 유아들이 소리를 발견할 수 있도록 도와주기

6) 음악 선정

: 음악은 악기와 잘 어울리는 곡으로 선택하기

활동 소감 :: 이야기 나누기

상호 작용을 할 때에 교사가 말을 아무런 준비 없이 하는 것이 아니라 유아들에게 적합한 대답을 해 주기 위해 사전에 많이 고민해 보고 생각해 봐야 되겠다는 생각이 들었다.

〈예비교사 A-b-x〉

교사는 악기를 연주할 때 '음악에 맞춰 악기를 같이 연주한다.'라는 것에만 초점을 두는 게 아니라 유아의 생각과 느낌을 담아 활동으로 연결하는 연구를 하여야 한다. 즉, 이때 어떻게 반응하고 수업을 이끌어 나갈 것인지 생각해야 하는 것이다. 의자 배열하는 부분에서도 유아들이 최대한 재미있게 잘 집중할 수 있는 배열을 생각해 보았는데, 더욱 효과적인 수업을 위해 앉은 자리를 이용할 수도 있음을 알게 되었다. 무엇보다 계획안을 짜면서 처음 도입부터 마무리까지 동영상은 어떤 걸 어떤 시점에 어떻게 틀어줄 것인지, 악기는 어떻게 탐색할 것이며 앉은 자리는 어떻게 배열할 것인지 등 짧은 20분이라는 시간 동안 정말 세심하게 신경이 안 쓰이는 부분이 한 부분도 없다는 것을 알게 되었다.

〈예비교사 A-b-y〉

아이들이 자유롭게 생각해 보고 말해 볼 수 있도록 교사가 '왜 그럴까?'라는 말 등으로 유도하는 것이 중요하다는 사실을 깨달았다. 또한 음악에 맞춰 연주를 할 때, 선생님이 먼저 연주하고 다음에 유아들이 순차적으로 연주해 보도록 하면서 상호 작용을 할 수 있다는 것을 알았다.

〈예비교사 A-b-z〉

캐스터네츠 소리를 먼저 가림판을 이용해 가리고 들려주며 '무슨 소리일까?'라고 교사가 질문함으로써 유아는 상상력과 창의성을 더 잘 발휘할 수 있다고 생각했다. 또한 캐스터네츠 관련 이야기를 들려줄 때에도 유아들은 매우 흥미로워하고, 상상을 하면서 들을 수 있었다. 이러한 과정을 통해 교사가 유아의 생각과 사고를 막지 않게 주의해야 한다는 것을 깨달았다.

〈예비교사 A-c-a 〉

스토리텔링을 할 때도 이야기만을 들려주는 것이 아니라 이야기하면서 '이렇게 두드리면 아주머니께서 뭐라고 말씀하셨을까?', '지현아 뭐라고 말씀하셨을 것 같니?' 이런 식으로 아이들과 상호 작용을 해야 한다는 걸 알게 되었다.

〈예비교사 A-c-b 〉

활동② 캐스터네츠 춤 :: 생활 도구

1. 대상 연령 : 만 4세
2. 집단 크기 : 대집단
3. 활동 영역 : 음률 영역
4. 활동 목표

1. 캐스터네츠를 탐색한다.
2. 캐스터네츠의 소리를 리듬 스틱의 소리와 비교한다.
3. 캐스터네츠를 연주하며 걷고 춤춘다.

5. 교육과정 관련 요소

- 예술경험 〉 아름다움 찾아보기 〉 음악적 요소 탐색하기
- 예술경험 〉 예술적 표현하기 〉 움직임과 춤으로 표현하기

6. 활동 자료

악기(캐스터네츠, 리듬 스틱), 가림판, 음원('줄 따라 걷자', 차이콥스키의 호두까기 인형 중 '행진곡')

7. 활동 내용 및 방법

1. 소리를 사용하여 호기심을 유발한다.
(가림판을 두고 교사가 캐스터네츠를 한 번 친다.)
(가림판을 두고 교사가 캐스터네츠를 두 번 친다.)
(가림판을 두고 교사가 캐스터네츠를 세 번 친다.)
– 무슨 소리일까?
– 다시 잘 들어 봐~!

2. (캐스터네츠를 보여 주지 않고) 캐스터네츠 관련 이야기를 들려준다.

- 나무로 악기를 만드는 악기공 아저씨가 계셨어. '뭔가 간단하면서도 재밌는 악기가 없을까?' 고민하던 아저씨는 나무와 나무를 부딪치며 소리 내는 악기를 만들었어. (리듬 스틱을 치면서) "똑똑똑똑똑" 아저씨는 만든 악기를 연주해 보았어. 집에서 (리듬 스틱을 치면서) "똑똑똑똑똑" 연주를 하는데 "이게 무슨 소리야?" 옆집 아줌마가 소리쳤어. (리듬 스틱을 치면서) "똑똑똑똑똑" 또 연주를 했더니! "아니, 이게 무슨 소리래!" 동네 사람들이 악기 소리를 듣고 깜짝 놀란 거야! 소리도 크고 귀도 따갑고 정신이 없었나 봐~! 결국 아저씨는 더 좋은 소리를 내고 싶은 마음에 안쪽에 동그랗게 홈을 파 보았어. (캐스터네츠를 치면서) "똑똑똑똑똑"

- 얘들아, 악기의 소리를 들은 동네 사람들은 뭐라고 말했을까? ○○이는 뭐라고 말했을 것 같아?
- ㅁㅁ이는? 또?
- △△이는? 그래~ 그 이후로 아저씨는 자기의 악기를 가지고 동네 사람들하고 즐겁게 연주하게 되었대.

3. 캐스터네츠의 특성을 알아보며 연주를 한다.

- (리듬 스틱을 치면서) 리듬 스틱 소리가 어때?
- 그래? (캐스터네츠를 치면서) 이 캐스터네츠는 아까 리듬 스틱의 소리와는 달리 작지만 맑고 고운 소리가 나지?
- 왜 그럴까?
- (캐스터네츠 안을 보여 주면서) 캐스터네츠는 이렇게 안을 파서 탁한 소리가 나지 않아. (리듬 스틱을 치며) 이렇게 리듬 스틱을 치면 탁한 소리가 나지? 안이 뚫려 있지 않기 때문이야.
- 이 캐스터네츠는 단단한 나무나 상아로 만들어졌어. 왜 이걸로 만들었을까?
- 응~ 사실 선생님도 상아로 만든 캐스터네츠를 본 적이 없는데, 상아가 코끼리의 이빨이니까 단단하겠지? 상아 캐스터네츠로 소리를 내면 어떤 소리가 날까 궁금하네?
- 이 캐스터네츠는 (검지에 고리를 끼고 나머지 네 손가락으로 면을 움직이며) 이렇게 치는 거야~! 그리고 (손바닥으로 치면서, 손끝으로 치면서) 이렇게도 치고, 이렇게도 칠 수 있어. (오므린 손에 캐스터네츠를 올려놓고 치면서) 왜 이렇게 치는지 아니?
- 손바닥으로 공명을 또 만드는 거야. 그래서 더 울림 있는 소리가 나오는 거야.
- 이번에는 음악에 맞춰서 리듬 스틱과 캐스터네츠를 연주해 보자. ('줄 따라 걷자' 노래에 맞춰서 주 교사가 리듬 스틱과 캐스터네츠를 번갈아 가면서 연주한다.)
- 이번에는 선생님이랑 음악에 맞춰서 리듬 스틱과 캐스터네츠를 번갈아 가면서 연주해 볼 거야~! 선생님이랑 같이 연주해 볼 사람?
- 선생님이 먼저 연주해 볼게. (캐스터네츠를 2마디 친다.)
- 이번에는 ○○이가 리듬 스틱 연주를 하는 거야!
- 이번에는 선생님 차례, 그다음은 ○○이 차례야. (이런 식으로 상호 작용을 한다.)
- 또 누가 해 볼래? 이번에는 두 명의 친구가 나와서 같이 해 보자. (노란 상자를 두고 마주 보면서 한 유아는 캐스터네츠, 한 유아는 리듬 스틱을 가지고 2마디씩 번갈아 가면서 연주한다. 앞에서 교사가 유아랑 연주한 것처럼 두 명의 유아가 번갈아 가면서 연주할 수 있게 도와준다.)

4. 음악에 맞춰 걸으면서 캐스터네츠와 리듬 스틱을 연주한다.

- 이번에는 음악에 맞춰서 걸으면서 연주해 보자~! ◇◇이와 △△이가 나와서 같이 연주해 보자. (2명 정도의 아이들이 나와서 걸으면서 연주한다.)
- 마지막으로 해 보고 싶은 사람?
- 지금 우리가 노래에 맞춰서 걸으면서 연주를 해 봤지? 이번에는 행진곡에 캐스터네츠 춤을 춰 보자.
  (차이콥스키의 호두까기 인형 중 '행진곡'을 들려준다.)

5. 음악에 맞춰 춤추며 리듬 악기를 연주한다.

- 이 행진곡에 어떤 춤이 어울리는 거 같아?
- 아~ 이렇게도 할 수 있구나~! (오른쪽을 향해 치고, 왼쪽을 향해 치며) 이렇게 하면 재밌을 거 같아. (위로 치고, 아래로 치면서) 이렇게 해도 재밌을 거 같아. (위에서 아래로 내려오면서, 아래에서 위로 올라오면서) 이렇게도 해 보자!
- 선생님이 오른쪽 손을 들면 오른쪽 방향에서 치는 거고, 왼쪽 손을 들면 왼쪽 방향에서 치는 거야~! 선생님의 손을 보고 잘 따라 해 봐. 먼저 ㅇㅇ이가 나와서 선생님과 캐스터네츠를 가지고 춤을 춰 보자~! (교사와 ㅇㅇ이가 행진곡에 맞춰서 한 바퀴를 춤추면서 돈다.) 그다음 ㅇㅇ이가 같이 할 친구 4명을 앞으로 데려와~! (친구들을 데려온 뒤, 5명의 유아와 교사가 둥글게 원으로 앉는다. 한 바퀴 돌 때마다 1명의 유아를 추가하면서 돈다. 마지막 5명의 유아가 일어났을 때는 다 같이 한 바퀴 행진한다.)

8. 평가

- 캐스터네츠와 리듬 스틱의 소리를 비교할 수 있는가?
- 캐스터네츠를 연주하며 신체로 표현하는가?

9. 유의점

- 대형을 원형으로 앉아 표현할 수 있도록 지도한다.
- 소리를 몸으로 표현할 수 있도록 도움을 준다.

10. 확장 활동

- 행진곡에 맞추어 다양한 리듬 악기를 연주해 본다.

생각 나누기

1) 활동 목표

: 활동 목표 수정하기

(1) 캐스터네츠를 탐색하고 소리의 원리를 이해한다.

(2) 캐스터네츠의 소리를 리듬 스틱의 소리와 비교한다.

(3) 캐스터네츠를 연주하며 소리를 몸으로 표현할 수 있다.

2) 교사 발문

: 가림판을 두고 교사가 캐스터네츠를 치면서 흥미 유발을 할 때, '무슨 소리일까?'로 발문 수정하기

: '그치?'는 부정적인 내용에 동감하는 것 같은 표현이므로 '그래?'나 '그런 생각도 있구나!'로 수정하고 인정해 주기

3) 악기

: 캐스터네츠 안을 보여 주면서 '안이 왜 이럴까?'라고 질문하며 생각을 통해 창의력을 기를 수 있도록 하기

: 유아가 연주해 보고 싶은 악기를 선택하게 한 다음 유아가 리듬 스틱을 선택했다면, 교사가 먼저 캐스터네츠 2마디를 연주하고 그다음에 유아가 리듬 스틱을 연주할 수 있도록 하기

: 반주를 먼저 들려주기보다는 부 교사가 반주를 하고 주 교사가 리듬 스틱과 캐스터네츠를 번갈아 가며 연주할 수 있도록 하기

: 연주를 할 때 노란상자 의자를 가지고 마주 보며 연주하고, 유아와 교사가 번갈아 가며 악기를 연주하기

4) 칭찬하기

: 여러 명의 유아 중 한 명이 활동할 때 '열심히 하는구나!'라며 박수 쳐 주기

5) 활동 자료

: 한 번에 너무 많은 것을 듣고 보는 것은 유아들이 혼란스럽고 산만해질 수 있으니 연주 동영상은 제외하기

활동 소감 :: 이야기 나누기

행진곡의 음악을 들어 보면 도돌이표 형식으로 음악이 계속 연주되기 때문에 이 부분을 교사가 먼저 캐스터네츠 춤을 보여 준 뒤 유아가 따라 하는 형식으로 할 수 있다는 것을 알게 되었다.

〈예비교사 A-b-x〉

교사라고 하면 가르치는 입장이기 때문에 학생들에게 모르는 것이 없어야 한다는 강박 관념 같은 것이 있다. 그러나 모르는 것을 아는 듯이 가르쳐 주기 위해 정확하지도 않은 정보를 꾸며 이야기하는 것보다는 모르는 부분에서는 인정하고 함께 자료를 검색하여 찾아보는 모습을 보여 주는 것이 훨씬 신뢰가 가는 모습이라고 생각하게 되었다.

〈예비교사 A-b-y〉

다시 한번 느끼는 것인데, 모든 수업은 놀이여야 한다. 아이들이 흥미를 가질 수 있도록 해야 하고 아이들이 재밌어야 한다. 우리 수업도 마찬가지이다. 게임 형식으로 친구를 초대하고 연주해 보며 몸으로 장난치는 듯한 활동도 허용하며 즐길 수 있어야 한다. 이 수업을 통해 나오는 교구는 아이들이 자유 놀이 시간에도 활용할 수 있어야 하고 다른 수업에서도 사용될 수 있어야 한다. 말 그대로 한 번 수업했다고 끝이 아니고 아이들이 하고 싶어 할 때 바로 놀 수 있도록 음률 영역에 제공하도록 한다.

〈예비교사 A-b-z〉

교사의 역할이 중요한 것 같다. 먼저 몇 명의 유아들이 자유 놀이 시간에 음률 영역에서 친구들과 함께 캐스터네츠로 놀 수 있도록 하고, 마무리를 자연스럽게 음률 영역의 수업으로 연계하는 것이 좋을 것 같다는 생각이 들었다.

〈예비교사 A-c-a〉

캐스터네츠를 이용해 춤을 추는 아이를 보면 다른 아이들도 하고 싶어 할 수 있으니까 다른 아이가 하고 있을 때 음악에 맞춰 박수를 쳐 주고 자연스럽게 하고 싶은 아이들을 초대해야 한다는 걸 알게 되었다. 교사는 잘했다는 식상한 말보다 아이들이 추었던 캐스터네츠 춤을 비교하며 칭찬해 줘야 한다는 것도 알게 되었다. 안 하려고 해도 항상 입버릇처럼 '잘했다~!'라는 말이 나오는데 그것보단 구체적으로 아이들의 행동에 대해 칭찬을 해 줘야겠다고 느꼈다. 캐스터네츠를 탐색하려면 꼭 모든 유아가 가지고 있어야 한다고 생각했는데, 만져 보는 것만이 아닌 소리, 시각을 통해서 탐색을 해 보았기 때문에 굳이 줄 필요가 없다는 것도 알게 되었다.

〈예비교사 A-c-b〉

교사와 유아의 자리 배치에도 많은 신경을 써야 되는 것을 알았고, 특히 행진곡에 맞춰 춤을 출 때에 어떻게 유아와 춤을 출지, 악기의 개수는 어떻게 할지에 대해 많은 생각을 하게 되었는데 교사가 유아를 앞으로 나오도록 초대하고 나서 활동을 한 뒤 유아들끼리 서로 리드해 주며 하는 것이 유아들 서로에게 도움이 될 것 같다는 결론을 얻었다. 음악의 특징에 맞춰 활동을 구성해서 더 재미있는 활동을 만들 수 있었던 것 같고, 아이들이 추었던 캐스터네츠 춤을 비교해 주면서 유아들이 서로 흥미를 느껴 더욱 창의적인 춤을 출 수 있었던 것 같다.

〈예비교사 A-c-c〉

활동③ 캐스터네츠 춤 :: 생활 도구

1. 대상 연령 : 만 4세
2. 집단 크기 : 대집단
3. 활동 영역 : 음률 영역
4. 활동 목표

1. 캐스터네츠 모양과 소리를 탐색한다.
2. 캐스터네츠와 리듬 스틱의 소리를 비교한다.
3. 캐스터네츠를 연주하며 걷고 춤춘다.

5. 교육과정 관련 요소

- 예술경험 〉 아름다움 찾아보기 〉 음악적 요소 탐색하기
- 예술경험 〉 예술적 표현하기 〉 움직임과 춤으로 표현하기

6. 활동 자료

악기(캐스터네츠, 리듬 스틱), 가림판, 음원('줄 따라 걷자', 차이콥스키의 호두까기 인형 중 '행진곡')

7. 활동 내용 및 방법

1. 악기 소리를 사용하여 주의 집중을 한다.
(가림판을 두고 교사가 캐스터네츠를 한 번 친다.)
(가림판을 두고 교사가 캐스터네츠를 두 번 친다.)
(가림판을 두고 교사가 캐스터네츠를 세 번 친다.)
– 무슨 소리일까?
– 다시 잘 들어 봐~!
(가림판을 두고 교사가 캐스터네츠를 한 번 친다.)
(가림판을 두고 교사가 캐스터네츠를 두 번 친다.)
(가림판을 두고 교사가 캐스터네츠를 세 번 친다.)

2. (캐스터네츠를 보여주지 않고) 캐스터네츠 관련 이야기를 들려준다.

- 나무로 악기를 만드는 악기공 아저씨가 계셨어. '뭔가 간단하면서도 재밌는 악기가 없을까?' 고민하던 아저씨는 나무와 나무를 부딪치며 소리 내는 악기를 만들었어. (리듬 스틱을 치면서) "똑똑똑똑똑" 아저씨는 만든 악기를 연주해 보았어. 집에서 (리듬 스틱을 치면서) "똑똑똑똑똑" 연주를 하는데 "이게 무슨 소리야?" 옆집 아줌마가 소리쳤어. (리듬 스틱을 치면서) "똑똑똑똑똑" 또 연주를 했더니! "아니, 이게 무슨 소리래!" 동네 사람들이 악기 소리를 듣고 깜짝 놀란 거야! 소리도 크고 귀도 따갑고 정신이 없었나 봐~! 결국 아저씨는 더 좋은 소리를 내고 싶은 마음에 안쪽에 동그랗게 홈을 파 보았어. (캐스터네츠를 치면서) "똑똑똑똑똑"

- 얘들아, 악기의 소리를 들은 동네 사람들은 뭐라고 말했을까? ○○이는 뭐라고 말했을 것 같아?
- ㅁㅁ이는? 또?
- ○○이는? 그래~ 그 이후로 아저씨는 자기의 악기를 가지고 동네 사람들하고 즐겁게 연주하게 되었대.

3. 캐스터네츠에 대해 이야기 나누고 리듬 악기로 연주하며 춤을 춘다.

- (리듬 스틱을 치면서) 리듬 스틱 소리가 어때?
- 그래? (캐스터네츠를 치면서) 이 캐스터네츠는 아까 리듬 스틱의 소리와는 달리 작지만 맑고 고운 소리가 나지?
- 왜 그럴까?
- (캐스터네츠 안을 보여 주면서) 캐스터네츠는 이렇게 안을 파서 탁한 소리가 나지 않아. (리듬 스틱을 치며) 이렇게 리듬 스틱을 치면 탁한 소리가 나지? 안이 뚫려 있지 않기 때문이야.
- 이 캐스터네츠는 단단한 나무나 상아로 만들어졌어. 왜 이걸로 만들었을까?
- 응~ 사실 선생님도 상아로 만든 캐스터네츠를 본 적이 없는데, 상아가 코끼리의 이빨이니까 단단하겠지? 상아 캐스터네츠로 소리를 내면 어떤 소리가 날까 궁금하네?
- 이 캐스터네츠는 (검지에 고리를 끼고 나머지 네 손가락으로 면을 움직이며) 이렇게 치는 거야~! 그리고 (손바닥으로 치면서, 손끝으로 치면서) 이렇게도 치고, 이렇게도 칠 수 있어. (오므린 손에 캐스터네츠를 올려놓고 치면서) 왜 이렇게 치는지 아니?
- 손바닥으로 공명을 또 만드는 거야. 그래서 더 울림 있는 소리가 나오는 거야.
- 이번에는 음악에 맞춰서 리듬 스틱과 캐스터네츠를 연구해 보자. ('줄 따라 걷자' 노래에 맞춰서 주 교사가 리듬 스틱과 캐스터네츠를 번갈아 가면서 연주한다.)
- 이번에는 선생님이랑 음악에 맞춰서 리듬 스틱과 캐스터네츠를 번갈아 가면서 연주해 볼 거야! 선생님이랑 같이 연주해 볼 사람?
- 선생님이 먼저 연주해 볼게. (캐스터네츠를 2마디 친다.)
- 이번에는 ○○이가 리듬 스틱 연주를 하는 거야~!
- 이번에는 선생님 차례, 그다음은 ○○이 차례야. (이런 식으로 상호 작용을 한다.)

- 또 누가 해 볼래? 이번에는 두 명의 친구가 나와서 같이해 보자. (노란 상자를 두고 마주 보면서 한 유아는 캐스터네츠, 한 유아는 리듬 스틱을 가지고 2마디씩 번갈아 가면서 연주한다. 앞에서 교사가 유아랑 연주한 것처럼 두 명의 유아가 번갈아 가면서 연주할 수 있게 도와준다.)

- 지금까지는 우리가 음악에 맞춰서 연주해 봤지? 이번에는 행진곡에 맞춰 캐스터네츠 춤을 춰 보자.
  (차이콥스키의 호두까기 인형 중 '행진곡'을 들려준다.)
- (음악을 듣고 나서) 이 음악에 맞춰서 캐스터네츠 춤을 춰 보자. 선생님이랑 함께 춤을 출 사람~?
- 그래~ ○○이가 해 보자.
  (교사가 양손에 캐스터네츠를 들고 시범을 보여 줄 준비를 한다.)
- 선생님이 먼저 시작할 테니까 그대로 따라 하기야, 잘 봐!
  (교사가 먼저 4마디를 캐스터네츠 춤을 추고, 그 뒤 4마디를 유아가 따라 춘다. 노래가 한 번 끝날 때까지 이런 식으로 반복한다.)
- 이번에는 누가 ○○이를 따라 춤을 춰 볼래?
- 이번에는 △△이가 ○○이를 따라 함께 춤을 춰 보는 거야!
  (한 유아가 먼저 4마디를 캐스터네츠 춤을 추고, 그 뒤 4마디를 다른 유아가 따라한다. 노래가 한 번 끝날 때까지 이런 식으로 반복한다.)
- ○○이랑 △△이에게 박수~ 자리에 앉자. (춤을 춘 유아들은 제자리에 앉는다.)
- 또 춤출 사람?
- 그래 ◇◇이가 해 보자~ 그럼, ◇◇이를 따라 춤을 춰 볼 사람?
- ㅁㅁ이랑 ♡♡이 나와 보자. ◇◇이가 먼저 춤을 추면 ◇◇이랑 ♡♡이가 따라서 춤을 추는 거야. (◇◇이가 먼저 4마디를 캐스터네츠로 춤을 추고, 그 뒤 4마디를 ㅁㅁ, ♡♡이가 따라한다. 노래가 한 번 끝날 때까지 이런 식으로 반복한다.)
- 어머~ ◇◇이는 이렇게 춤췄는데 ㅁㅁ이는 이렇게 췄네? 아까는 빨리 걸었는데, 지금은 느리게 걸었구나~! 춤춘 ◇◇이, ◇◇이, ♡♡이에게 박수~!

4. 활동에 대해 이야기 나누며 마무리한다.
- 우리가 이렇게 걸으면서 캐스터네츠를 연주하고 춤도 출 수 있는 음악이 행진곡이거든. 선생님이 행진곡 음악 테이프를 음률 영역에 놓아 둘게. 자유 놀이 시간에 음률 영역에서 친구들과 함께 캐스터네츠 연주를 하며 재미있게 춤추자.

8. 평가

- 캐스터네츠와 리듬 스틱의 소리를 비교하며 신체로 표현하는가?
- 캐스터네츠를 연주하며 음악에 맞춰 춤 출 수 있는가?

9. 유의점

- 캐스터네츠와 리듬 스틱을 비교할 수 있도록 이해하기 쉽게 지도한다.
- 소리를 탐색할 수 있는 분위기를 조성한다.

10. 확장 활동

- 행진곡을 들으며 다양한 악기를 연주해 본다.

저/자/소/개

한규령

- 이화여자대학교 사범대학 교육학과 유아교육 전공 졸업(문학사)
- 이화여자대학교 대학원 교육학과 유아교육 전공 졸업(문학석사)
- 서울여자대학교 대학원 아동학과 유아교육 전공 졸업(문학박사)
- 이화여자대학교 사범대학 부속이화유치원 교사 역임
- 교육청 장학위원 역임
- 현) 백석대학교 사범학부 유아교육학과 교수

영유아음악프로그램 구성과 실제

초판 1쇄 인쇄 2019년 11월 23일
초판 1쇄 발행 2019년 11월 25일

지 은 이 | 한규령
펴 낸 이 | 김기섭
편 집 인 | 이윤희
펴 낸 곳 | 창지사 www.changjisa.com
08589 서울시 금천구 가산디지털 1로 83 파트너스타워 1차 9층
전화 (02)719-2211~3
팩스 (02)701-9386
등 록 | 1977년 4월 28일 · 제1-421호

ISBN 978-89-426-1273-4 (93370)

값 18,000원

이 도서의 국립중앙도서관 출판예정도서목록(CIP)은 서지정보유통지원시스템 홈페이지(http://seoji.nl.go.kr)와 국가자료공동목록시스템(http://www.nl.go.kr/kolisnet)에서 이용하실 수 있습니다(CIP제어번호: CIP 2019047806).